U0633227

# 全球超大城市社会治理模式与经验

陶希东 —— 著

上海社会科学院出版社
SHANGHAI ACADEMY OF SOCIAL SCIENCES PRESS

国家哲学社会科学一般项目"全球超大城市社会治理模式与中国经验分析研究"(16BSH005)研究成果

# 前　言

从历史发展的视野看,人类发展史就是一部完整的技术革新史和城市发展史,人类最伟大的成就始终是它所缔造的城市。中华人民共和国成立之初,只有 10.6％的城市化率。改革开放 40 多年来,社会经济发生了剧烈变革,城市化水平率突破了 60％的较高水平(2019 年达到 60.60％),全面进入以城市为主体的发展新阶段。在此过程中,大城市借助特有的资源优势,人口规模不断突破规划容量。如何顺应城市发展趋势,正确合理地界定城市规模成为一个迫切需要解决的议题。为此,2014 年,国务院为促进城市和人口的分类管理,对全国城市规模进行了新的调整,将城区常住人口 1 000 万以上的城市界定为"超大城市"。截至 2017 年,全国有北京、上海、天津、深圳、重庆、广州 6 座超大城市,是新型城镇化发展的领头羊和排头兵。根据联合国的数据,随着全球城市化的发展,世界城市化率已经达到 55％,有 33 个人口超过 1 000 万的超大城市,预测到 2030 年,世界的超大城市将增加到 43 个,主要分布在发展中国家。可见,超大城市成为世界城市化发展的主要趋势之一。

21 世纪以来,随着经济全球化、急剧的市场竞争、资本的快速流动、社会差距拉大、紧张的公共财政、互联网社交媒体兴起等,世界正经历百年未有之大变局,全球超大城市的社会治理面临新挑战。精明增长、多元包容、创新转型、复兴发展,创新治理、社会革新,重塑宜居、宜业、公平、有吸引力的"伟大城市",成为 21 世纪纽约、伦敦、巴黎、东京、新加坡等世界城市或国

# 目　录

会隔离等),作为本书研究的逻辑起点。

# 一、全球移民运动与超大城市的崛起①

城市作为人类的聚落点,其成长发展受到政治、经济、社会、文化等诸多因素的综合影响,但人口是影响一座城市发展的核心要素,包括人口数量的增减和空间上的移动。因此,对单个城市规模不断扩大和城市数量不断增加的城市化本质,除了从人类经济发展、政治变动、生态变迁等因素分析外,人口的跨时空迁移即移民现象,是理解超大城市崛起的一个重要视角。

## (一) 全球移民与欧美超大城市的崛起

在实践中,移民是一项非常复杂的人口系统性空间运动,但从人口与城市成长之间的关系来看,在不同空间尺度内,主要是一个国家内部由乡村向城市、小城市向大城市的移动,抑或跨越国家边界的城际迁移(当然也存在一个国家农村人口向他国某些城市的迁移)等基本形式,并受特定发展阶段、发展环境和外部条件的限制,移民所形成的城市区位和规模不尽相同。如果对照欧美地区的城市发展史,其超大城市的兴起更多地与跨国性移民有关。例如,早在公元前 1 世纪,罗马是欧洲最大、最富有的政治城市,拥有 100 万人口,据称"包括奴隶在内的新移民占总人口的 1/3","罗马已经成为将世上所有民族都视为其村民的城堡"。② 18 世纪中期至 19 世纪中期,工业化发展使得大量乡村人口向城市集聚,1825—1918 年,伦敦成为世界上人口首先超过 500 万的最大城市。从 19 世纪中后期至 20 世纪初,欧洲大

---

① 陶希东:《全球城市移民社会的包容治理:经验、教训与启示》,《南京社会科学》2015 年第 10 期。
① 陶希东:《全球城市移民社会的包容治理:经验、教训与启示》,《南京社会科学》2015 年第 10 期。
② [美]乔尔·科特金:《全球城市史》,王旭等译,北京:社会科学文献出版社,2006 年,第 47、53 页。

量人口移居美国,据统计,1815—1914 年,总共有 3 300 多万外国移民进入美国,[①]使得纽约在 20 世纪 50 年代成为人口率先超过 1 000 万的国际大都市,从那时起,城市人口一直在大幅增长。第二次世界大战(简称"二战")以后,随着世界城市化快速发展(图 1.1),欧美国家的城市化快速推进(图 1.2),移民不断增加,如欧洲国家的外来人口 1950 年只有 1.3%,1970 年达到 2.2%,1990 年提高到 4.5%(表 1.1),其中:法国有 2/3 的外国人,德国和荷兰 3/4 的外国人的祖籍不在欧洲。2002 年,美国有 3 250 万外国出生人口,超过总人口的 11%。[②] 随之,人口超过千万的超大城市数量从 1985 年的 9 个增加到 2004 年的 19 个、2010 年的 25 个。今天,世界上超大城市的数量达到 37 个。[③]

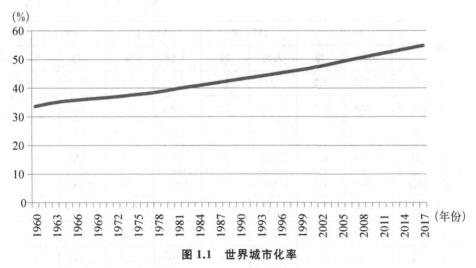

**图 1.1　世界城市化率**

资料来源：United Nations Population Division. World Urbanization Prospects：2018 Revision，https：//data.worldbank.org/indicator/sp.urb.totl.in.zs? end = 2017&start = 1960&view = chart.2018 年 10 月 12 日。

---

① 邓蜀生：《美国与移民：历史、现实、未来》,重庆：重庆出版社,1990 年,第 17 页。

② Schnidley, D, "the foreige-born population in the united states：march 2002". *current population reports*. 2003, pp.20 – 539.

③ Sharon Omondi, What Is A Megacity? June 28, 2018, https：//www.worldatlas.com/articles/what-is-a-megacity.html.2018 年 10 月 8 日。

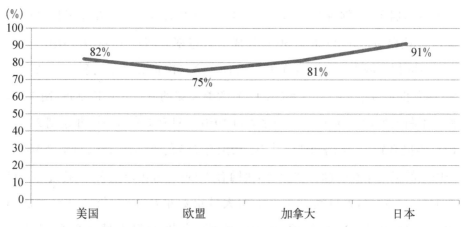

**图 1.2　世界主要发达国家或地区的城市化水平(2017)**

**表 1.1　部分西欧国家外国移民人数统计(1950—1990)**

单位:千人,占总人口百分比

| 国　　家 | 1950 年 | | 1970 年 | | 1982 年 | | 1990 年 | |
|---|---|---|---|---|---|---|---|---|
| | 人数 | % | 人数 | % | 人数 | % | 人数 | % |
| 奥地利 | 323 | 4.7 | 212 | 2.8 | 303 | 4.0 | 512 | 6.6 |
| 比利时 | 368 | 4.3 | 696 | 7.2 | 886 | 9.0 | 905 | 9.1 |
| 丹　麦 | — | — | — | — | 102 | 2.0 | 161 | 3.1 |
| 法　国 | 1 765 | 4.1 | 2 621 | 5.3 | 3 680 | 6.8 | 3 608 | 6.4 |
| 联邦德国 | 568 | 1.1 | 2 977 | 4.9 | 4 667 | 7.6 | 5 242 | 8.2 |
| 卢森堡 | 29 | 9.9 | 63 | 18.4 | 96 | 26.4 | 109 | 28.0 |
| 荷　兰 | 104 | 1.1 | 255 | 2.0 | 547 | 3.9 | 692 | 4.6 |
| 挪　威 | 16 | 0.5 | — | — | 91 | 2.2 | 143 | 3.4 |
| 瑞　典 | 124 | 1.8 | 411 | 1.8 | 406 | 4.9 | 484 | 5.6 |
| 瑞　士 | 285 | 6.1 | 1 080 | 17.2 | 926 | 14.7 | 1 100 | 16.3 |
| 英　国 | — | — | — | — | 2 137 | 3.9 | 1 875 | 3.3 |
| 合　计 | 5 100 | 1.3 | 10 200 | 2.2 | 15 000 | 3.1 | 16 600 | 4.5 |

　　资料来源:〔西〕若尔迪·博尔哈、〔美〕曼纽尔·卡斯泰尔:《本土化与全球化信息时代的城市管理》,姜杰译,北京:北京大学出版社,2008 年,第 64 页。

## （二）发展中国家乡村移民与超大城市发展

城市化作为人类社会发展的基本趋势,因发展程度不同,未来城市化发展的潜力主要在广大的发展中国家或地区(表1.2)。根据有关预测,2010—2035年,亚洲将新增10亿城市人口,大约占此期间全球新增城市人口的60%多,到2050年,亚洲地区的城市人口将达到33亿,相当于今天的全部城市人口总数。从移民的视角看,由乡村向城市的移民,是发展中国家超大城市增长的主要动力源泉。有研究表明,1960—1970年,乡村向城市的移民对发展中国家城市人口增长的平均贡献水平为36.6%,1975—1990年,这一比率升高到40%。[①] 例如中国上海,其国内流动人口从1982年的8.08万增长到2013年的990万人,占总人口的比重从1‰上升至41%,[②]据预测,2050年中国的新增城市人口预计将达4.2亿,其中一半的人是来自农村贫困地区的移民。墨西哥城现在也是一个拥有2 000万人口的超大城市,但其绝大部分人口是农村转移人口。[③] 可以预见,广大发展中国家将会迎来大量乡村人口向城市的不断集聚,在此过程中,必将会产生更多人口超过千万的超大城市(表1.3)。

表1.2　发达国家和发展中国家未来年平均城市人口增长率　　　单位:%

| 地 区 ＼ 年 份 | 1970—1975 | 1986—1990 | 1995—2000 | 2020—2050 |
|---|---|---|---|---|
| 发达国家 | 1.5 | 0.8 | 0.8 | 0.5 |
| 发展中国家 | 3.7 | 4.5 | 3.8 | 2.2 |

资料来源:《全球城市化展望》,联合国,1990年。

---

① ［西］若尔迪·博尔哈、［美］曼纽尔·卡斯泰尔:《本土化与全球化信息时代的城市管理》,姜杰译,北京:北京大学出版社,2008年,第64页。

② 杨雄、周海旺主编:《上海社会发展报告——从社会管理转向社会治理》,北京:社会科学文献出版社,2015年,第151页。

③ 法新:《墨西哥:一个深陷"发展中痛苦"的标本》,《经济参考报》2011年5月17日,第5版。

**表1.3　人口超过800万的城市集聚群(1950—2030)**

| 年份 | 1950 | 1970 | 1990 | 2000 | 2030 |
|---|---|---|---|---|---|
| 发达地区 | 纽约、伦敦 | 纽约、伦敦、东京、洛杉矶 | 纽约、伦敦、洛杉矶、莫斯科、大阪—神户、巴黎 | 东京、伦敦、纽约、洛杉矶、莫斯科、大阪—神户、巴黎 | 东京、纽约、伦敦、洛杉矶、大阪—神户、莫斯科、巴黎、芝加哥 |
| 欠发达地区 | | 上海、墨西哥城、布宜诺斯艾利斯、北京、圣保罗 | 墨西哥城、圣保罗、上海、加尔各答、布宜诺斯艾利斯、孟买、首尔、北京、里约热内卢、天津、雅加达、开罗、德里、马尼拉 | 墨西哥城、圣保罗、上海、加尔各答、布宜诺斯艾利斯、孟买、北京、雅加达、德里、拉各斯、天津、首尔、里约热内卢、达卡、开罗、马尼拉、卡拉奇、曼谷、伊斯坦布尔、德黑兰、班加罗尔、利马 | 孟买、德里、墨西哥城、圣保罗、达卡、雅加达、拉各斯、加尔各答、卡拉奇、布宜诺斯艾利斯、开罗、上海、马尼拉、里约热内卢、伊斯坦布尔、北京、天津、利马、首尔、圣菲波哥大、拉合尔、金沙萨、德黑兰、班加罗尔、马德拉斯、武汉 |

资料来源：[美]马克·戈特迪纳、[美]雷·哈奇森：《新城市社会学》，黄怡译，上海：上海译文出版社，2011年，第276页。

# 二、全球超大城市的界定及社会特征

## (一) 全球超大城市的几种理论假说

全球化和城市化的同步发展直接导致了全球超大城市的兴起，国内外学者对这类城市具有不同的称谓，典型的有：英国地理学家、规划师彼得·霍尔(Peter Hall)和美国学者弗里德曼(J.Friedmann)提出了"世界城市"(world cities)概念，认为一座世界城市应该具备主要的金融中心、跨国公司总部所在地、国际性机构集中分布、商业服务部门高度增长、重要的制造业中心、重要的交通枢纽、城市人口达到一定标准等特征，纽约、伦敦、东京、芝加哥、洛杉矶等城市处于世界城市体系的顶点。20世纪90年代，美国芝加哥大学的著名学者萨森(S.Sassen)提出"全球城市"(global cities)概念①,认为那些发挥大型跨国企业总部所在地的城市中心、金融和专业服务公司的核心基地、新兴产业的生产和创新基地等功能的城市,属于全球城市,并提出了衡量全球城市的两个重要指标——"跨国指数"和"跨国银行指数"。在此基础上进一步指出,随着全球化的发展,越来越多的城市将加入纽约、伦敦和东京的行列而成为全球城市。洛杉矶南加州大学曼纽尔·卡斯特尔斯(Manuel Castells)教授从信息社会的角度提出了"信息城市"的概念,他认为全球性城市实质上就是一座依赖信息技术、电讯技术、交通技术和航空运输技术等新技术支撑,具有信息交换功能、交互影响能力和创新能力的信息城市。②

## (二) 全球超大城市界定及特征

### 1. 基本界定

在国际学术研究话语中,与"超大城市"最为对应的英语词汇为"megacity",也称"巨型城市",一般是指规模特别巨大的城市。对此,联合国统计局将巨型城市的人口数量门槛界定为 1 000 万,认为目前东京是世界上最大的城市,东京都市区具有 3 800 万人口,位居第二、第三的分别是2 500 万人口的德里和 2 300 万人口的上海,之后是墨西哥城、孟买和圣保罗,每个城市人口都在 2 100 万左右。中国政府在 2014 年对全国城市规模进行调整以后规定,城区常住人口超过 1 000 万的城市为超大城市。笔者认为,一座具有全球性的超大城市,应该从人口规模和城市功能两个方面加以体现,既要在世界经济发展中具有一定的影响力,也要具备一定规模的人口总数,纽约、伦敦、东京这样的城市,既是具有世界影响力的"全球城市",也是人口接近千万的"超大城市"。因此,为了研究的广泛性,笔者主要从社

---

　　① 　丝奇雅·沙森:《全球城市:纽约·伦敦·东京》,周振华等译,上海:上海社会科学院出版社,2005 年,第 2 页。

　　② 　[英]安东尼·吉登斯:《社会学》,李康译,北京:北京大学出版社,2009 年,第763 页。

会学角度出发,以人口规模为主要依据,将国际上的巨型城市或全球城市,统一纳入我国中央政府提出的超大城市范畴内,着重对这一巨型复杂社会系统的有效治理方法和经验进行研究。

如果从这个意义上说,本书对全球超大城市做出如下界定:所谓全球超大城市就是指世界范围内城区常住人口接近抑或超过1 000万的全球巨型城市,它既是人口数量高度密集的形态巨型化城市,又是富有经济活力和影响力的全球性城市。根据全球超大城市的空间分布格局(表1.4),本书研究对象选择基本遵循"立足中国、面向全球、聚焦发达城市"的原则,重点研究纽约、伦敦、巴黎、东京、新加坡等全球城市,也涉及发展中国家的德里、墨西哥城、孟买、圣保罗以及中国的北京、上海、天津、重庆、广州、深圳、武汉等超大城市。

### 表1.4　全球超大城市(巨型城市)

单位:百万

| | 1950 年 | | | 1975 年 | | | 2000 年 | | | 2015 年 | |
|---|---|---|---|---|---|---|---|---|---|---|---|
| | 城市 | 人口 | | 城市 | 人口 | | 城市 | 人口 | | 城市 | 人口 |
| 1 | 纽约 | 12.3 | 1 | 东京 | 19.8 | 1 | 东京 | 26.4 | 1 | 东京 | 26.4 |
| | | | 2 | 纽约 | 15.9 | 2 | 墨西哥城 | 18.1 | 2 | 孟买 | 26.1 |
| | | | 3 | 上海 | 11.4 | 3 | 孟买 | 18.1 | 3 | 拉各斯 | 23.2 |
| | | | 4 | 墨西哥城 | 11.2 | 4 | 圣保罗 | 17.8 | 4 | 达卡 | 21.1 |
| | | | 5 | 圣保罗 | 10 | 5 | 纽约 | 16.6 | 5 | 圣保罗 | 20.4 |
| | | | | | | 6 | 拉各斯 | 13.4 | 6 | 卡拉奇 | 19.2 |
| | | | | | | 7 | 洛杉矶 | 13.1 | 7 | 墨西哥城 | 19.2 |
| | | | | | | 8 | 加尔各答 | 12.9 | 8 | 纽约 | 17.4 |
| | | | | | | 9 | 上海 | 12.9 | 9 | 雅加达 | 17.3 |
| | | | | | | 10 | 布宜诺斯艾利斯 | 12.6 | 10 | 加尔各答 | 17.3 |
| | | | | | | 11 | 达卡 | 12.3 | 11 | 新德里 | 16.8 |

续　表

| 1950 年 | | 1975 年 | | | 2000 年 | | | 2015 年 | |
|---|---|---|---|---|---|---|---|---|---|
| 城市 | 人口 | 城市 | 人口 | | 城市 | 人口 | | 城市 | 人口 |
| | | | | 12 | 卡拉奇 | 11.8 | 12 | 马尼拉 | 14.8 |
| | | | | 13 | 新德里 | 11.7 | 13 | 上海 | 14.6 |
| | | | | 14 | 雅加达 | 11 | 14 | 洛杉矶 | 14.1 |
| | | | | 15 | 大阪 | 11 | 15 | 布宜诺斯艾利斯 | 14.1 |
| | | | | 16 | 马尼拉 | 10.9 | 16 | 开罗 | 13.8 |
| | | | | 17 | 北京 | 10.8 | 17 | 伊斯坦布尔 | 12.5 |
| | | | | 18 | 里约热内卢 | 10.6 | 18 | 北京 | 12.3 |
| | | | | 19 | 开罗 | 10.6 | 19 | 里约热内卢 | 11.9 |
| | | | | | | | 20 | 大阪 | 11 |
| | | | | | | | 21 | 天津 | 10.7 |
| | | | | | | | 22 | 海德拉巴 | 10.5 |
| | | | | | | | 23 | 曼谷 | 10.1 |

资料来源：United Nations，World Urbanization Prospects：The 1999 Revision(2000)。转引自余佳、余佶：《巨型城市、"世界城市"与"全球城市"——兼论上海在"全球城市"网络层级中的位置》，《中国浦东干部学院学报》2012 年第 6 期。

2. 社会特征

从发生演变机理看，全球超大城市的形成发育主要就是在跨国公司主导下，受经济全球化、信息化、网络化、投资自由化、政治民主化等综合因素共同作用的结果，在世界经济体系和创新网络中扮演着全球金融贸易中心、资源配置中心、经济中心、现代服务中心、文化旅游中心和科技创新中心等经济功能，无疑对促进人类经济创新发展具有重要作用。根据布鲁金斯学会的一项研究，全球 40 个最大的巨型城市或超大城市，尽管只居住着全球 18％的人口，却提供了全世界 2/3 的经济输出和 90％的创新能力。除了显著的经济输出功能和创新功能外,从社会视角来看,超大城市更是一个高密度人类聚居空间、生命有机体和多文化互动熔炉,表现出与一般中小城市或地方城市不尽一致的社会特征。主要体现在以下几个方面:

(1)人口数量规模的巨型化和高密度。自古以来,对任何一座城市来说,持有适度的人口规模,是实现城市经济繁荣与社会可持续发展的首要条件和基础因素。从这个意义上说,本书依据人口规模界定的超大城市这一客体,其首要特征就是人口数量的超密集分布。它是在人类全球化和城市化进程中形成的人类活动高度聚集的特殊空间单元,在有限的地域空间中,生活着接近1 000万乃至几千万人口,如1955年的东京、纽约、大阪、伦敦、巴黎、上海、布宜诺斯艾利斯、莫斯科、芝加哥、洛杉矶等世界最大城市,发展到2015年的东京、德里、上海、圣保罗、孟买、墨西哥、北京、大阪、开罗、纽约,人口数量都达到了千万级规模,其中很多城市人口过2 000万。巨大的人口数量以及高密度的人口空间分布(表1.5),致使全球超大城市在具备集聚功能和规模效应的同时,也成为引发密集型的社会互动、诸多社会现象及相关社会问题的基本要素和基础。

表1.5　2015年世界人口最多城市的人口密度

| 城　　市 | 区　　域 | 城市地区面积<br>(平方千米) | 人口<br>(万) | 密度(人/<br>平方千米) |
|---|---|---|---|---|
| 东　京 | 东京都 | 2 191 | 1 350 | 6 160 |
| 东　京 | 东京都市圈 | 8 547 | 3 784 | 4 400 |
| 雅加达 | 大雅加达首都特区[a] | 664 | 1 018 | 15 331 |
| 德　里 | 大都市区 | 2 072 | 2 499 | 12 060 |
| 上　海 | 城市地区 | 3 820 | 2 415 | 6 321 |
| 马尼拉 | 大马尼拉市 | 1 579 | 2 412 | 15 275 |

续　表

| 城　市 | 区　　域 | 城市地区面积（平方千米） | 人口（万） | 密度（人/平方千米） |
|---|---|---|---|---|
| 首　尔 | 首尔市 | 2 266 | 2 348 | 10 361 |
| 卡拉奇 | 卡拉奇市 | 945 | 2 212 | 23 407 |
| 北　京 | 北京市 | 3 820 | 2 100 | 5 500 |
| 纽　约 | 纽约市ᵇ | 789 | 840 | 10 646 |
| 纽　约 | 纽约大都市区 | 11 642 | 2 063 | 1 772 |
| 广　州 | 广州市 | 3 431 | 2 059 | 6 001 |
| 圣保罗 | 大圣保罗 | 2 706 | 2 110 | 7 797 |
| 墨西哥 | 墨西哥城 | 2 706 | 2 006 | 7 413 |
| 伦　敦 | 大伦敦地区ᶜ | 1 572 | 820 | 5 216 |

注：a,印度尼西亚统计年鉴 2016；b,来自《纽约 2040》；c,来自《伦敦规划》。
数据来源：Demographia World Urban Areas；11th Annual Edition；2015.01（经换算调整）。

（2）具有复杂、多元的社会结构体系和明显的社会异质性。正因为超大城市具有巨量的人口数，造就了超大城市比一般中小城市具有更加复杂的社会结构体系，包括产业结构、年龄结构、种族结构、就业结构、收入结构、阶层结构、家庭结构、生活方式结构、消费方式结构、空间结构等，存在显著的文化多样性和异质性特征，这为超大城市产生各种社会问题提供了客观环境。在此，仅以多样化的文化结构为例说明超大城市社会的复杂性和多元化特征。例如，全球城市纽约 2010 年全市人口有 817 万，其中 44％为白人（33.3％非拉丁裔白人），25.5％为黑人（23％非拉丁裔黑人），0.7％为美洲原住民，12.7％为亚裔，12.22％来自其他族裔，4.9％来自两个或者两个以上族裔，在纽约就有 7 份每日发行的中文报纸以及 4 份西班牙文报纸；伦敦大约 71％为白人，10％是印度、孟加拉或巴基斯坦后裔，5％为非洲黑人后裔，5％为加勒比海黑人后裔，3％为混血人种，还有大约 1％为华人，58.2％

的人口信奉基督教,15.8%的人口则无宗教信仰,预计到2038年,伦敦的各种少数族裔所组成的非白人人口将达到一半,①居民使用的语言达到300多种。可见,全球超大城市是一个大批社会上异质个体密集居住的地方,不同的种族群、种族、职业、文化多元并存,各种群体之间既相互分离,又存在多种方式的交叉联系,人与人之间更多地注重传统利益的算计,容易产生个体化、原子化倾向以及冷漠、无情、寂寞、紧张、竞争等现象。②

(3) 巨大的社会流动性、包容性和创新性。在经济全球化和网络化的新时代,通信科技发展和交通工具的革新,使得每个全球超大城市始终处于全球城市网络的节点位置,③具有最广泛、最密集的全球网络连通性④以及最大程度的可达性、开放性、流动性。其中,最能反映超大城市开放性和流动性的典型例证当属其人口群体具有显著的移民特征,具体表现为外国出生的居民占城市人口比较高的比重。根据国际移民组织(IOM)、中国与全球化智库(CCG)联合发布的《世界移民报告2015:移民和城市—管理人口流动的新合作》指出,全世界有2.32亿国际移民和7.4亿国内移民,全球每周约有300万人口移居到城市。全世界近1/5的外国出生人口居住在全球主要的发达城市,在悉尼、伦敦和纽约等城市,移民人数超过总人口的1/3;在布鲁塞尔、迪拜等一些城市中,移民人数占当地总人口的一半以上(图1.3,图1.4)。同时指出,亚太地区除了新加坡、悉尼、韩国首尔等以外(首尔居住的外国人口数量从2004年的114 685人增长到2014年的263 678人,10年间增长了两倍);中国的北京、上海等

---

① 数据称伦敦人口突破860万,创70余年来最高纪录,中国新闻网,2015年2月3日。
② Louis. Urbanism as a Way of Life. *American Journal of Sociology*. No.1, 1938.
③ 罗思东、陈惠云:《全球城市及其在全球治理中的主体功能》,《上海行政学院学报》2013年第3期。
④ 周振华:《崛起中的全球城市:理论框架及中国模式研究》,上海:上海人民出版社,2008年,第60页。

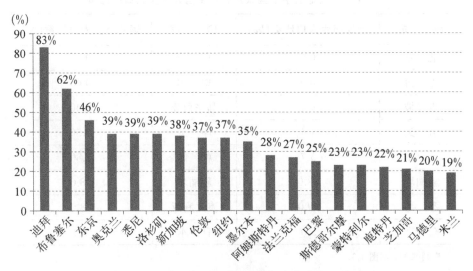

**图 1.3  2014 年世界主要城市国外出生人口比重**

资料来源：International Organization for Migration（IOM）；WORLD MIGRATION REPORT 2015—Migrants and Cities：New Partnerships to Manage Mobility。

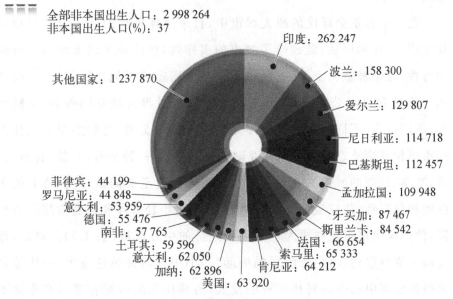

**图 1.4  伦敦的非本国出生人口（2011）**

表 1.6 亚太地区主要国家及城市中国外出生人口的比重

| 城　　市 | 国外出生人口比重(%) | 国　　家 | 国外出生人口比重(%) |
| --- | --- | --- | --- |
| 北　京 | 0.5 | 中　国 | 0.05 |
| 上　海 | 0.9 | 中　国 | 0.05 |
| 吉隆坡 | 9.0 | 马来西亚 | 8.40 |
| 孟　买 | 1.4 | 印　度 | 0.50 |
| 首　尔 | 3.7 | 韩　国 | 2.80 |
| 新加坡 | 38.0 | 新加坡 | 38.0 |
| 悉　尼 | 39.0 | 澳大利亚 | 28.0 |
| 东　京 | 3.0 | 日　本 | 1.6 |

资料来源：同图1.3。

超大城市中外国出生人口的比例较小(表1.6)，这表明，我国超大城市在吸引更多国际人口入住，进而实现人口国际化、全球化发展还有巨大的潜力和空间。

在一个真正全球性的超大城市中，自来全球各地的居民肩并肩地一起生活、工作和居住，既创造了城市的多样性，更体现了超大城市本身的包容性，在某种意义上说，它已经不是某个国家或当地居民的城市，而是属于全球和世界公民的城市，它包容着来自世界各地不同种族、不同民族、不同语言、不同文化背景的多元文化和多元文明，这些多彩文化在大都市里相互交流、相互碰撞、相互融合，最终形成一种平等、开放、自由、包容、互动、创新的城市文化精神和社会资本。更重要的是，这种特有的多样性和包容性，往往吸引更多的创新型企业、年轻人才和创意阶层不断积聚，使得这类城市往往成为世界创新经济的中心区域(表1.7)。对此，理查德·佛罗里达在《创意阶层的崛起》一书中的研究结论指出，一些著名的科技创新中心或高科技产业的发展，与移民和城市宽容度具有非常紧密的关联性(表1.8)。

表1.7　2015年全球创新城市20强(澳大利亚智库2thinknow)

| 排名 | 城　　市 | 国　家 | 得分 | 地　区 |
|------|---------|--------|------|--------|
| 1 | 伦敦 | 英国 | 57 | 欧洲 |
| 2 | 旧金山-圣何塞 | 美国 | 56 | 北美 |
| 3 | 维也纳 | 奥地利 | 56 | 欧洲 |
| 4 | 波士顿 | 美国 | 56 | 北美 |
| 5 | 首尔 | 韩国 | 55 | 亚洲 |
| 6 | 纽约 | 美国 | 55 | 北美 |
| 7 | 阿姆斯特丹 | 荷兰 | 55 | 欧洲 |
| 8 | 新加坡 | 新加坡 | 54 | 亚洲 |
| 9 | 巴黎 | 法国 | 54 | 欧洲 |
| 10 | 东京 | 日本 | 54 | 亚洲 |
| 11 | 多伦多 | 加拿大 | 54 | 北美 |
| 12 | 慕尼黑 | 德国 | 54 | 欧洲 |
| 13 | 西雅图 | 美国 | 54 | 北美 |
| 14 | 柏林 | 德国 | 54 | 欧洲 |
| 15 | 哥本哈根 | 丹麦 | 54 | 欧洲 |
| 16 | 芝加哥 | 美国 | 54 | 北美 |
| 17 | 斯德哥尔摩 | 瑞典 | 53 | 欧洲 |
| 18 | 悉尼 | 澳大利亚 | 53 | 亚太 |
| 19 | 特拉维夫 | 以色列 | 53 | 欧洲 |
| 20 | 上海 | 中国 | 53 | 亚洲 |

资料来源：http：//www.innovation-cities.com/innovation-cities-index-2015-global/9609。

表1.8　移民、同性恋者指数和高科技产业(美国)

| 高科技指数排名 | 地　　区 | 文化熔炉指数 | 同性恋指数排名 |
|----------------|----------|--------------|----------------|
| 1 | 旧金山 | 4 | 1 |
| 2 | 波士顿 | 8 | 22 |

续　表

| 高科技指数排名 | 地　　区 | 文化熔炉指数 | 同性恋指数排名 |
| --- | --- | --- | --- |
| 3 | 西雅图 | 16 | 8 |
| 4 | 洛杉矶 | 2 | 4 |
| 5 | 华盛顿特区 | 14 | 11 |
| 6 | 达拉斯 | 14 | 9 |
| 7 | 亚特兰大 | 31 | 7 |
| 8 | 菲尼克斯 | 21 | 15 |
| 9 | 芝加哥 | 7 | 24 |
| 10 | 波特兰 | 24 | 20 |

　　资料来源：［美］理查德·佛罗里达：《创意阶层的崛起》，司徒爱琴译，北京：中信出版社，2011 年，第 293、296 页。

# 三、全球超大城市面临的重大社会问题

　　拥有巨大规模的人口数量、高密度、多元化的超大城市，必然会面临因资源消耗、机会分配、收入格局、生活方式、消费方式、价值观念、文化差异等因素导致的各种紧张关系，比一般中小城市表现得更加突出；再加上现代科技的快速变革，给超大城市的政治体制、经济运行、社会心理等都将产生更加深刻的影响。关于城市规模与城市社会、经济和物理规律之间的关系，西方学术界称之为"城市性的数量理论"做出了新的解释和探索。其中，学者 Luís M. A. Bettencourt 在《增长、创新、幂律和城市生活的节奏》("Growth, Innovation, Scaling, and the Pace of Life in Cities")一文中提出了城市如何随其规模变化的理论，认为"人们在城市里做的各种事情，无论是创造财富，还是谋杀，都与城市人口规模之间存在着某种联系，并且这种联系具有普适性，而不是局限于某一国家，或者某一历史时期"。[1] 其研究发现,住房成本、犯罪率、交通拥挤和流行病传播等城市生活指标与城市规模呈现一种超线性关系,即人口规模越大的超大城市,越容易产生比较严重的社会问题,面临着更加严峻的社会治理挑战。综合来看,全球超大城市在转型发展进程中,除了普遍面临环境污染、交通堵塞和资源短缺等经济问题外,主要面临如下几大社会问题:

## (一) 城市人口贫困

人口贫困是一个古老的全球性题,更是一个复杂的社会现象,它不仅使人们失去收入和基本生活设施,还使人丧失能力。消除和减少绝对贫困人口的数量,历来是国际组织(联合国开发计划署、世界银行等)和世界各国政府优先考虑的工作内容,并确立力争在 2030 年消除一切形式的贫困现象的可持续发展目标。根据联合国《2016 中国人类发展报告》,在世界各国的共同努力下,世界上极端贫穷居民的数量已经减少了近乎一半,从 1990 年的19 亿减少到 2015 年的8.36亿。[2] 其中,中国为世界减贫事业做出了巨大贡献,1978—2010 年,参考国际扶贫标准,中国共减少了 6.6 亿农村贫困人口;2011 年,中国大幅提高扶贫标准至 2 300 元(2010 年不变价)后,当年共有1.66 亿农村贫困人口,到 2015 年已经减少为 5 575 万,4 年时间贫困发生率下降了一半多,使得中国的人类发展指数与世界一道得到了稳步提升(图1.5)。目前中国的人类发展指数位居世界第 90 位。[3]

尽管如此,根据国际移民组织(IOM)的研究,2014 年全球范围内仍有 8亿多的城市贫困人口生活在贫民窟之中,主要分布在非洲南部和南亚地区。

---

① Luís M. A. Bettencourt, José Lobo, Dirk Helbing, Christian Kühnert, and Geoffrey B. West, 2007. Growth, innovation, scaling, and the pace of life in cities, PNAS, 104(17): 7301 - 7306.转引自微信公众号城读(CityReads)。

② 联合国:《全球仍有 8 亿人生活贫穷且无法实现温饱》,环球网,2015 年 7 月 7 日。

③ 方青:《UNDP:中国人类发展指数全球排名 90》,中国网·中国发展门户网,2016 年 8 月23 日。

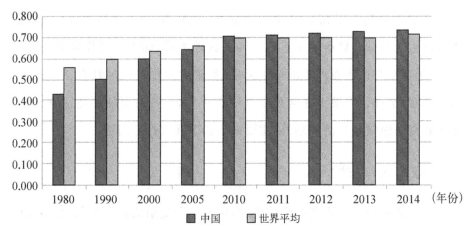

图 1.5　中国与世界平均人类发展指数变化

实际上,贫困问题是一个全球现象,包括发达城市在内的全球超大城市,依然存在失业和反贫困的挑战,这也成为超大城市努力实现包容发展、构筑公平城市、创新社会治理的首要问题。例如,纽约在 2015 年 3 月失业率为6.6%,年龄在 16—64 岁就业人口比重为 57%;伦敦在 2015 年 2 月失业率为 5.6%,年龄在 16—64 岁就业人口比重为 73%。[1] 纽约在 2015 年仍有370 万处于或接近贫困线的市民,占到纽约总人口的 45.1%,其中 5.7%属于极端贫困人口、15.8%属于贫困人口,还有 23.6%处于接近贫困线。[2] 其中,布鲁克林区的布朗斯维尔(Brownsville),共有 86 377 人居住,76%的人口为黑人,25%的成年人没有完成高中教育,将近 40%的人处于全国的贫困线以下,当地居民的平均预期寿命仅为 74.1 岁,比曼哈顿金融区富人少活 11 年(华尔街附近的居民平均寿命则长达 85.4 岁),位于各区中寿命最短的行列。这是布鲁克林区最穷的地方,也是纽约市的第七大穷人区。[3]

2008 年金融危机以来,纽约的无家可归者(流浪者)人数出现了明显增

---

① 《美国纽约和英国伦敦居住大比拼》,北美购房网,2016 年 3 月 6 日。

② International Organization for Migration（IOM）：WORLD MIGRATION REPORT 2015—Migrants and Cities：New Partnerships to Manage Mobility.

③ 缪琦:《纽约贫富差距大:穷人比富人平均少活 11 年》,一财网,2015 年 10 月 15 日。

长,根据美国无家可归者联盟的调查数据显示,纽约有超过 6 万名无家可归者住在政府提供的免费住所中,这一数据是自 20 世纪 30 年代经济大萧条以来,纽约无家可归者的数量首次达到了顶峰(2011 年达到 4.3 万),另有数千名流浪者露宿街头。调查同时显示,在露宿街头的流浪者中,一大部分人或患有精神疾病,或存在严重的健康问题。[①] 据英国一慈善组织公布的调查报告显示,全英目前无家可归者可能多达 40 万人,其中伦敦街头的露宿者在 2011 年 2 月为 4 000 人,2012 年这个数字上升了 26%。[②] 法国统计局数据显示,2012 年法国无家可归人数达 14.15 万,较 2001 年上涨了近 50%,其中包括 3 万儿童。[③] 巴黎的情况更为严重,虽然没有准确的数据,但粗劣估计,巴黎街头的无家可归者总数达到 30 000 人,在过去 11 年当中,增幅达到惊人的 84%,[④]其中女性和举家流落街头者的增幅最多,导致避难所和紧急收容所供不应求。[⑤] 与发达国家相比,地处发展中国家的超大城市面临着更加严重的城市人口贫困问题,例如拥有 2 570 万人口(2015 年)的印度前首都德里,据 The Hindu 统计,有 52% 的人口生活在没有基本服务设施的贫民窟中,婴儿死亡率高达 40‰,甚至在一些贫民窟中高达 52‰,疾病发病率高达 60%—70%。[⑥]

## (二) 人口老龄化、少子化、单身化

对一个国家或一座城市而言,年轻化的人口结构,代表着国家或城市更

① 张志欢、黄和逊:《纽约无家可归者数量过多引发担忧》,新华网络电视,2015 年 7 月 16 日。

② 安旭:《国外是如何看待和管理无家可归者的:流浪者也是公民中的一员》,《羊城晚报》2012 年 9 月 1 日,第 6 版。

③ 李志伟:《法国无家可归人数达 14 万》,人民网—国际频道 2013 年 7 月 3 日。

④ PAUL MCQUEEN. Homelessness in Paris: The Darker Side of the City of Light. 13 October 2017, https://theculturetrip.com/europe/france/paris/articles/homelessness-in-paris-the-darker-side-of-the-city-of-light/,2018 年 5 月 6 日。

⑤ 孔庆玲编辑:《巴黎慈善团体请无家可归者当导游 助其回归社会》,中国新闻网,2014 年 08 月 25 日。

⑥ "52 per cent of Delhi lives in slums without basic services". The Hindu. December 17, 2009. Retrieved October 28, 2016.

具创新性和发展活力,而过多数量的老龄人口(老龄化),必将对国家或城市发展带来一定的负面影响或社会福利负担。在世界经济社会的不平衡发展态势下,一般而言,由于医疗水平不断提升、生育率下降、平均寿命延长、生活方式变化等综合因素的作用下,发达国家人口再生产比发展中国家更早地进入老龄化阶段。近年来,包括中国北京、上海等在内的诸多全球超大城市,老龄化、少子化问题已经成为一个十分严重的社会问题。

部分超大城市面临着日趋严重的老龄化问题。例如,超大城市上海,截至 2017 年年底,上海 60 岁及以上常住人口达到 539.12 万人,占总人口的比重达到 22%,65 岁及以上常住人口达到 345.78 万人,占总人数 14.3%。预测到 2025 年,老年人口将超过 600 万人,而 2025—2050 年,低龄老人增速将趋缓,但高龄老人增速将加快,届时上海将面临更大的压力。[1] 美国纽约 2012 年 60 岁以上的老人数量 130 万,占总人口的比重达到 16%,其中 31.2% 的老人处于缺乏支持的独住状态。[2] 日本则是世界公认的老龄化国家,2014 年数据显示,日本年满 65 岁人口数量为 3 300 万人,占总人口比例达 26%,创下自 1950 年开始采用现行标准统计以来的历史新高,[3] 据《日本经济新闻》预测,在 2040 年之前,东京圈的 1 都 3 县(东京都、千叶县、神奈川县、埼玉县)75 岁以上人口将比 2010 年翻一番,而 90 岁以上人口将达到 5.2 倍,将成为世界上著名的超老龄城市。[4] 有研究表明,到 2100 年,东京的人口预计将从 1 300 万减少到 700 万,[5]那时,东京的 65 岁以上人口预计

① 姜丽钧:《中国人口年龄结构变化惊人:老龄化全球领先》,澎湃新闻,2015 年 6 月 16 日。

② NYSAAAA(New York State Association of Area Agencies on Aging):Older New Yorkers and the NYS Olmstead Plan. http://www.agingny.org/Portals/13/Elder%20Services/Fact%20Sheets%20&%20Reports/Older%20New%20Yorkers%20and%20the%20NYS%20Olmstead%20Plan%20FINAL%203,%20OCT%202013.pdf.2018 年 8 月 1 日。

③ 张旌:《日本老龄化形势严峻 政府欲疏解东京人口》,新华网,2015 年 04 月 19 日。

④ 《日媒称 2040 年东京将进入"超老龄社会"》,中国宁波网,2014 年 01 月 17 日。

⑤ AGING TOKYO IN JAPAN. https://www.arch.columbia.edu/summer-workshops/4-aging-tokyo-in-japan. 2018 年 9 月 20 日。

降至 327 万,但是其占总人口比例将会显著提升,届时东京的高龄化(65 岁以上)比例预计高达 45.9%,与劳动人口所占的 46.5% 基本持平,[1]即等于 15—64 岁人口的"工作年龄人口"。同时需要指出的是,人口老龄化问题并不是所有超大城市一定面临的问题,拿伦敦来说,这座全球超大城市就具有一个非常健康的人口结构(图 1.6),大部分是 20—49 岁的青壮年,同时 0—20 岁的儿童青年人口也大大多于 50+ 的老年人口,有效保证了未来很长一段时间里伦敦青壮年人口的供应。伦敦从世界各地吸引了众多充满活力的精英劳动人口,目前劳动年龄人口占到伦敦城市人口的 70% 左右;另外,从人口文化素质上讲,伦敦也是整个西方文化程度最高的城市,伦敦人口大学毕业率达到 69.7%,远超纽约、巴黎、柏林(都在 45% 左右)。[2]

与人口老龄化相伴的就是少子化、单身潮现象。目前在世界人口出生

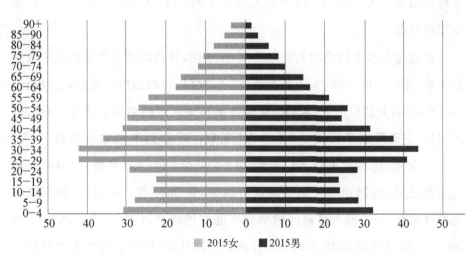

**图 1.6 伦敦人口结构金字塔图**

资料来源:微信公众号"英伦投资客"。

---

① 陆状飞:《研究称至 22 世纪东京人口将缩减一半》,2012 年 9 月 3 日,http://bbs.tiexue.net/post2_11476784_1.html,2016 年 5 月 24 日。

② 佚名:《英国脱欧到底如何影响未来伦敦房价走势?》,微信公众号"英伦投资客",2016 年 11 月 9 日。

率最低的 25 个国家中,22 个为欧洲发达国家。根据美国中央情报局(CIA)的数据,德国是欧洲少子化最严重的国家,2014 年的总和生育率是 1.44,0—14 岁的人口占比是 13%。亚洲的日本、韩国、中国,欧洲的德国、西班牙、意大利和俄罗斯,甚至美洲的古巴和一些大洋洲国家,都出现了生育率(TFR)持续走低的趋势,其中日本最新的总和生育率徘徊在 1.40—1.45,[①]0—14 岁的人口占总人口比重数据为 13.2%,2015 年日本的潜在养老比全球最低,只有 2.1,差不多两个劳动适龄人口抚养一个老人。[②] 中国历次人口普查表明,0—14 岁的少儿人口占比呈现令人吃惊的锐减态势:1964 年为 40.7%,1982 年为 33.6%,1990 年为 27.7%,2000 年为 22.9%,到 2010 年已经降为 16.6%。[③] 这种少子化的社会现象,投射到地区和城市中,就形成了超大城市同样的少子化现象。如根据第六次人口普查数据表明,上海全市常住人口中,0—14 岁的人口为 1 985 634 人,占 8.63%,处于严重少子化状态。

造成超大城市过快的人口老龄化、少子化,其背后的主要原因在于极具竞争感、充满不确定性、生活成本高(北京、上海、深圳的结婚成本,已经超过 200 万元)的大都市当中,人们的结婚意愿和生育意愿出现了前所未有的降低趋势,进而形成了所谓的"单身潮"现象。根据英国独立电视台(ITV)2015 年报道,伦敦的单身人口占到 44%,Islington(伊斯灵顿)的单身比例为全英之最,达到 60%。据日本政府预测,到 2020 年,30% 的日本家庭将是单身家庭,而首都东京地区的单身家庭比例将超过 40%,[④]从 2010 年的 266 万家庭增加到 2025 年的 284 万家庭。同样地,中国也面临着单身潮来袭的问题。根据国家民政部统计,全国独居人口从 1990 年的 6% 上升到

---

① 佚名:《日本的"少子化"噩梦》,《上海证券报》2016 年 3 月 24 日,第 5 版。
② 金姬:《少子化,全球难题》,《新民周刊》2015 年第 12 期。
③ 王羚:《学者:少子化趋势难改 人口负增长恐提前至 2030 年》,《第一财经日报》2016 年 2 月 1 日,第 10 版。
④ 薛云:《日本的单身经济》,《中国经贸聚焦》2015 年 6 月 29 日。

2013 年的 14.6％；截至 2015 年，中国单身人口达到 2 亿，单身独居群体日益庞大。① 根据珍爱网(zhenai.com)发布的《2016 单身人群现状系列报告(第三期)》显示，在中国一线城市中，上海单身占比最多，其次为北京、深圳、杭州、广州。② 日趋增加的单身潮现象，在充分反映社会包容度增加、社会进步的同时，必将对传统文化、家庭养老、经济发展等带来潜在的影响。

## (三) 社会不平等

以收入和财富为核心的社会贫富差距和不平等现象，历来是社会学研究的热点，③也是世界各国普遍面临的一大共同难题，更是现代社会所有人高度关注的重大议题之一。这一点从 2014 年法国经济学家托马斯·皮凯蒂的新著《21 世纪资本论》(*Capital in the Twenty-First Century*)一经面世便引起世界学术界和思想界的广泛关注和争议中可见一斑。该书提出，不平等的增加已成为世界性潮流，每个国家和地区都是如此。近几十年来，世界的贫富差距正在严重恶化，而且据预测将会继续恶化下去。正因为如此，在 2016 年 9 月 3 日杭州 G20 峰会上，国家主席习近平指出："据有关统计，现在世界基尼系数已经达到 0.7 左右，超过了公认的 0.6'危险线'，必须引起我们的高度关注。"

在经济全球化、经济自由化、劳动力市场变化、科技进步日新月异和经济结构转型的进程中，拥有高密度甚至超高密度人群的全球超大城市，社会不平等和社会排斥在内容、方式、结果等方面，表现得更加突出和明显，尤其是以收入和财富分配不均为核心的社会不平等问题，成为 21 世纪以来影响

---

① 佚名：《第四次单身潮来袭：中国单身人口 2 亿，更多女性选择主动单身》，《澎湃新闻》2016 年 11 月 11 日。

② 刘娟儿：《珍爱网发布〈2016 年单身人群现状系列报告〉》，《新快报》2016 年 11 月 8 日，第 8 版。

③ ［美］安格斯·迪顿：《逃离不平等：健康、财富及不平等的起源》，崔传刚译，北京：中信出版社，2013 年。

全球超大城市持续繁荣发展的最重要因素之一。最明显的例证当属 2008 年全球金融危机以后,即 2011 年 9 月 17 日发生在纽约的"占领华尔街"运动,并在非常短的时间内,迅速向美国本土的波士顿、亚特兰大、丹佛、芝加哥、洛杉矶、旧金山和匹兹堡等 1 083 个城市,以及美国以外的布拉格、法兰克福、多伦多、墨尔本、东京、科克、首尔等城市蔓延,演变成了一场名副其实的全球化运动。而该运动背后的核心原因就是当今社会过于巨大的贫富差距和收入差距,其初衷旨在抗议"美国 1% 的富人占有 99% 的美国人财富"的社会不公平问题。2016 年美国总统大选中特朗普的获胜,也证明了因贫富差距进一步拉大而产生的民怨情绪对当代政治的影响。综观全球超大城市的社会不平等发展,主要反映在以下几方面:

1. 收入不平等

在国际学术界,一般用基尼系数来表达收入或贫富差距的程度。在世界性收入不平等日趋严重的大环境下,作为经济发动机的全球超大城市也难逃收入不平等的困境。先看发达国家和城市的情况。如美国本身是一个收入严重不平等的国家(图 1.7,图 1.8),2015 年,美国家庭中最富裕的那 1% 的平均收入增长了 7.7%,达到 136 万美元,而其余 99% 家庭的平均收入仅为 48 768 美元,增长率也只有前者的一半;美国最顶部 1%(由企业高管、银行家、对冲基金经理、艺人和医生等高收入群体构成)的收入也在稳步上升,把持着美国个人收入总和的 22%,远高于"二战"后 10% 的水平。[①] 2015 年,收入最高的顶层 1% 的收入是底层 90% 的近 40 倍。与此相对应,美国超大城市也存在非常严重的收入不平等问题。数据显示,美国纽约市 20% 低收入人口的中位数家庭收入 1990—2010 年仅增长 7.8%,而 1% 富人中位数收入增长达 58% 以上(图 1.9),尽管白人仅占纽约市人口的 1/3,却控制了全市收入的一半以上,拉美裔和黑人在收入上落后于他们的人口比例,亚

---

① 张洪源:《〈2016 年全球财富报告〉发布》,《第一财经》2016 年 9 月 7 日。

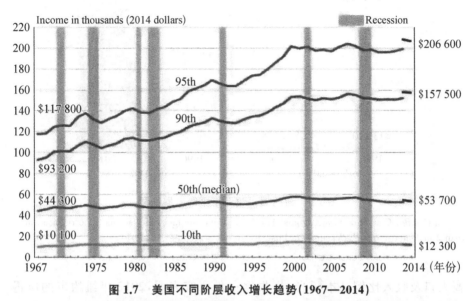

图 1.7　美国不同阶层收入增长趋势(1967—2014)

资料来源:《不平等的时代:真实还原美国中产的财富情况》,微信公众号"投资干货",2016 年 11 月 10 日。

图 1.8　美国 1% 和 0.1% 群体所占收入比重的变化

资料来源:维基百科。

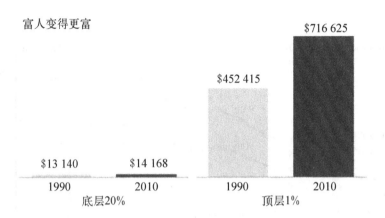

富人变得更富

$716 625

$452 415

$13 140    $14 168

| 1990 | 2010 | 1990 | 2010 |

底层20%                    顶层1%

**图1.9   纽约居民收入不平等发展格局**

资料来源：Chokshi, Niraj (August 11, 2014). "Income inequality seems to be rising in more than 2 in 3 metro areas". Washington Post. Retrieved September 13, 2014。

裔人口及收入比例基本相当。① 根据一份研究表明,2012 年纽约市的所得税申报数据显示,该年度占所得税申报 1％的顶层申报人的平均所得为 357 万美元,但在这个租金极贵、生活成本极高的城市,一半的人口年所得不超过 3 万美元,两者相差 100 多倍。② 纽约全市基尼系数高达 0.5,尤其是其核心区曼哈顿,其基尼系数达到 0.6 之高,是全球大城市当中不平等程度最严重的区域,③收入不平等程度可见一斑。为此,联邦统计局得出结论,纽约市及纽约州是全美国收入不平等最严重的地区。实际上,美国大都市区不断扩大的收入不平等,已经成为新时期美国都市社会发展的一种常态化格局。另一份研究表明,2005—2012 年,全美国 2/3 的大都市区的收入不平等都出现了扩大的趋势④。伦敦的收入不平等程度明显高于英格兰其他地

---

① 王忠会：《报告：纽约市贫富日益悬殊 中产陨落穷人难翻身》,中国新闻网,2014 年 1 月 10 日。

② ［美］大卫·哈维：《贫富差距越来越大,可能是经济危机的前兆!》,微信公众号"国企",2016 年 11 月 4 日。

③ "Inequality" (PDF). harvard.edu. page 2, introduction. Retrieved March 30, 2014.

④ Chokshi, Niraj (August 11, 2014). "Income inequality seems to be rising in more than 2 in 3 metro areas". Washington Post. Retrieved September 13, 2014.

区,在 2015—2016 年的三年中,前 10% 的人的收入比最低 10% 的收入者高 8 倍。然而,自 2011 年以来,收入中位数和前 10% 的收入都有所下降。[①] 收入不平等不断扩大的结果就是城市中产阶级的不断萎缩或空心化,社会结构更趋向不稳定与不和谐,给社会治理带来新的挑战。

2. 财富不平等

对一个国家或一座城市来说,社会财富在群体之间的合理公平分配,是保持社会稳定和谐发展的重要基础。放眼全球,因政府政策、劳动技能、发展机会等各种主客观因素的综合影响,全球财富分配存在着显著的失衡或不公平现象,富人越富、穷人越穷,贫富差距问题成为影响世界和平稳定发展的新型危机因素。根据波士顿咨询公司《2016 年全球财富报告》显示,2015 年,全球百万美元家庭数量只占全球人口的 1%,但其所拥有的财富占到全球财富的 47%,这一比重预计到 2020 年将提高到 52%。[②] 经济合作与发展组织(OECD)数据显示,美国最富有的 1% 的人口控制着该国 37% 的财富。这种巨大的全球、国家财富不平等投射到不同城市和地区以后,使得全球超大城市既成为全球富豪的集聚地(表 1.9),也成为财富不平等的重灾区。例如,伦敦贫富之间的差距已经形成了印度式的社会等级,最富有的 10% 的人口的平均财富为 93.36 万英镑,是最贫穷的 10% 的人口的 273 倍,这一差别超过了纽约和东京。[③]

表 1.9　全球"10 亿美金富豪之都"(国家/城市)

| | 国　家 | 人数(人数变化) | | 城　市 | 人数(人数变化) |
|---|---|---|---|---|---|
| 1 ↑ | 中　国 | 568（＋90) | 1 ↑ | 北　京 | 100（＋32) |
| 2 ↓ | 美　国 | 535（－2) | 2 ↓ | 纽　约 | 95（＋4) |

①　Trust for London. The gap between the richest and poorest in London. https://www.trustforlondon.org.uk/data/topics/inequality/,2017 年 9 月 8 日。
②　张洪源:《〈2016 年全球财富报告〉发布》,《第一财经》2016 年 9 月 7 日。
③　徐菁菁:《裂痕:英国人为何愤怒 贫富差距扩大或是根源》,《三联生活周刊》2011 年 8 月 19 日。

| | 国　家 | 人数(人数变化) | | 城　市 | 人数(人数变化) |
|---|---|---|---|---|---|
| 3－ | 印　度 | 111（＋14） | 3↓ | 莫斯科 | 66（－7） |
| 4↑ | 德　国 | 82（＋10） | 4↓ | 香　港 | 64（－7） |
| 4↑ | 英　国 | 82（＋2） | 5↑ | 上　海 | 50（＋20） |
| 6↓ | 俄罗斯 | 80（－13） | 5－ | 伦　敦 | 50（＋1） |
| 7－ | 瑞　士 | 66（＋6） | 7↑ | 深　圳 | 46（＋12） |
| 8↑ | 法　国 | 51（＋5） | 7↓ | 孟　买 | 45（＋5） |
| 9↓ | 巴　西 | 49（－7） | 9↑ | 杭　州 | 32（＋10） |
| 10↑ | 日　本 | 42（－3） | 10↓ | 巴　黎 | 30（0） |
| 11↑ | 意大利 | 37（＋10） | 11↓ | 台　北 | 23（－10） |
| 12↓ | 加拿大 | 35（－4） | 11↑ | 旧金山 | 28（＋2） |
| 13－ | 土耳其 | 34（＋1） | 11↑ | 伊斯坦布尔 | 28（－1） |
| 14↑ | 新加坡 | 32（＋6） | 14↑ | 新加坡 | 27（＋5） |
| 15↓ | 韩　国 | 31（－2） | 14↓ | 首　尔 | 27（－1） |
| 16↓ | 澳大利亚 | 30（－2） | 15↓ | 东　京 | 26（－2） |
| 17↓ | 泰　国 | 26（－3） | 17↓ | 圣保罗 | 24（－6） |
| 18↑ | 西班牙 | 21（＋2） | 17↓ | 曼　谷 | 24（－3） |
| 19＊ | 菲律宾 | 16（0） | 19↓ | 洛杉矶 | 21（－1） |
| 19＊ | 瑞　典 | 16（＋4） | 20－ | 新德里 | 20（＋3） |

　　资料来源：《2016胡润全球富豪榜》,参见《2016最新财富榜,北京首超纽约成全球超级富豪最密集的城市!》,微信公众号"匠心财讯",2016年2月29日。

　　随着经济全球化和城市化的发展,发展中国家及其超大城市也难逃财富不平等日趋严重的厄运。就拿中国来说,根据北京大学中国社会科学调查中心发布《中国民生发展报告2015》显示,目前我国大量的财富集中在极少数人手中,中国家庭财产基尼系数从1995年的0.45扩大到2012年的0.73,不仅远远超过0.47的收入不平等基尼系数,更直逼美国的财富不平等水平。目前家庭财富最多的前 25％ 家庭已经拥有全国 79％ 的财产,顶端 1％ 的家庭占有全国约 1/3 的财产,底端 25％ 的家庭拥有的财产总量仅在 1％ 左右。① 相应地,上海、北京、广州等超大城市也面临着严重的财富不平等困境。对此,由于财富统计体系不健全,我国超大城市尚没有居民财富分配的官方数据和研究成果,本书不做深入分析。

关于财富分配不公和收入差距拉大的危害,经济学家亚当·斯密指出:"财富如果长期为少数人所占有,而多数人处于贫困状态,它是不公平的,而且注定这个社会是不稳定的。"② 如果任凭分配不公和收入差距加剧,会导致城市空间的分化与社会隔离,更容易引发富人与穷人之间的思想对立和社会交往圈封闭,造成不良的社会心理,降低社会制度的威信,③ 极易引发政治和社会危机。近年来超大城市以年轻人为主体的社会骚乱以及在欧洲与中东出现的民粹主义和民族主义就是它的表现之一。例如,2011 年发生的伦敦骚乱事件和 2014 年发生在纽约的"占领华尔街运动"等案例充分说明,当前日益扩大的贫富差距、阶层固化、机会不公平等问题,正在对全球超大社会的包容、公平发展形成巨大的潜在威胁,引起当政者的高度重视。

实际上,在全球超大城市当中存在的社会不平等现象,除了上面提到的收入和财富不平等外,还有种族不平等、性别不平等、教育机会不平等,等等,尤其是种族不平等在移民比例较高的发达国家超大城市中表现得更加突出和严重。近年来在美国城市中白人警察枪杀黑人而引发的大规模社会抗议活动是其严重种族不平等的典型表现和结果,给城市社会的包容发展、公平发展带来巨大的潜在威胁。由于篇幅所限,本书不赘述。

---

① 佚名:《北大〈中国民生发展报告 2015〉:1％ 家庭占全国 1/3 财产》,《第一财经日报》2016 年 1 月 19 日,第 11 版。

② 〔英〕亚当·斯密:《道德情操论》,北京:商务印书馆,1997 年。

③ 权衡:《收入和财富不平等可能会撕裂全球化进程》,《文汇报》2015 年 4 月 17 日,第 7 版。

### (四) 城市公共服务短缺

公共服务是政府为居住在辖区的所有居民提供的城市基础设施和社会服务项目,广义上包括电力、教育、紧急服务(如消防、急救、执法、搜救等)、环境保护、石油和天然气、卫生保健、军事、邮政服务、大众银行、公共广播、公共图书馆、公共安全、公共交通、社会服务(如公共住房、社会福利、食品补贴等)、电信、城市规划、交通基础设施建设、废物管理(如废水、固体废物、回收利用等)、供水管网等内容。政府采取直接或间接的方式,为城市所有居民提供足够数量、高质量、均等化的公共服务,既是政府的一项重要职责,也是居民满足生存发展需求的一项基本权利,更是保持超大城市安全有序运转的基本保障。但综观世界上的超大城市发现,由于巨大的人口规模以及不断增加的移民数量,使得超大城市普遍面临着公共服务短缺的困境,尤其是交通、教育、医疗、住房、养老等社会服务,往往难以满足人口发展的实际需求,严重影响城市居民的生活质量和社会的安全有序运行。这成为当今全球超大城市社会治理创新的一个重要任务和重大议题。本书主要以交通、住房、养老等公共服务短缺为例加以说明。

在交通服务方面,一方面,超大城市面临着公共交通设施或服务的短缺。例如,伦敦人口在 2015 年突破了 850 万人,预计到 2050 年,伦敦人口将达到 1 100 万人,这对伦敦的基础设施建设提出了挑战,比如到 2050 年前,伦敦人对公共交通的需求将增加 50%,对电力供应的需求预计将增加一倍,需要新建 600 多所学校,每年必须新建 50 000 套新房屋等。为此,在 2014 年,伦敦市长鲍里斯·约翰逊发布了《伦敦 2050 远景基础设施规划》,计划投入 1.3 万亿英镑,建设一个"更大更好"的伦敦,这也是伦敦第一个长期的基础设施规划,重点包括交通、绿地、电信网络、能源、水资源供应和住房等,计划到 2050 年,整个伦敦市将建造超过 150 万套住宅、600 多所新学校,以及超过 22 000 英亩的绿色公园。① 2014 年版《大伦敦规划》中专节讨论"社会性基础设施",提出将寻求更大程度的财政独立和更创新的筹资方式以支持关键基础设施的投资建设,推行"更加紧密地结合交通运输和开发项目",所有设施都应对所有社区和人群(包括残疾人和老年人)开放,丰富市民的参与机会或增加参与性,并减少供应不平等,最终实现相辅相成、功能多元、追求平等与包容发展。② 同时,公共交通服务的短缺,直接导致城市交通的严重拥堵,尤其是发展中国家的一些超大或大城市的拥堵程度更加严重。例如,2015 年荷兰交通导航服务商 TomTom 根据 36 个国家 218 个城市的测量发布了全球最拥堵的城市排名(表 1.10),在前 30 名最拥堵的城市中,中国大陆有 10 个城市上榜,北京位列第 15,上海第 24 名,在 2014 年一整年,车主耗在晚高峰堵车路上的时间超过 100 个小时;③而印度的超大城市存在的公共交通服务短缺更是世人皆知。

表 1.10　2015 年全球最拥堵的城市排名④

| 排名 | 城　　　市 | 国家/地区 |
|------|-----------|-----------|
| 1 | 伊斯坦布尔 | 土耳其 |
| 2 | 墨西哥城 | 墨西哥 |
| 3 | 里约热内卢 | 巴西 |
| 4 | 莫斯科 | 俄罗斯 |
| 5 | 萨尔瓦多 | 巴西 |
| 6 | 累西腓 | 巴西 |

① 高美:《伦敦从"雾都"到"酷都"》,《新京报》2015 年 6 月 21 日,第 8 版。
② 华子怡:《伦敦规划——2014 版伦敦规划之亮点》,2016 年 8 月 23 日,http://www.istis.sh.cn/list/list.asp? id＝10133,2018 年 5 月 6 日。
③ 方晓:《全球最拥堵城市排行榜:北京位列 15　上海第 24 名》,澎湃新闻,2015 年 4 月 6 日。
④ 方晓:《全球最拥堵城市排行榜:北京位列 15　上海第 24 名》,澎湃新闻,2015 年 4 月 6 日。

续　表

| 排名 | 城　市 | 国家/地区 |
|---|---|---|
| 7 | 圣彼得堡 | 俄罗斯 |
| 7 | 巴勒莫 | 意大利（并列） |
| 8 | 布加勒斯特 | 罗马尼亚 |
| 9 | 华沙 | 波兰 |
| 10 | 洛杉矶 | 美国 |
| 11 | 台北 | 中国台湾地区 |
| 12 | 重庆 | 中国 |
| 13 | 罗马 | 意大利 |
| 14 | 天津 | 中国 |
| 15 | 北京 | 中国 |
| 16 | 伦敦 | 英国 |
| 17 | 广州 | 中国 |
| 18 | 马赛 | 法国 |
| 19 | 成都 | 中国 |
| 20 | 温哥华 | 加拿大 |
| 21 | 悉尼 | 澳大利亚 |
| 22 | 巴黎 | 法国 |
| 23 | 福塔雷萨 | 巴西 |
| 24 | 上海 | 中国 |
| 25 | 石家庄 | 中国 |
| 26 | 旧金山 | 美国 |
| 27 | 雅典 | 希腊 |
| 28 | 福州 | 中国 |
| 29 | 沈阳 | 中国 |
| 30 | 杭州 | 中国 |

住房短缺是人口不断增加的超大城市面临的又一严峻挑战。例如,伦敦市政府在 2013 年发布的《住房特点》分析报告指出,2011 年,22％的居民住房存在拥挤现象;租房居住的家庭和个人中 37％处于拥挤状态,其中亚洲人和黑人的拥挤程度是伦敦市平均值的 2 倍;279 000 个单亲家庭中,1/4 处于过于拥挤状态;72％的房屋和 28.5％的公寓套房处于过于拥挤的状态。[1] 实际上,美国纽约近年来也开始面临着严重的住房短缺,尤其是养老型住房,无法满足老年人的住房需求。发展中国家的超大城市也一样,一项研究表明,我国上海到 2020 年住房存量将只有 6.1 亿平方米,哪怕届时人口只有 2 500 万,人均住房建筑面积也将不足 25 平方米,与联合国欧洲经济委员会关于中等发达国家(人均 GDP 1 万美元左右)人均居住面积为 25—35 平方米(换算成建筑面积,则约需人均 35—45 平方米)仍具有较大的差距。[2]

前文已经指出,由于超大城市面临着人口老龄化问题,使得社会养老服务设施和护理人才的短缺,成为全球超大城市面临的又一延伸性社会问题。例如,日本超大城市东京都在日趋严峻的老龄化面前,虽然护理人才的有效招聘倍率比都内所有产业平均有效招聘倍率高,但离职率也相对较高(图1.10),依然呈现人才不足的情况。[3] 我国上海、北京、广州等超大城市也面临着养老服务设施和专业护理人才短缺的困境,数据显示,截至 2017 年年底,上海 60 岁以上户籍老年人口达 435.95 万人,占户籍总人口的 30.7％,是我国老龄化程度最高的超大城市,目前,上海只有社区助老服务社 217 家、老年人日间照料中心 400 多家,社区居家养老服务从业人员 3 万余名,

①　闫彦明:《伦敦解决市中心区住房拥挤的措施》,屠启宇主编:《国际城市蓝皮书》,北京:社会科学文献出版社,2015 年,第 269—280 页。
②　陈杰:《上海 2020 年住房形势分析:可能存在绝对短缺》,《东方早报》2012 年 7 月 3 日,第 11 版。
③　宗敏丽:《应对超高龄社会——东京经验借鉴》,微信公众号"全心全意",2016 年 1 月 27 日。

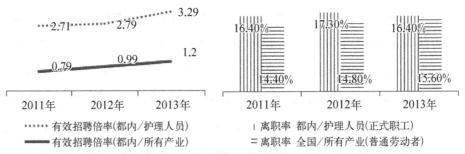

**图1.10 东京都护理人员的有效招聘倍率、离职率的变化**

资料来源：宗敏丽：《应对超高龄社会——东京经验借鉴》，微信公众号"全心全意"，2016年1月27日。

为超过30万名老人提供社区居家养老服务，与未来养老护理队伍的需求存在较大缺口。[①]

## （五）犯罪与公共安全危机

安全是一座城市生存和发展的底线，[②]超大城市作为国家或一定区域的政治、经济和文化中心，人口、建筑、企业、交通等现代要素高度集中，社会充满着复杂性和不确定性，各种犯罪和突发事件的种类、频率更多更高，是各类危机最容易、最频繁爆发的地区，社会公共安全面临巨大危机和挑战。主要表现在以下几个方面：

### 1. 社会犯罪现象高发

例如，美国超大城市纽约尽管自20世纪90年代以来犯罪率发生了明显下降的趋势（图1.11），但总体来看，它依然是美国犯罪比较严重的地区之一。根据纽约市警方（NYPD）2013年发布的纽约市犯罪地图表明，犯罪率最高的地区为曼哈顿时代广场附近，犯罪率达110.5‰，布朗士区41辖区的犯罪率也高达26‰，皇后区法拉盛的犯罪率为7.2‰，曼哈顿华

---

[①] 许婧：《上海居家养老服务人员仅3万余名 供需缺口较大》，中新上海网，2016年6月3日。

[②] 陶希东：《安全是一座城市发展的底线》，《新民晚报》2013年9月3日，第8版。

埠的犯罪率高达 15‰。① 根据 2014 年的一份数据表明,纽约总体犯罪率为
21‰,其中暴力犯罪率为 3.82‰、财产类犯罪率为 17.18‰;如果按区域面积
均值来算的话,纽约每平方英里的犯罪数为 43 起,高于全美国平均 32.8 起
的水平。②

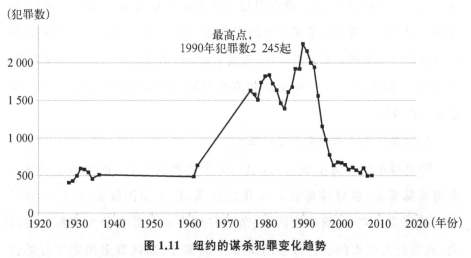

**图 1.11　纽约的谋杀犯罪变化趋势**

资料来源:维基百科。

### 2. 公共安全危机事件多发

这主要表现为火灾、地震、危险化学品爆炸、食品安全、传染病疫情暴
发、核泄漏、民众游行示威等方面。例如,2015 年 8 月 12 日,位于天津市滨
海新区天津港的瑞海公司危险品仓库发生火灾爆炸事故,造成 165 人遇难、
8 人失踪、798 人受伤、304 幢建筑物、12 428 辆商品汽车、7 533 个集装箱受
损被毁的严重后果,据估算直接经济损失高达 700 亿元;③又如,1995 年东
京地铁沙林毒气、2014 年纽约"占领华尔街"运动、中国香港"占中"等群体
性公共安全危机事件。

---

①　《纽约警方发布犯罪地图 曼哈顿华埠犯罪率较高》,中国新闻网,2013 年 12 月 10 日。
②　https://www.neighborhoodscout.com/ny/crime/.
③　《天津爆炸直接经济损失或达 700 亿 隐性影响难估》,《中国经济周刊》2015 年第 9 期。

### 3. 恐怖袭击威胁

最典型的当属 2001 年美国纽约"9·11"恐怖袭击事件,遇难者总数高达 2 996 人,[①]美国经济损失达 2 000 亿美元,[②]相当于当年生产总值的 2%,此次事件对全球经济所造成的损害甚至达到 1 万亿美元左右。[③]再如 2005 年 7 月 7 日清晨,伦敦突然遭到四起连环爆炸袭击,造成近 100 人死亡,是英国"二战"以后遭遇的最惨重的爆炸袭击。2015 年 11 月 13 日晚,在法国巴黎市发生一系列恐怖袭击事件,造成至少 132 人死亡的惨剧。现实表明,2014 年以来随着"伊斯兰国"恐怖势力的崛起,全球超大城市面临着巨大的恐怖袭击威胁。

### 4. 大型群众性活动安全管理压力

随着城市功能的不断完善,包括大型体育赛事(奥林匹克运动会)、大型展览活动(世界博览会)、文化娱乐演出、大型国际会议(G20 会议等)、跨国企业年会、跨年夜活动、节假日灯会庙会等各类大型群众性活动,成为超大城市的经济社会的重要组成部分,如何制定切实可行的公共安全预防预警机制,确保大型群众性活动的安全有序举办,日渐成为超大城市公共安全管理的一项重要任务和挑战。现实表明,超大城市往往也是这类安全事故多发的地方。国内典型的例子当属 2014 年最后一天上海外滩发生的损失 36 个年轻生命的严重踩踏事件,凸显了我国超大城市人群密集场所和大型群众性活动安全管理面临的严峻挑战。

上述各类公共安全事件不仅造成重大人员伤亡和财产损失,更使超大城市公共安全受到前所未有的挑战,超大城市公共安全考量着一个城市管理者的智慧。

---

① 《"9·11"恐怖袭击事件:美国人永远的伤痛》,新浪军事,2014 年 10 月 17 日。
② 《联合国报告称"9·11"令美国经济损失 2 000 亿美元》,中新网,2014 年 10 月 16 日。
③ 《"9·11"事件全球经济损失一万亿》,人民网,2014 年 10 月 16 日。

## （六）移民利益文化冲突与社会骚乱

在经济全球化、贸易一体化和现代交通革新的大背景下，人口的跨国或跨界流动已经成为一种世界常态格局，超大城市成为本国农村居民或异国移民不断聚集的重要目的地。综观全球超大城市，规模不等的移民群体已经成为国际都市社会的重要组成部分和社会元素。据统计，全球 1/5 的移民居住在全球超大城市中，悉尼、纽约、伦敦等城市中大约有 1/3 的移民，布鲁塞尔和迪拜几乎拥有一半的移民人口。实际上，移民作为勇于挑战自我的一个特殊群体，其对移入城市来说，既能创造诸多发展机遇，也面临着巨大的服务供给和文化融入挑战。对此，国际移民组织（IOM）与中国与全球化智库（CCG）联合发布的《世界移民报告 2015：移民和城市—管理人口流动的新合作》指出，移民可以是城市的建设者、弹性城市的创造者、城市之间关系的连接者、地方政府治理的重要参与者、经济创新增长的推动者，更是促进城市化发展的动力和促进城市多样化的主体力量，与此同时，移民也会对当地的基础设施、公共服务、社会治理等形成巨大的挑战。因此，当移民群体达到足够数量并且移民经济状况与本地居民之间存在巨大落差的时候，如果东道主国家或城市政府不能做出有效的制度安排来帮助移民积极地融入当地社会，就容易引发种族冲突、利益冲突、文化冲突和社会骚乱的潜在威胁。

近年来，在世界范围内特别是西方国家一些超大城市当中频频发生的移民骚乱，充分说明了这一治理难题。例如，2005 年 10 月底—11 月中旬，法国巴黎东北郊克利希苏布瓦镇（这里的居民多为非洲移民），3 名少年为躲避警察追赶，钻进变电站，2 名触电身亡、1 名身受重伤，由此引发了数百名当地青少年上街打砸店铺、焚烧汽车和垃圾桶，破坏消防站。这次持续近3 周的巴黎骚乱，共烧毁了 8 500 辆汽车及 100 多栋公共建筑。2013 年 5 月19 日，瑞典首都斯德哥尔摩的一处移民聚集区胡斯比区发生骚乱，持续了一周时间,这场骚乱导致 200 多起犯罪事件,60 多人被逮捕。[①] 2011 年 8 月 6 日,英国首都伦敦开始发生一系列社会骚乱事件,8 月 9 日,骚乱已扩散至伯明翰、利物浦、利兹、布里斯托等英格兰地区的大城市;2015 年 11 月 6 日,伦敦北部拥有 20% 黑人和低收入群体居多的托特纳姆区发生了大规模暴力冲突和社会骚乱,造成巨大的经济损失。

## (七) 高生活成本与年轻人(中产层)逃离问题

全球超大城市在以优越的经济和生活条件不断吸引大量人口进驻,进而面临人口过度集聚困扰的同时,近年来也开始出现了由于高房价、养老难、环境差、生活成本高企等种种原因,尤其是高企的房价,迫使超大城市开始上演与大趋势相背的市民(中产阶级或年轻人才)"大逃离"情形。尽管这对超大城市本身不一定造成严重的社会问题,但作为一种普遍性的现象,也算是当前全球超大城市发展面临的一大难题。根据英国豪华地产代理商 Savills 的报告显示,伦敦房价自 2009 年以来飙升了 85%(图 1.12),根据英国 Hometrack 房地产公司的数据显示,一套房产的购买成本是伦敦居民人均一年工资总额的 14.2 倍,是全国比例的两倍多,也是有记录以来的最高水平,高企的房价正迫使 30 岁以上离开伦敦的人数也在逐年增多,伦敦正处于一次新的大迁徙之中。据香港 FX168 财经网报道,2015 年,30 及 30 岁以上迁离伦敦的人数共计 6.6 万人,2009 年为 5.1 万人。过去两年内,搬离伦敦的 35—39 岁人数增长了 18%。[②] 据全美住房协会(National Housing Conference)及其附属研究机构——住房政策研究中心(Center for Housing Policy)2013 年的统计显示,住房开支占收入 50% 以上的工薪家庭占比在洛杉矶大都市区为 39%,在旧金山大都市区为 35%,在纽约大都市

---

① 秦爱华:《福利国家的移民困境——探寻瑞典骚乱的根源》,《光明日报》2013 年 6 月 6 日,第 11 版。

② 星晴:《伦敦房价飙升 家庭被迫迁出》,FX168 财经网,2016 年 11 月 21 日。

区为 31%，[1]高昂的房价造成城市极高的生活成本，迫使年轻人纷纷离走，如美国人口普查局 2013 年的数据显示，2000—2013 年，全美迁居至此的人比搬离此地的人多出 100 万，其中大多是"逃离"纽约、洛杉矶和旧金山等繁华大都市的年轻人。有数据显示，随着年轻人口的大量外迁，韩国首尔市 2016 年的居民登记人口很可能将跌破千万，届时，韩国将再没有一座人口超过千万的城市，其中 20—39 岁年龄段的人群成为"脱首尔"的主体，占据所有流出人口近一半的比例。[2] 这一现象在我国北京、上海、广州等超大城市，由于高企的房价和政府的人口调控政策，近年来也出现了所谓年轻人"逃离北上广"而导致常住人口开始负增长的趋势。虽然没有具体的数字和实证分析，但这表明，我国超大城市也正在出现与发达国家超大城市一样的趋势性问题，值得当政者高度关注。

**图 1.12　伦敦 2005—2016 年的平均房价**

资料来源：FX168 财经报社，2016 年 11 月 21 日。

---

① 陈玮：《美国住房危机正在浮现》，福布斯中文网（上海），2013 年 7 月 29 日。
② 田明：《伦敦纽约首尔东京 各国人口"逃离"大城市为哪般？》，新华网，2016 年 5 月 21 日。

# 第二章  超大城市社会跨界治理理论体系新构建

全球超大城市作为多要素高度集聚的复杂性、不确定性的社会巨系统，要达到有效治理，必须依赖正确、科学的基础理论指导。"治理"已经成为政治学、社会学、管理学等多学科研究的一个普遍性议题，取得了非常丰富的研究成果。本章首先对国内外与超大城市社会治理议题有关的研究成果做一个简要总结和评述；在此基础上，结合中国实际，旨在架构一个全球城市社会跨界治理的理论体系，提出全球城市社会跨界治理的功能、目标、体制、机制、平台、载体、路径、工具、手段、政策等全要素结构。

## 一、国内外超大城市社会治理理论研究述评

### (一) 国外研究现状与动态述评

结合西方治理研究的学术史来看，全球城市的社会治理研究，存在以下主要研究领域及理论观点：

1. 治理与社会治理的内涵研究

20 世纪 90 年代以来，西方政治学家和经济学家赋予了"治理"(governance)新的含义，其涵盖的范围远远超出了传统的经典意义，它不再局限于政治学领域，而被广泛运用于社会经济领域。① 对此，约翰·罗尔斯

---

① 包国宪：《治理、政府治理概念的演变与发展》，《兰州大学学报(社会科学版)》2009 年第 3 期。

(1988)、全球治理委员会(1995)、罗西瑙(J. N. Rosenau，1995)、格里·斯托克(Gerry Stoker，1999)等机构和学者做了精辟阐释，①如：治理理论的主要创始人之一罗西瑙(J. N. Rosenau)将治理定义为一系列活动领域里的管理机制，它们虽未得到正式授权，却能有效发挥作用，与统治不同，治理指的是一种由共同的目标支持的活动，这些管理活动的主体未必是政府，也无须依靠国家的强制力量来实现；②全球治理委员会认为："治理是各种公共的或私人的个人和机构管理其共同事务的诸多方式的总和。它是使用相互冲突的或不同的利益得以调和并采取联合行动的持续的过程。它既包括有权迫使人们服从的正式制度和规则，也包括各种人们同意或以为符合其利益的非正式的制度安排。它有 4 个特征：治理不是一整套规则，也不是一种活动，而是一个过程；治理过程的基础不是控制，而是协调；治理既涉及公共部门，也涉及私人部门；治理不是一种正式的制度，而是持续的互动。"③

根据现有的研究文献，对社会治理的本质及内涵，尚无统一的解释，如有学者提出：治理就是政治、经济、行政权威管理社会事务的实践，政治社会治理的目的主要是"解决社会问题、创造社会机会"；④罗尔斯认为社会治理的基石是人们的共有的思想观念，共有观念构成了人们行为的基础。⑤ 笔者以为，社会治理的目标追求是实现"善治"(Good Governance)，即参与性、协商性、责任性、透明性、回应性、有效性、公正性、包容性、法治精神，建立一个人与人、人与自然、人与社会良性发展的和谐社会。根据西方国家的改革实践，社会治理是社会转型时期一项涉及执政理念、权力配置、

---

①　[英]格里·斯托克：《作为理论的治理：五个观点》，《国际社会科学(中文版)》1999 年第 2 期。

②　[美]詹姆斯·N.罗西瑙：《没有政府的治理——世界政治中的秩序与变革》，南昌：江西人民出版社，2001 年，第 22 页。

③　俞可平：《引论：治理与善治》，《马克思主义与现实》1999 年第 5 期。

④　Kooiman J. Soeial-politieal Governanee: Overview, Refleetionand Designl JI. *Public Management*, No.1, 1999, pp.67－92.

⑤　约翰·罗尔斯：《正义论》，何怀宏等译，北京：中国社会科学出版社，1988 年，第 20 页。

运行模式、社会需求等核心要素的协同策略与综合方法,具有以下内涵:首先,从执政理念看:社会治理是政党执政理念更趋包容性、积极性、参与性的调整与转型;其次,从权力结构看:社会治理是地方权力结构从精英模式走向多元模式,再走向合作者模式的动态演变过程;再次,从公共服务供求视角看:社会治理是对公共服务或公共产品的供应、生产、消费等活动的一种新型制度安排。[①]

2. 以公私合作伙伴为核心的社会治理理论研究

公私合作伙伴关系(Public-Private Partnership,PPP)与政府购买公共服务(purchase of service contraction,POSC)是社会治理的核心机制,相关理论有伯顿·韦斯布罗德和斯蒂格利茨等人的"政府失灵理论"(1986,1997)、[②]理查德 A.马斯格雷夫的公共服务生产与供应区别理论(1959)、[③]文森特·奥斯特罗姆的制度分析学派(1961)、[④]亨利·汉斯曼的契约失灵理论(1980)、[⑤]萨瓦斯的民营化理论(2002)、[⑥]萨拉蒙的第三方治理治理(2008),[⑦]以及豪(R.Hall)、萨德尔和伍思努等人的政府、市场、支援部门相互依赖理论(1991)等。此外,还有诸如新公共管理理论、新公共服务理论、重塑政府理论、公共选择理论、成本交易理论、委托代理理论、协商民主理

① 陶希东:《社会治理体系创新:全球经验与中国道路》,《南京社会科学》2017 年第 1 期。

② A. Weisbrod Burton, toward of theory of the voluntary nonprofit sector in a three-sector economy, in S. Rose ackerman(ed.), the economic of nonprofit institutons, New York: Oxford University Pess, 1986.

③ Richard Abel Musgrave, The theory of public finance: a study in public economy, New York: McGraw-Hill book company, 1959.

④ Ostrom, Vincent, Andr Charlestiebout, Warren. The Organization of Government in Metropolitan Areas: A Theoretical Inquiry, america political science review, 1961, pp.831 – 42.

⑤ Hansmann, henry, The Role of Nonprofit Enterprise, *Yale Law Journal*, Vol.89, 1980, pp.835 – 901.

⑥ E.S.萨瓦斯:《民营化与公私部门的伙伴关系》,周志忍译,北京:中国人民大学出版社,2002 年,第 158 页。

⑦ 萨拉蒙:《公共服务中的伙伴——现代福利国家中政府与非营利组织的关系》,田凯译,北京:商务印书馆,2008 年,第 21 页。

论、社会资本理论、府际关系理论、①政策网络理论、②整体治理理论等。

3. 区域主义和大都市治理研究

全球城市的跨区域治理,是社会治理研究高度关注的一个重要话题,当前主要有城市区域论(Scott,2001；Scott and Storper,2003)③、新区域主义论(Howard、Harry 和 T. Swanstorm、M. Pastor,2000；James Wesley scott,2007)、大都市区域主义论(Neil Brenner、Stephens、Hamilton,2002)、④大都市政治体系再造论(M. Purcell,2002；Pauline M Guirk,2007)、⑤多层次治理(Multi-level Governance)理论⑥等流派,核心主张就是通过彼此分权、合权、协调的一种更富有弹性的发展管理体制,来解决大都市社会存在的跨界矛盾与问题。

4. 城市案例、要素治理和微观社区治理研究

综观之,一方面,有许多针对东京、纽约、伦敦、巴黎、香港、温哥华、新加坡、墨西哥、马尼拉等发达和欠发达城市的治理案例研究；另一方面,也有关于大都市移民、人口、住房、犯罪、社会融合、不平等、城市更新、社会权力结构、公共服务等领域的要素治理研究。同时,还有一大批以基层社区、邻里政府(Robert Fisher,1996)、⑦公民治理⑧等为主要内容的城市微观社会治

---

① 克莱德·F.斯奈德:《1935—1936 年的乡村和城镇政府》,《美国政治科学评论》1937 年第 31 期。

② A1G1 Jordan, Sub-government, policy communities and networks 1 Refilling the old bottles?, *Journal of Theoretical Politics*, Vol.2, 1990, p.3211.

③ Scott, A.J. globalization and the rise of city-regions. *European Regional Studies*, Vol.9, No.7, 2001, pp.813－824.

④ Neil Brenner, Decoding The Newest "Metropolitan Regionalism" In The USA: A Critical Overview, *Cities*, Vol.1, 2002, pp.3－21.

⑤ Pauline Mcguirk, The Political Construction of The City-Region: Notes From Sydney, Vol.31, No.1, 2007, pp.179－187.

⑥ Piattoni, Simona, "Multi-level Governance: a Historical and Conceptual Analysis". European Integration. Vol.312, 2009, pp.163－180.

⑦ Robert Fisher, "Neighborhood Organizing: The Importance of Historical Context", in W. Dennis Keating, et al., eds., Revitalizing Urban Neighborhoods, University Press of Kansas, 1996, p.42.

⑧ [美]理查德·C.博克斯:《公民治理:引领 21 世纪的美国社区》,孙柏瑛译,北京:中国人民大学出版社,2013 年。

理研究。因不同的国体、政体、文化与市民结构,治理方法和策略也不尽相同。

5. 大数据与城市规划及治理模拟研究

伴随着当今信息技术的快速变革,收集和挖掘大数据,探讨城市基础设施运营、市民移动时空规律、行为方式等问题,全面建设智慧城市,提高城市效率和生活品质,是当今西方学者和相关企业高度关注的一个新研究方向。一些研究围绕智慧城市治理,在城市治理中如何应用大数据等现代技术提出了相关思路、方案和模型。[1]

总体来看,西方学者对大都市社会治理的研究,具有以下几个特点与趋势:一是,理论与实证研究相结合,城市案例研究与单要素治理研究并重,架构了一套宏观、中观、微观兼具的社会治理理论体系,多科学研究特色鲜明。二是,改革政府结构、优化权力分配、促进公民参与、实施公私合作、强化数据技术应用是大都市社会治理的普遍核心主张,也是政策创新的主要出发点和实践经验。三是,强调服务化、社会化、市场化、社区化、自治化、数字化、智能化,重塑城市政治领导人、职业的行政管理者、社会组织、社区公民参与者之间的新型角色定位以及互动关系,提高城市效率与社会生活品质,是当今西方大都市社会治理研究的新趋势,也是治理实践的新路径。

## (二)国内研究现状与动态述评

社会治理是国内学者近年来关注的一个研究热点,已经发表了大量论著。相对一般社会治理研究,超大城市的社会治理研究,是一个相对较新的话题。主要研究领域及核心观点介绍如下。

---

① Jingrui Ju, Luning Liu, Yuqiang Feng. Citizen-centered big data analysis-driven governance intelligence framework for smart cities. Telecommunications Policy, No.10, 2018, pp. 881 – 896.

1. 城市社会治理的基本内涵研究

一般意义上的城市社会治理,研究成果非常丰富,核心共同观点主要有:[①]（1）城市社会治理需要运用公共权力。（2）参与城市社会治理的不仅仅限于政府单一主体,政府、私营部门、非政府组织、市民等都是城市社会治理的主体。（3）城市社会治理是一个参与、沟通、协商、合作的过程,既包括正式的也包括非正式的制度安排。（4）城市社会治理是一个冲突缓解、利益整合的过程。（5）强调城市社会治理中政府职能与行政方式的变革。

2. 超(特)大城市社会治理发展趋势研究

认为中国大城市社会治理,应该吸取借鉴西方的整体性治理、[②]第三部门治理、善治等理论思想,坚持满足民众需求的目标导向。风险社会、流动社会成为当今国际特大城市社会治理的难题,[③]公共服务社会化、市场化、重塑机构、虚拟智慧管理等成为国际大都市社会治理的新趋势。[④]

3. 超(特)大城市社会治理模式与体制机制创新研究

认为一个健康、安全、有序的大都市社会需要三种治理模式的协调与整合,即行政动员模式、社会治理模式和民主协商模式;同时,需要建立健全表达机制、决策机制、筹资机制、生产机制、评估机制、问责机制等特大城市治理新机制。[⑤]

4. 超(特)大城市社会要素治理、基层治理及其案例与经验借鉴研究

国内学者围绕上海、北京、武汉等特大城市的基层党建、[⑥]人口调

①　葛海鹰:《经营城市与城市管理》,《中国行政管理》2005 年第 1 期;王佃利:《城市管理转型与城市治理分析框架》,《中国行政管理》2006 年第 12 期。
②　赖先进:《超大城市整体性治理机制探索》,《前线》2018 年第 11 期。
③　吴涛、周佳雯、奚洁人:《大城市社会危机处理比较研究》,《上海行政学院学报》2018 年第 9 期。
④　李友梅:《国际特大城市社会治理的新趋势》,《中国社会科学报》2013 年 10 月 21 日,第 8 版。
⑤　范逢春:《特大城市社会治理机制创新研究——基于整体性治理的维度》,《云南社会科学》2014 年第 6 期。
⑥　冯秋婷等:《党领导基层治理的实践探索和理论启示——北京市"街乡吹哨、部门报到"改革研究》,《中国领导科学》2019 年第 3 期。

控、①交通治理、②公共安全、公众参与、③基层治理等问题,④发表了许多论著,其中也包括国际经验借鉴⑤,观点比较多元。因篇幅所限,本书对相关观点不赘述。

5. 大数据与智慧城市社会治理研究

大数据与城市规划模式、社会治理模式变革,也是国内学者近年关注的新方向。⑥ 北京大学、同济大学、南京大学等创建了研究智慧城市以及大数据定量化模拟研究的专业机构,如北京城市实验室、北京西城——清华同衡城市数据实验室等,取得了一批新成果,对城市规划变革提出了很多新思路。

总体来看,国内关于超大城市社会治理的研究领域比较广泛,既包括要素治理的对策性研究,也有体制机制、国外经验借鉴和发展趋势等。但一些成果主要借助西方社会治理的理论话语体系,在打造具有中国特色的理论话语方面存在不足;同时,在经验借鉴方面,现有的研究成果也不是很多。

综上可知,伴随着时代的进步和发展,国内外社会治理的理论思想在不断发展、更新和演变,各理论流派之间既有差异,也有联系。但可以肯定的是,截至目前不存在一个放之四海而皆准的统一化理论模式,充其量只是西方社会治理拥有更多的话语权而已。中国作为全球第二大经济体,随着城市化的进一步发展,必将成为超大城市数量最多的国家,超大城市治理也将面临更多的治理需求和更大的挑战。因此,从中国社会发展实践和现实需求出发,建构一套具有中国话语体系特点的超大城市社会治理理论范式,同

---

① 张翼:《特大城市人口结构的变化与社会治理》,《中国社会科学报》2018 年 11 月 20 日,第 6 版。

② 张晓春:《协同治理与品质提升——超大城市交通治理的思考》,《交通与运输》2018 年第 9 期。

③ 陈奇星:《城市居民公共参与的中观考察:以上海 X 区社会治理实践为例》,《上海行政学院学报》2014 年第 6 期。

④ 刘玉照:《建立横向协同机制,解决特大城市郊区基层治理中的"流动难题"》,《科学发展》2014 年第 12 期。

⑤ 王礼鹏:《超大城市有效治理的探索与案例》,《国家治理》2017 年第 9 期。

⑥ 张新生:《创新社会治理:大数据应用与公共服务供给侧改革》,《南京社会科学》2018 年第 6 期;刘光峰、陈新军:《大数据时代社会治理创新策略研究》,《中国信息化》2019 年第 1 期。

时积极借鉴西方超大城市社会治理的实践操作方法和有益经验,更好地解决中国超大城市社会发展面临的重大现实问题,无疑是超大城市社会治理创新中需要解决的一个重要议题。

## 二、超大城市社会跨界治理的逻辑起点

### (一) 流动社会与社会问题的超边界性

从国家治理和城市行政管理的角度来说,超大城市总是一个具有一定范围、边界明确的行政区单元,城市政府只能在自己的行政辖区内,才有权进行经济社会问题的公共治理活动,除非具有特殊的政府间关系安排,否则城市政府对超越行政区边界的公共问题往往束手无策。但从全球超大城市的发展趋势来看,由于人口密集、住房拥挤、交通更新、资本逐利、郊区化发展等原因,城市扩张和城市蔓延不可避免,从而带来城市在发展方向、程度和秩序方面的失控,最终导致超大城市超越自己的行政区边界,建成区与周边地区连成一片而成为连续性的大都市区域。例如,泰国首都应该是曼谷大都市行政区(Bangkok Metropolitan Administration,BMA),然而在曼谷近30年的发展中,曼谷的城市面积实际早已突破了原有的行政区划范围,包纳了附近的5个省份,从而组成了曼谷大都市区域(Bangkok Metropolitan Region,BMR)。[①] 又如,美国大都市纽约,行政建制上的纽约市下辖5个区,面积789平方千米,人口855万,但快速的城市扩张使得纽约建成区从1990年的363平方千米扩展到1954年的2 850平方千米,20世纪50—80年代平均每年以78平方千米的速度向外扩张,目前已成为拥有141 300平方千米、1 980万人口的纽约大都市区。可想而知,大大超越政府行政区边界的一个超级跨界区域范围内,诸多社会问题的发

---

① Apiwat Ratanawaraha:《曼谷:迈向可持续和包容性发展面临的挑战》,纪雁、沙永杰译,《上海城市规划》2015年第6期。

生、演变并不遵守严格的政治空间边界的限制,甚至行政边界成为诸多社会问题特别是犯罪猖獗、公共服务不均等、贫富差距等问题的保护手段。因此,从政治权力和行政管理视角看,拥有庞大规模的超大城市,要想实现诸多社会公共问题的有效治理,显然无法依靠传统的行政区思维,抑或采取画地为牢、各自为政的做法。这表明,在超大城市不断扩张和蔓延发展的现实面前,跨行政区边界合作治理成为超大城市社会跨界治理的首要逻辑起点。

更为重要的是,在当今深度全球化、网络化、一体化的背景下,整个人类社会已经成为人口大流动、货物资金大流通、信息快速传递的"流动社会",超大城市更不是孤立存在,而是整个全球流动社会的重要节点和枢纽,与外界保持着全方位、紧密的联系和互动。与此相对应,主要因人口流动而引发的诸如犯罪、贫困、难民、交通拥堵、流行疾病传播、恐怖威胁、公共安全、社会骚乱等社会问题也呈现出高度的流动性和传染性。近年来,随着全球经济增长低迷、贫富差距拉大、气候演变、环境污染、恐怖威胁、难民潮以及互联网全球及时交流、信息跨时空传递的影响,迫使国际社会在原有的国家治理基础上,更加呼吁、注重和强调加大实施跨越国家的全球治理新体系,以应对整个人类经济社会发展的重大问题。因此,在现代流动型社会格局和全球治理兴起的大背景下,超大城市只有跳出狭隘的行政区意识,积极寻求与周边城市、其他国家开展横向跨区域合作治理,成为谋求经济繁荣、社会和谐发展的必然选择。

## (二) 复杂社会与政府单极、单部门治理能力的有限性

众所周知,工业革命以来传统政府的组织架构设计,依据的是韦伯在19世纪早期提出的"科层官僚体制"。这是一种根据工业革命时期工厂流水线思路的功能导向型的纵向治理组织体系,主要围绕特定目的与活动(如监狱管理、警察服务、医疗管理、实施防御基础设施建设等)进行组

织设计，①它具有熟练的专业活动、明确的权责划分、严格执行的规章制度，以及金字塔式的等级服从关系。这种组织模式往往导致职能重复交叉、部门利益化、利益部门化和体制僵化等问题，政出多门、分头管理，好事抢着管、坏事没人管的治理碎片化就成为一种常态，在日益复杂化的社会面前，这种泾渭分明的管理体制难以为继。对当今人口规模庞大、文化多元的超大城市来说，资源配置方式多元、社会组织分化、社会利益分化、社会服务需求多元、市民选择性增加为主的复杂性特征异常明显，有些社会公共事务或社会问题的纵横关联性、链条性、不确定性进一步增强，单靠传统科层官僚体制下单一部门的力量，已经难以实现有效的治理，典型例子有城市管理、环境污染、食品安全、网络诈骗、危机应对、儿童保护等。就拿食品安全来说，真正的食品安全管理是一个从田间地头到餐桌，集育种研发—种植生产—储存运输—保存加工等为一体的完整链条，农业、交通、工商、质检、卫生等多个部门各管一段的做法（俗称八个大盖帽管不好一头猪），显然无法从根本上解决食品安全的问题。此外，在超大城市中存在的另一些社会问题，更涉及中央与地方（直辖市与中央政府）、城市与上下层政府（国外的市与州、国内的市与省、区县）之间的关系。典型的如外来移民在超大城市能否获得均等化的公共服务和社会福利保障，不仅是一个法律和城市型问题，更是上下级政府之间财政关系的反映。类似问题仅靠城市一级政府的能力可能永远无法加以解决。另外，社会治理的重心在基层，而基层能否从上级政府那里获得必要的权力、资源和人力支撑，直接关系着社会治理的整体水平。这些都表明，作为一个相对独立行政单元的超大城市，为了有效处理发生在自己辖区内的社会问题，除了与自己相邻政府实行跨行政区合作治理外，还要关注与上下级政府之间关系，实行有效的跨层级治理（多层治理），更要注重并处理好城市政府整体系统中不同职能部门之间的关系，推行跨

①　曾维和：《后新公共管理时代的跨部门协同——评希克斯的整体政府理论》，《社会科学》2012年第5期。

越功能边界的跨部门、协同式合作治理,解决治理中的碎片化困境。对此,在国内外行政实践中,发达国家自 20 世纪 80 年代以来已经在"整体性政府"①"跨部门合作"②"无缝隙政府"③等理论指导下正进行着新一轮公共管理模式的再造创新;我国近年来从中央到地方政府也推行了大力度的大部制创新、部门间协同治理的诸多改革,这些都为超大城市的社会跨界治理提供了有益经验和借鉴。

## (三) 市民社会与民间资源的不可或缺性

综观全球各个国家和城市的治理实践发现,虽然因意识形态、政治体制、经济水平、文化观念等因素的差异,不同国家政府对社会的控制程度、力度和形式存在着巨大差异,进而形成诸如"大政府、小社会""小政府、大社会"等不同的治理模式,但有一点是相同的,即随着社会民主意识、市场意识、权利意识、公共意识的觉醒,各式各样的非政府组织(NGO)、非营利组织(NPO)、慈善组织以及社会组织应运而生并得到蓬勃发展,个体的组织化水平显著提升,在政府公共政策创制和公共问题的治理中,社会呼声、社会民意和社会组织的参与,已经成为一股不可忽视、回避的重要力量。可以说,在全球范围内,独立于国家体系和市场体系之外,自主的公民之间基于一定交往形式形成且具有公共性、民间性、多元性、法定性、开放性、共识性、自治性等特征的公民社会,④已经成为既定事实和人类社会发展的重要形态,更成为促进经济增长、扩大就业岗位、增加社会福利、供给公共服务、促进社会发展的重要渠道和机制。而对极具规模性、多元性、异质性的超大城

---

① Perri 6. Holistic Government. London: Demos. 1997.

② [美]尤金·巴达赫:《跨部门合作:管理"巧匠"的理论与实践》,周志忍、张弦译,北京:北京大学出版社,2011 年,第 3 页。

③ [美]拉塞尔·M.林登:《无缝隙政府:公共部门再造指南》,汪大海等译,北京:中国人民大学出版社,2014 年,第 10 页。

④ 王名、刘国翰:《公民社会与治理现代化》,《开放时代》2014 年第 11 期。

市而言,往往是各类社会组织的重要聚集地。例如,根据 2000 年和 2001 年美国国税局在纽约市的统计,年收入超过 5 000 美元,并且根据国税局 501 (C)3s 条款注册的民间组织一共有 27 474 家;①根据纽约非营利清单网站 (nonprofitlist.org)统计数据显示,2015 年纽约市总共有 34 622 个非营利组织,慈善捐赠额达到 3 732.5 亿美元,比 2014 年增加了 4.1%,超过纽约市 GDP 的 2%。② 这一事实表明,非营利组织发展及其慈善捐赠对扩大社会服务供给、缓解城市贫困、促进社会公平、保持社会有效运转中具有十分重要的地位和作用,俨然成为超大城市政府有效治理社会的重要合作伙伴。实际上,西方治理理论的内涵也表明,一个良好的社会治理离不开政府、市场、社会三方的资源整合与协同行动,民间资源在超大城市社会治理中具有不可或缺性,在缺乏社会民间资源的参与下,政府永远无法满足市民日趋增加且多元的公共服务需求。再进一步讲,国家和政府公权力的延伸也是有限的,大量的基层社区治理问题更多地是属于社会自治范畴,在没有国家公权力和市场激励的领域,当地民众基于利益共同体的自主治理依然具有十分明显的成效。对此,获得 2009 年诺贝尔经济学奖的当代公共选择学派和公共经济学的代表人物埃莉诺·奥斯特罗姆在集体行动、自主治理理论及其大量实证案例中得到了说明和佐证。这些都表明,超大城市良好的社会治理,不能仅仅依靠政府单方面的国家力量和公共财政资源,政府需要与社会民间组织紧密合作,采用公共服务市场化、社会化的方式,动员企业、民间资源和社会自治力量的参与,与营利性企业、非营利组织、社区自治组织等形成良好的伙伴关系,建构新型的跨公私合作伙伴治理新模式。

---

① 晋军:《多元社会结构下的纽约民间组织——世界城市社会建设研究系列之二》,北京社会建设网,2010 年 6 月 29 日。

② NPL:Nonprofits by the Numbers | Nonprofit List, http://www.nonprofitlist.org/art/nonprofits-by-the-number,2016 年 12 月 15 日。

## （四）跨界、跨行业成为社会经济发展的新常态

经济基础决定上层建筑，上层建筑一定要适应于经济基础。对一个国家或超大城市来说，只有政府的治理模式与经济发展的基本趋势相适应，才会真正推动经济社会的协调可持续发展。近 10 年来，随着现代信息技术尤其是互联网技术的快速发展，人类社会进入了一个全新的信息时代、数字时代，整个经济社会体系发生了许多质的变化，行业之间的界限变得模糊，从而形成任何一种产业形态几乎都不能脱离互联网的趋势。零售、金融、教育、医疗、汽车、农业等传统产业在借助互联网不断转型升级的同时，以社交媒体、互联网金融、平台经济、共享经济等为代表的各类新兴产业、新模式、新业态、新经济运行模式迅速发展，以大数据、"互联网＋"引领的一系列跨界、跨行业融合发展成为社会经济发展的新常态。面对这一新现象、新趋势，传统的区域割裂式、信息割据、利益部门化的政府治理模式需要转向区域化、开放化、模块化、无缝隙链条式的新型跨界综合治理，尤其是新型网络社会空间的崛起，对政府的引导社会舆论、社会法治化能力、安全风险防控、保护个人及各类组织基本权益等方面提出巨大的挑战。

# 三、超大城市社会跨界治理的基本理论内涵

根据上述社会跨界治理基本逻辑的分析表明，在当今全球化、区域化、信息化、网络化、融合化、多样化、复杂化、不确定性的大背景下，超大城市政府囿于行政区和职能专业边界的科层官僚式社会治理模式已经无法适应新时代发展的需要，必须建构一套新型的跨界治理模式加以应对。笔者以为，超大城市社会跨界治理这一新理论框架体系主要包括跨区域治理、跨层级治理、跨部门治理和跨公私合作伙伴治理四个基本维度（图 2.1），每种治理的基本内涵如下：

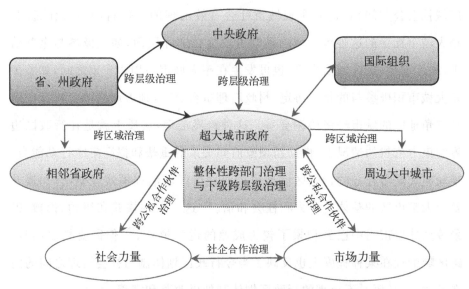

图 2.1 超大城市社会跨界治理的四个基本维度示意图

## （一）超大城市社会跨区域治理

全球超大城市的发展规律表明,随着交通革新和城市扩张蔓延,传统的行政化城市已经演变成区域化、同城化的大都市区域或全球城市区域,超大城市已经无法做到独善其身,必须打破行政区划的限制和阻隔,寻求跨越行政区边界的城际合作,从大都市治理走向大都市区域治理。因此,实施跨区域治理,是超大城市社会跨界治理的首要内容。特别是针对城市边界经常存在的断头路、公共服务碎片化、流动犯罪、公共卫生疫情传播、传染病、环境跨界污染等问题,亟待建立健全政府跨越行政区边界的跨域治理新体系。简言之,超大城市社会的跨区域治理是指顺应全球治理体系、全球城市网络、跨国界市场体系盛兴的大趋势,对自身面临的诸如基础设施隔离、环境污染、传染病、公共安全、地域歧视、服务隔离等典型的跨界社会问题,通过设置跨越城市行政区划边界的政府间联合机构或松散型跨界协调机构,建立健全相邻政府共同治理的各种正式或非正式激励约束机制,协同处理跨区域社会公共问题,进而实现城市社会有效治理的集体行动与合作过程。超大城市社会的这种跨区域治理既可发生在国际层面,如积极参与全球治理、国际治理、次区域治理等,也可发生在超大城市与周边省市之间,如美国超大城市积极参与的州际协定、州政府理事会、湾区地方政府协会以及中国长三角地区的城市经济协调会等。这种跨界治理,实质上就是在行政区边界约束力依然的情况下,借助新型政府间关系的重塑和提高集体行动能力,推动超大城市社会的行政区治理模式向城市区域治理模式转型,旨在提升整个大都市区的整体竞争力和社会和谐。[①] 这一治理模式在纽约、伦敦、巴黎等全球城市当中已经积累了较为成熟的运作模式。[②] 但需要指出的是,跨区域治理在某种程度上也反映了当今行政区划体制与社会治理之间的内在矛盾,有必要对不合理的行政区划体制加以改革和完善。

## (二) 超大城市社会跨层级治理

处理好中央与地方以及不同级别政府之间的关系,是任何一个国家或城市社会有效治理绕不开的一个重大体制问题,也是确保社会有效治理的重要环节和关键。综观全球,因政治体制的差异使得各国政府的上下级关系表现出集权型、分权型、自治型等不同的特征,城市政府与上下级之间的隶属关系也可能复杂多样,但不论如何,对超大城市而言,构建合理的上下层政府关系,实施跨层级治理,是创新社会治理、有效解决社会问题的重要选择和基础保障。所谓超大城市社会跨层级治理,一方面,是指城市政府要明确自己在整个国家治理体系中功能定位,在遵守国家中央与地方政府抑或上下级政府间法定关系的基本框架中,最大程度地争取国家和上级政府的支持和帮助,尽力获取与自己功能地位相适应的治理资源和治理权限,克

---

① 陶希东:《跨界治理:中国社会公共治理的战略选择》,《学术月刊》2011 年第 8 期。
② 陶希东:《全球城市区域跨界治理模式与经验》,南京:东南大学出版社,2014 年,第 135 页。

服城市本身存在的治理极限,全面提升社会治理的自主性、能动性和灵活性;另一方面,是指在自己体制改革与治理模式创新的可控范围和权限内,按照集权与分权相结合的原则,构建科学、有效的上下级政府间关系(市与区、区与社区、中心城区与郊区等),合理划分城市政府和城区、县、基层政府之间的公共职责、财权和事权,努力实现财力与事权相适应,增加基层政府服务民众的财力物力,创新对基层群众的服务模式,提升基层社会治理的能力和水平;①同时,要建立健全公共财政市级统筹机制,实现中心城区与郊区之间公共服务资源的公平配置,防治社会空间的过度极化、不公平和社会对立,进而促进整个城市社会的公平、包容与和谐发展。总之,跨层级治理的核心内涵就是要积极构建上下联动的多层治理体系,实现中心化治理与分散化、多中心治理的有机结合及其社会效应最大化。

## (三) 超大城市社会跨部门治理

前文已经述及,传统政府的职能部门遵循的是功能性组织设计原则,科层制和专业化是显著特征,但也面临着职能交叉重复、政出多门、利益竞争的低效率治理困境,当面对日益复杂多元的社会管理和公共服务需求(如健康与节食、饮水质量、锻炼、空气质量、住房和工作环境等多种因素密切相关。犯罪活动和就业也与此相类似)问题时,多部门之间如何展开有效的跨部门协同治理,是一大现实挑战。由是,所谓超大城市社会的跨部门治理,就是政府在面对社会复杂性、不确定性、关联性日趋上升的趋势下,对一些相互关联性、渗透性较强的社会治理议题或公共服务,由政府多个职能部门,以新信息技术或互联网为支撑,搭建共商共治共享的跨部门线下、线上协作平台,构筑协同治理的共同目标愿景、责任体系和共同行动方略,克服政府部门之间各管一段、各自为政、碎片化等困境,向公众提供无缝隙、便利化服务,合力整治相关社会问题的协作性治理过程。在实践中,跨部门治理

---

① 龚维斌:《社会治理创新需要调整央地关系》,《党政干部论坛》2015 年第 11 期。

的形式有诸多机构职能合并而成的大部制、临时性或常设性的部际委员会（联席会议）、专门工作组等。在实践中,党的十九大以后,2018 年实施的国务院机构改革方案,从中央到地方在多个领域进行了"合并同类项"的改革,有机整合了传统的分散职能,组建了相关新机构,从源头上消除了多头管理的顽疾,可以说这是跨部门治理的一次巨大创新和非凡成就。上海、北京、深圳等超大城市在改善营商环境过程中推行的"大数据中心""一网通办""最多跑一次"改革等,都是跨部门治理的生动实践创新模式。

## （四）超大城市社会跨公私合作伙伴治理

公私合作伙伴（Public Private Partnership，PPP）是发源于英国、广泛应用于西方发达国家的一种新型治理模式。一般而言,公私伙伴关系是指公共部门与私人部门在基础设施建设中通过正式协议建立起来的一种长期合作伙伴关系,包括 BOT（build-operate-transfer，即建设—经营—转让）、BT（Build Transfer，即建设—转让）和 PFI（Private Finance Initiative，即私人主动融资）等形式。可见,最初的公私合作伙伴治理主要体现在城市基础设施建设与运营领域中,旨在实现硬件设施建设①的民间融资以弥补城市公共财政投入的不足,但 21 世纪以来,这一治理模式的内涵及应用范围逐渐向公共产品、公共服务领域延伸,成为政府依靠民间或私人投资来扩大公共产品或公共服务供给的一种有效渠道和新机制,包含了如政府企业、合同外包、凭单制、补贴和特许经营等介入完全由政府提供和完全由私人部门提供之间的所有形式。不仅如此,在更广泛的意义上,公私伙伴关系还是一种公共事务的治理方式,不仅包括公共产品和服务的生产与提供方面的公私合作,更重要的是,它还是一种公共决策机制,在公共政策领域发挥着重要

---

① ［英］达霖·格里姆赛、［澳］莫文·K.刘易斯:《公私合作伙伴关系:基础设施供给和项目融资的全球革命》,济邦咨询公司译,北京:中国人民大学出版社,2008 年,第 28 页。

作用。[①]

实际上，近年来西方发达国家纷纷实行的社会福利市场化、社会化改革以及第三部门治理，都是典型的 PPP 模式。根据 PPP 模式，超大城市社会的跨公私合作伙伴治理，就是指政府为了应对日趋扩大和多样化的民生服务需求，充分发挥和利用政府适度规模的财政投入诱导效应，通过财政拨款、税收优惠、购买服务等形式，政府与广大的私人资本、社会组织签订服务合同，让社会组织（包括慈善组织、志愿组织、社会服务机构等）在开展服务需求调研的基础上，给特定群体提供更有针对性、更加专业化的公共服务或公共产品，以满足社会民众多元化、多层次的服务需求，从而解决公共服务短缺、服务品质低劣等社会问题。这一跨越公私范畴的跨界治理的核心问题就是如何处理好政府与社会、市场之间的关系，最鲜明的特点就是要破除政府强化公共服务垄断、集中管理和政府机构直接生产的思维定式，政府要从公共服务的直接生产者转变为间接的提供者，市场能做的让市场做，社会能做的让社会做，政府和社会、市场等多主体之间构筑平等的伙伴关系，再配合服务享用者或民众的积极参与，实现扩大公共服务供给、提高公共服务质量、促进社会创新的治理目标，这也是社会治理最直接、内在性的要求。在这一私人权利和公权力共享型的跨界治理体系中，政府必须要把自己打造成一个精明的服务购买者和强有力的事中、事后监管者，否则公私合作伙伴关系既充满风险，不断增加的服务供给竞争也将毫无意义。

## 四、超大城市社会跨界治理运行的初始条件及机制

在确立了治理体制以后，探讨相关治理主客体之间关系，尤其是明晰相互之间如何实现资源、权力[②]和信息的传递互动及协同行动的运行机制，就成

---

① 张远凤、赵丽江：《公私伙伴关系：匹兹堡的治理之道》，《中国行政管理》2011 年第 9 期。
② 权力包括权利。下同。

为一个治理体制框架能否成功运行的核心和关键。前文表明,根据不同社会
问题的发生和运行逻辑,超大城市社会的跨界治理主要包括跨区域治理、跨
层级治理、跨部门治理和跨公私合作伙伴治理四种基本模式,且根据社会问
题的性质不同,这些多元模式要么单独运行,抑或同步运行,有些问题的治理
可能需要四种模式同步交叉运作。这表明,在复杂多元的社会问题面前,超
大城市社会跨界治理实质上就是一个由各级政府(中央政府、省市政府、区县
政府、基层街镇乃至国外政府)、政府内部职能部门、社会组织、市场企业、公民
等多元治理主体,借助正式或非正式的多种手段和组织形式,构建纵横交错
的网络化合作治理体系,最终实现化解跨界性社会矛盾和问题,进而满足多
元化的社会服务需求、降低社会风险,促进社会公平、包容、可持续、和谐、文明
发展的目的。在此过程中,每一类治理模式具有不尽相同的运作机制,也存
在着集体行动的诸多困境,但为了保障跨界治理的有效运转,需要一些共同
的初始条件及运作机制(图 2.2),主要包括如下几个方面:

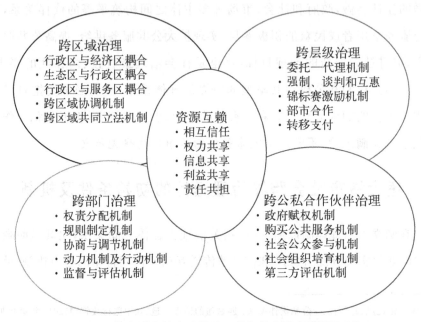

**图 2.2 超大城市社会跨界治理的初始条件与运行机制**

## （一）资源互赖

世界经济或区域经济研究提出的"相互依赖理论"、国际政治关系研究提出的"复合相互依赖理论"、组织理论研究提出的"资源相互依赖"等，都阐述了全球任何一个国家、城市、地区以及企业、团体等组织，无法同时拥有权力、人力、财力、物质、信息等所有资源，为了谋求公共事务的有效治理及生存发展，必须克服自身资源的有限性，必然与更多拥有互补性资源的多元主体建立外部关系，在相互依赖、互动交换中实现自己的发展目标。按照这一理论，鉴于组织之间存在资源依赖关系，政府部门必须依赖其他组织提供资源才能进行社会治理、提供公共服务，从而产生合作的意愿和动机，进而建立资源共享安排。也就是说，在合作治理体系中，虽然合作主体会有变化，不同主体之间的合作程度和合作方式有所不同，在合作各方之间会存在不同的权力等级，但有一点却是相同的，即没有对方的合作，任何一方都不能顺利完成自己的任务并达到既定的目标。[①] 因此，超大城市社会的跨界治理，不论是跨区域治理的地方政府之间、跨层级治理的上下级政府之间、跨部门治理中的职能部门之间，还是跨公私合作伙伴治理的政府、企业、社会组织之间，都是基于各自拥有的权力、信息、财力、人力、技能等各自优势基础上的相互依赖、资源互补与协作整合过程，通过一加一大于二的方式，共同提供社会公共产品或服务，以满足社会服务需求的日趋增长和复杂化应对。可见，资源相互依赖与整合，既是跨界治理的基本物质条件，也是跨界治理有效运转所依赖的首要机制。

## （二）相互信任

超大城市社会的跨界治理，实际上是一个多元治理主体之间围绕某个

---

[①] 孙涛：《社会治理体制创新中的跨部门合作机制研究》，《云南民族大学学报（哲学社会科学版）》2016 年第 2 期。

问题或目标而进行持续谈判、协商、互动、博弈乃至联合行动的过程,需要在政策、规制、服务供给和监督等层面上取得一致、①达成共识、建立信任,这是实现不同政府、不同层级、不同领域之间真正迈向和实行跨界治理的核心和关键,尤其是地方政府或不同层级政府之间、政府内部职能部门之间、政府与社会组织之间、政府与公民之间、公民与公民之间的相互信任,是多主体走出合作囚徒困境、降低交易成本、联合执行政策、协同尽责出力的根本保障,更是构建社会秩序,创建让人们过上幸福美好生活的社会根基所在。可以说,没有相互之间的信任关系,任何类型的跨界治理就无法持续运转,更难以达到共同的治理目标。正因为如此,西方国家"协同政府"理论提出的跨部门合作主张认为:公共政策目标的实现既不能靠互相隔离的政府部门,也不能靠设立新的"超级部门",而是围绕特定的政策目标,在不取消部门边界的前提下实行跨部门合作。这种合作是全面的,包括公私部门合作、政府与非政府合作、政府部门之间合作、中央和地方政府之间的合作等。而把具有不同性质、目标、管理模式和动力机制的组织整合起来的关键既不是行政命令,也不是市场竞争,而是信任。② 从这个意义上说,超大城市社会的跨界治理需要有一种新型治理文化和丰厚的社会资本加以支撑,需要更加注重培养牢固而统一的价值观、团队建设、组织参与性、信仰,以价值为本的管理、合作,加强公务员培训和自我发展等意识,更有必要在公共部门内重建"公共道德"和"凝聚性文化"。③

## (三) 权力共享

一般来讲,权力是指影响或控制他人行为的能力,在政治市场领域,权力的大小,在一定程度上代表着资源的多寡。权力通常要求得到权力所及的共

---

① 曾维和:《后新公共管理时代的跨部门协同》,《社会科学》2012 年第 5 期。
② 解亚红:《"协同政府":新公共管理改革的新阶段》,《中国行政管理》2004 年第 5 期。
③ 孙迎春:《国外政府跨部门合作机制的探索与研究》,《中国行政管理》2010 年第 7 期。

同体范围内的成员的认可或默认,从而具有合法的权威基础。[①] 从城市政治学的角度来看,城市治理的本质就是不同群体或组织之间的权力配置格局,对此存在精英主义、多元主义、超多元主义、新多云主义等理论解释。[②] 从这一视角出发进行分析,超大城市社会跨界治理,实质上就是在政府各层级之间以及政府与市场、社会、公民等多个治理主体之间,对权力资源的重新配置和再平衡过程,实现集权与分权、集中与分散的相对平衡,旨在达到权责统一、权力均等化的状态,实现资源最优化配置的格局。具体而言,在超大城市社会的跨层级治理和跨区域治理中,在中央或城市政府适度集中宏观调控权的同时,要积极向区域政府、地方政府或城区政府分权或放权,既要让跨城市的区域性协调机构拥有实质性的跨界协调权限,又要构筑多个政区单元或城区之间的权力均衡,谋求区域社会发展及治理实现有序规范、平等合作与富有活力。在跨部门治理中,一方面,要适度上收相关职能部门的相关权限,让牵头部门或项目推进机构拥有充分调动多个职能部门一起行动的关键性权力或法律依据,以保持跨部门治理问题的常态化推进;另一方面,要围绕特定的社会治理问题,重新调整分散在不同部门之间的权力关系,既要做到职责边界清晰,又要做到相互制约、相互监督、相互依赖、相互负责,依靠整体的力量,主动协同解决共同面临的社会公共问题。在跨公私合作伙伴治理中,重点在于深化政治体制和政府管理体制(行政审批制度)改革,政府继续深化简政放权和转变职能,加大对市场、社会、公民、社区的分权力度,减少政府对市场、社会的过度干预,赋予市场和社会应有的独立自主权,"市场能办的多放给市场,社会做好的就交给社会"[③],最大程度地激发企业、社会组织、个人、媒体、社区等参与社会公共事务治理的活力,让更多非政府组织和社会企业承担城

---

①　郭道晖:《社会权力与公民社会》,南京:译林出版社,2009年,第4页。

②　戴维·贾奇等:《城市政治学理论》,刘晔译,上海:上海人民出版社,2009年,第69页。

③　李克强:《市场能办的多放给市场　社会做好的就交给社会》,凤凰财经,2013年3月17日。

市社会服务的功能,而政府管住、管好它应该管的事,尤其要强化事中、事后监管工作。即依靠公共权力的公私共享,构建政府与市场、政府与社会之间的新型关系,为特大城市社会跨界治理提供制度运行基础。

## (四) 信息共享

在任何一项公共政策和公共治理活动中,打通和整合不同治理主体之间各自为政、不同标准的信息数据库,实现信息对称、共享,是提高社会治理效率和效能的重要基础和基本条件,尤其是在当今互联网大数据时代,实现全方位大数据信息的有效开发利用和智慧治理,成为国家和城市治理能力现代化的决定性因素。针对超大城市社会跨界治理而言,不论是单个超大城市治理,还是整个大都市区治理,都要以政府为先导,积极制定落实促进数据开放、联通、共享的法律规范,搭建政府信息共享平台或载体,依法破除不同职能部门之间的信息孤岛、数据割据,实现相关业务信息系统互联互通、政务信息资源集中共享;各类企业和社会组织也要建立数据信息公开机制(建设自然人和法人基础信息库、企业社会责任报告、社会组织信息披露)。在此基础上,充分发挥政府的数据优势及其与相关互联网企业的数据连接,深度挖掘大数据背后蕴藏的社会运行规律,对全社会开展智能化、精准化治理,降低治理成本,提高治理效率。

## (五) 利益共享

从政治学角度来看,利益共享是指政府依据公正的价值理念,经过利益群体间的协商与合作对社会共同利益进行配置的制度安排,它是化解社会矛盾和冲突、平衡社会利益结构、保证社会公平正义、保障社会共同利益创造者共享社会发展成果的现实要求,是构建和谐社会的价值定位和机制保障。[①] 超大城市社会跨界治理作为一个复杂性巨系统,具有利益主体众多、

---

① 何影:《利益共享的政治学解析》,《学习与探索》2010 年第 4 期。

利益诉求差异巨大、利益矛盾突出等特征,如何建立健全公平公正、民主法治、协商协调的利益共享机制,让不同个人、不同社会利益群体、不同社会组织等,在平等对话和协商的基础上争取各自政治利益、经济利益、文化利益的最大化,最终实现个人利益、群体利益、组织利益、社会共同利益的有机统一和共享,形成超大城市多元治理主体之间合作共赢的局面,才是跨界治理真正有效运行的根本动力和基础保障。

## (六) 责任共担

实际上,社会治理这一概念本身就表明,在维护社会稳定、公共安全、公共服务、社会正义、社会秩序的过程中,除了发挥党和政府(政治组织)的功能和职责外,更强调社会的多元共治,依法明确政府、企业、社会团体、公民个人在社会治理中的责任,旨在把企业、民间团体、民间组织、个人、社区的作用充分发挥出来,大家基于利益共同体和安全共同体的认识,做到人人尽责,共同维护社会稳定、安全、秩序与和谐。可见,多元主体责任共担,是创新社会治理的基本出发点。从这一点而言,超大城市社会的跨界治理,在跨区域、跨部门、跨层级、跨公私合作伙伴治理的四个治理维度中,不同治理主体在谋求各自利益最大化并实现利益共享的基础上,需要建立合理的责任分配机制和惩戒机制,实现责任共担、风险共担,共同解决超大城市多元社会、复杂社会、风险社会存在和面临的诸多社会公共问题。

# 五、超大城市社会跨界治理的配套政策保障

众所周知,超大城市因巨大的人口数量和多元文化而经常面临着人口贫困、公共服务短缺、住房拥挤、移民融合、社会不平等、公共安全等诸多社会治理难题,唯有针对不同性质和特点的社会问题,选择性地实行多政区、多层次、多部门、多组织等为一体的跨界治理模式,全面整合政府、市场、社会的资源和能力,才能从根本上缓解或解决困扰超大城市发展的社会难题。

这也表明,在实践中,超大城市社会的跨界治理,既存在一些共同的治理机制特征和价值目标,也存在不同的治理需求和实践路径,需要做出不同的制度设计和安排。笔者以为,为了实现超大城市跨界治理模式的有效运行,需要制定一些共同性、配套性的政策措施加以必要的保障,主要包括如下几个方面:

## (一)法律保障

前文所述的每一种跨界治理,首先涉及的是相同或不同性质多元治理主体之间的职责范围和权责关系问题,抑或存在权力资源的重新分配和转移。对此,如果采取传统"各扫门前雪"式的权力运行逻辑,就无法促进治理主体"主动向前跨出一步""主动合作"的跨界治理理念,更无法实现跨行政区边界、跨部门职能边界、跨领域合作治理的常态化运行格局。在此,完善相关法律规范、依法明确多元治理主体的主动跨界治理权力和责任,显得尤为重要,也是实施跨界治理的首要保障。具体而言,根据前文四个维度的跨界治理,重点需要完善以下法律体系的建设:一是制定《政府及职能部门间关系法》,依法明确不同层级、同级政府之间的财权、事权以及政府内部不同职能部门之间的关联关系,尤其是明确共同治理社会公共问题中的激励和约束机制,彻底根治在社会跨界治理中的相互推诿、相互封锁和相互扯皮现象。二是制定《政府与市场、社会关系法》,依法制定政府治理中的权力清单、负面清单、责任清单,明确市场和社会的治理权限,界定政府与市场、社会组织之间的职能边界,建立健全政府购买服务的机制和流程,全面构建讲信用、公平、合理的社会治理大环境。

## (二)体制保障

超大城市社会跨界治理的关键,就是要顺应现代网络社会发展的趋势和要求,政府主动改革创新现有的管理体制,创新适应性的社会治理新体制,为解决社会问题提供根本性的制度保障。具体而言,一要加大政府现有管理体制的改革,重点推行以整合分散化、碎片化格局的大部门、委员会、政府协会、联席会议等管理体制,为全方位实行整体性、系统性、无缝隙跨界治理提供政府管理体制保障。二要积极顺应我国互联网社会和共享经济发展的大趋势,全面创建有助于广泛吸纳民意、满足公众参与权和表达权、大数据开放共享的社会治理新体制、新平台和新模式,推动超大城市从单向管理转向双向互动、从线下转向线上线下融合、从单纯的政府监管向更加注重社会协同治理转变。

## (三) 财税保障

财税是现代国家治理的物质基础、体制保障、政策工具和监管手段。不论一座城市采用哪种治理模式,构建顺应体制改革趋势和治理需求的科学财税体制,是优化社会资源配置、促进社会公平、维护超大城市社会有序运行的重要基础和保障。跨界治理既强调政府、市场、社会等多元治理主体全面依法履行各自职能,最大程度地促进民生发展,更强调多元治理主体之间的协同和集成,而不是碎片化,这势必对传统和不尽完善的政府预算管理制度、财政支出结构、税收制度、财政保障供给模式、财政政策透明度等方面带来新的挑战。因此,加大财税制度的改革创新,建立健全能够顺应跨界治理需求及其运行规律的新型财税制度,是超大城市社会跨界治理的必要条件之一。根据跨界治理的运行逻辑和成本支出需求,重点需要完善以下财税体制:一是增强市场意识、契约精神、法治意识和适度合理的财政保障理念,增强财政体制安排的法治性、权威性、稳定性和透明度,为多治理主体依法履行各自承诺和职能提供基础性激励作用。二是加快推进预算管理制度,加强相关职能部门公共预算间资金的统筹安排和有机衔接,探索围绕政府跨部门治理社会公共事务的预算整合与资金整合使用机制(如整合分散在多个职能部门中的政府购买服务资金),为跨界治理提供充足、灵活的财政支持。三是推进依法治税,理顺国家与企业、个人之间的税收分配关系,充分发挥税收筹集财政收入、调节分配、促进结构优化的职能作用;积极探索和完善社会组织税收政策体系和票据管理制度,改进和落实公益慈善事业捐赠税收优惠制度。[①] 四是健全中央和地方各级政府间事权与支出责任相适应、财力与事权相匹配的财政体制;完善不同层级政府间的财政统筹和转移支付制度,为实现公共服务均等化和跨区域社会问题的合作治理提供有效的经费保障。

### (四) 人力资源保障

社会治理创新的关键在体制机制,核心在人,尤其是在跨界治理体系中,更需要一大批拥有跨界思维和跨界组织能力的社会治理人才队伍。重点需要打造以下三支队伍:一是培养一批具有跨界领导力的党政干部队伍。在中央部委、省市政府、基层政府等多个层面,加大领导干部的跨界治理专项培训,除了提高其分管工作的专业化水平外,更要具备对现实社会多样化、复杂性和不确定性的认知和了解,掌握社会公共事务运行的逻辑关系和基本流程,从而树立"超前一步、主动合作"的跨界治理思维,提高跨组织交流、谈判、互动与协商能力,在协调与配合中有效治理复杂多元的社会问题。二是培养一批具有社会资源整合能力的社会组织领军人才队伍。在全面推动社会工作者职业化、专业化、社会化发展的基础上,建立健全社会组织领军人才的培养机制(如实施社会组织领军人才计划)、选拔机制和激励机制,形成"一个领军人才带动一个示范性社会组织,一个示范性社会组织带动一个专项服务,多个示范性社会组织联手服务于一个完整的社会领域"的发展格局,通过不断优化社会组织人才队伍结构,提高社会组织的社会资源配置和提供公共服务的能力。三是培养一批用创新和市场运行来满足社会需求的社会企业家人才队伍。根据超大城市社会的发展趋势来看,越来

---

① 柴新:《社会组织发展再获财税政策"红包"》,《中国财经报》2016 年 8 月 24 日,第 6 版。

越多的社会企业和社会企业家的参与,是真正推动跨界治理不可或缺的一支重要力量。为此,政府要从专业教育、金融支持、创业扶持、技能培训、政治参与等多方面采取综合措施,吸引热衷于社会创新的有志青年投身于社会企业创业行列之中,帮助青年社会企业家们获得所必备的能力和素养、知识和资源,促进优秀社会企业家人才不断发展壮大。

# 第三章 全球超大城市社会治理的国际案例剖析

综观当今世界,在全球化、网络化、市场化的大背景下,东京、纽约、伦敦、巴黎等全球超大城市往往扮演着世界经济枢纽、科技创新中心、文化艺术中心等多重角色,特别是随着移民的不断增加,多元化、复杂性、不确定性成为超大城市的共同特征。相应地,正如前文所述,发展空间不足、公共服务短缺、住房拥挤、社会不平等程度扩大、公共安全威胁增加、多民族文化冲突加剧等诸多社会问题,严重困扰超大城市的进一步发展。本章主要围绕超大城市面临的共同性社会治理难题,选择人口调控、公共服务、社会公平、公共安全、移民融合、大型群众性活动治理等领域,开展案例解剖分析,总结纽约、伦敦、巴黎、东京等城市的具体做法与经验,旨在为我国超大城市创新社会治理提供借鉴。

## 一、全球超大城市人口调控:纽约、伦敦、东京、巴黎

人口是超大城市生存发展的核心要素,城市的繁荣与衰落都与人口流动密切相关,但如果人口快速集聚、超过城市的环境承载能力,将会形成诸多制约城市可持续发展的"大城市病",尤其是发展中国家的一些超大城市,普遍面临着人口过度集聚的问题。近年来,如何有效调控城市人口,是我国北京、上海等超大城市社会治理的一项重要任务,取得了一定成效,常住人口开始出现负增长趋势。实际上,发达国家城镇化的历程表明,超大城市人

口发展有其自身的内在规律。这里重点介绍纽约、伦敦、东京、巴黎等超大城市的人口调控经验。

## （一）超大城市人口规模增长演变的基本规律

综观纽约、东京、伦敦、巴黎等超大城市人口规模的演变过程，超大城市人口规模发展存在如下两大规律：

1. 从人口增长结构看，超大城市人口增长基本源于外来人口的增长

就一座城市而言，本地人口的自然增长和外来机械增长，是人口规模增长的两个主要来源，相应地，就形成户籍人口和流动人口两种基本人口群体（合起来就是常住人口）。对超大城市而言，所谓的人口问题实质上就是流动人口的过快集聚问题。从各国人口发展规律看，在城镇化快速推进过程中，超大城市以优质资源、较多的发展机会、较高工资水平等因素，人口增长的压力长期存在。从国内外城镇化过程看，超大城市产业集聚和公共服务水平高，人口外来机械增长是人口增长的主要原因。劳动力一般优先向超大城市聚集，超大城市人口规模在城镇化过程基本完成时才趋于稳定。例如，美国纽约从19世纪20年代—20世纪20年代，大约近千万的移民涌入，外来移民促进了城市人口的快速增长。我国超大城市上海的人口增长情况也证明了这一点。上海在2000—2017年的17年间，全市常住人口数量增长了745万，其中非户籍流动人口增长676万，占90.7%。这表明，人口外来机械增长是超大城市人口规模不断扩大的主导力量，外来流动人口成为超大城市调控人口规模的主要对象。

2. 从纵向长时段来看，超大城市的人口增长经历着一个从快速发展到基本稳定，再趋于缓慢增长的自组织过程，但不排除特定时段出现人口增长的突变

根据纽约、伦敦、东京等超大城市的人口增长轨迹表明（图3.1），超大城市的人口增长均表现出"缓慢增长→加速增长→快速增长→稳定增长→缓慢减少→稳定发展→缓慢增长"的基本步骤和发展态势，存在不同的发展阶段，其人口增长速度存在显著差异（图3.2），即随着从工业化时期走向后工

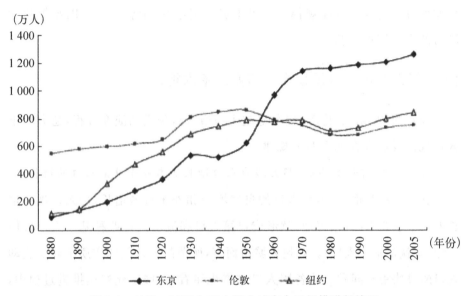

图 3.1　1880—2005 年三大超大城市人口规模增长情况

资料来源：陆军、汪文姝、宋吉涛：《纽约、东京与伦敦的人口规模演变》，《城市问题》2010 年第 9 期。

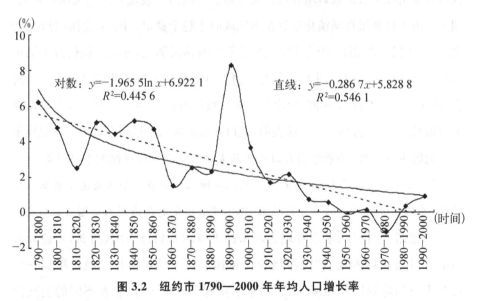

图 3.2　纽约市 1790—2000 年年均人口增长率

资料来源：同图 3.1。

业时期,人口增长趋向稳定。但在这一漫长的发展过程中,在特定时段,由于特殊原因,人口增长也会出现突变的现象。如图 3.2 所示,纽约 1810—1820 年、1890—1900 年、1970—1980 年三个时段被视为人口发生突变增长的时期,其中,1812—1815 年,英美战争迫使很多人离开,人口大幅下降;1890—1900 年,主要受第二次工业和电气、化学、汽车等产业的发展,推动纽约经济增长,导致人口激增;1970—1980 年,纽约进入逆城市化快速发展,都市人口增长变动转向下降。[①]

## (二) 超大城市人口增长的核心动力机制

充分了解超大城市人口增长的动力机制,是制定人口控制政策的重要前提和依据。根据国内外超大城市人口增长的实践来看,外来人口不断向超大城市集聚,主要有两大核心动力机制。

1. 城乡发展不均衡背景下,超大城市对农村劳动力的"拉力"作用

研究人口流动的原因方面,人口学上最重要的宏观理论是"推拉理论"。对此,美国人口学家雷文斯坦(E.G.Ravenstein)、巴格内(D.J.Bagne)、刘易斯、托达罗等学者作了深入的研究。总的来说,"推拉理论"认为,乡村劳动力不断向城市集聚,主要是受两个方向力量共同作用的结果,即:城市比农村有更高的工资水平、收入水平、更多机会、更好的职业、更好服务等,对乡村人口产生的"拉力"或吸引力;与此相对应,在乡村地区,因较低的农业收益和低收入对乡村剩余人口产生向外的"推力",当城市"拉力"大于乡村"推力"的时候,乡村人口就会向城市地区转移和集聚。目前,世界上发展中国家的诸多超大城市的人口膨胀现象,就是"推拉理论"的真实写照。这在我国北京、上海等超大城市中表现得更加突出,尽管国家实行严格控制超大城市规模的城市政策,但大量的外来人口愿意涌入一线城市,使得超大城市的

---

① 陆军、汪文姝、宋吉涛:《纽约、东京与伦敦的人口规模演变》,《城市问题》2010 年第 9 期。

人口规模屡屡突破规划的预期约束。这主要是因为超大城市有更高的收入,如根据 2017 年中国农民工监测调查报告,一个东部地区农民工的月平均收入达 3 677 元,而 2016 年我国农村居民人均可支配收入(工资性收入)为 5 022 元,也就是说,农民工在东部地区城市中打工两个月的工资收入,就比中西部地区农村农民一年的工资收入高。除此之外,超大城市在行政级别导向下有更优质的资源,包括教育、医疗、文化等优质资源和公共服务,以及更多的就业机会、城市的包容性(超大城市是一个陌生人的社会,每个人都可以按照自己的想法选择自己喜欢的生活方式)等特征,都是吸引广大乡村人口不断集聚的主要因素。

2. 经济发展始终是影响超大城市人口规模变动的核心要素

综观国内外超大城市人口增长的实践表明,交通技术进步、产业更新、城市转型和经济发展是影响人口数量增减的重要因素,其中城市经济的持续增长和转型发展,是影响超大城市人口规模变化的核心因素。一般来说,城市经济不断增长,往往伴随的是人口规模的增加;而经济的衰退,则是人口的不断减少。这主要体现在以下两个方面:

第一,工业化进程使得超大城市人口不断增长。这一点在伦敦、纽约等超大城市中已经得到了佐证。第一次工业革命和第二次工业革命,对伦敦、纽约、东京的城市人口增长的影响作用非常明显。从这一点来看,上海、北京等超大城市人口的持续增加,是我国正处于工业化中期的必然现象。但需要指出的是,第三、第四次工业革命的兴起及其对现代城市居民思想观念、生活方式、居住模式的影响,也许会促使超大城市人口走向负增长。

第二,整个国家的城市化发展水平和经济发展阶段决定着超大城市人口增减的大势。综观纽约、伦敦、东京等全球超大城市案例表明,其人口快速增长的时期,正好是其整个国家的城市化进程处于快速发展的时期(30%—70%);当城市化水平达到高度发达的时候(70%以上),人口增长就开始趋于稳定;而当城市发展进入后工业化和大规模逆城市化阶段时,城市人口就开始出现减少趋势。从这一点来说,虽然上海、北京等超大城市的城市化已经达到较高水平(如上海城市化水平高达 87.4%,北京城市化水平 86.4%,广州城市化水平 88.8%),似乎达到发达国家的程度,人口也出现逆城市化分布新情况,但全国的城市化水平仍然处于快速发展时期(2018 年,中国常住人口城镇化率为 59.58%),全国城市化发展还存在巨大的发展潜力,在未来很长一段时期内,随着中国城市化水平的稳步提升和超大城市服务业的不断发展,上海、北京、广州等超大城市,成为吸引国内外各类资本和人才不断进驻的新目标城市,总人口数量还有可能保持缓慢增加的趋势。

## (三) 全球超大城市人口调控的国际经验总结

日本东京、英国伦敦、美国纽约、法国巴黎等超大城市,都曾遇到过由于人口过度膨胀所带来的各种问题。人口自由迁徙,是西方国家公民的基本权利,因此,这些城市在应对人口过度集聚问题上,在充分尊重个体市场选择的同时,采取了限制和疏解两种策略。其主要经验总结如下:

1. 用法律、行政、信息等手段,建立完备的流动人口管理制度

建立健全科学化管理体系,全面掌握各类流动人口的基本信息,是超大城市人口调控的首要基础性工作。据此,发达国家的超大城市,充分借助国家流动人口管理系统的法律制度,如美国的"生命登记制度"和"社会保障号"、英国的《人口登记皇家法案》、德国的就业许可制度、莫斯科的居住证登记发放制度、日本的"户籍簿 + 住民票"双重管理体制等,建立健全覆盖所有迁移人口的现代人口信息数据库和迁移管理制度,旨在全面系统地掌握外来人口的相关信息,并为外来人口提供均等化、无差别的公共服务。例如,东京,按照日本"住民票"制度,要求外来人口须带着迁出地办理的迁出证明,到迁入地地方政府进行登记手续,并对外来人口(包括通常受到日本社会排斥的"外国人")无区别地给予法律意义上完全平等的"住民"资格,一旦在东京居住,其在子女教育、国民健康保险、公共设施利用和公共服务享用

等社会福利方面,就与原有的常住居民享有同等待遇,不受法律意义上的任何歧视。当然,新住民必须在当地遵纪守法、照章纳税。① 与此同时,按照信息化、网络化的方式,建立跨界流动人口信息查询系统。例如,日本近年来实行"住民基本情况网络登记制度",所有居民的基本信息都在该系统中,行政部门通过这一全国性网络平台,对所有居民和任何一个流动人口的所有信息都可以查询、核对,一个人不论走到哪里,都可以得到身份的确认,并得到相应的公共服务。这样的管理制度,为超大城市人口的跨界自由流动和服务无缝对接创造了条件,各类群体可以随时流动,既能进得来,也能出得去,实现城市人口的动态平衡格局。

2. 以产业结构调整为抓手,利用市场化手段进行人口调控

处理政府和市场的关系,在发挥政府对人口实行依法管理的同时,更多依靠和发挥产业、市场的力量,按照"人随产业走",引导产业的空间优化布局来带动人口的合理分布,是国际大都市人口调控的重要经验。例如,纽约市通过税收优惠的方式,将中心城区的大量劳动密集型产业移出核心区,带动劳动密集型人口向城郊转移,而在核心区打造金融、文化创意等新兴产业区,增强对创新性人才的吸引力,依此来优化空间人口结构。法国巴黎则通过对中心城区面积超过一定规模的工厂使用做出限制,对新建办公楼征收"拥挤税",促进巴黎地区的各类工业活动向边远地区迁移,旨在全面分散中心城区的产业和人口。这种分散人口的政策取得了很好的效果,20 世纪60—90 年代的 30 年间,巴黎地区中心区域的人口得以减少,从 300 万下降至 212 万。

3. 强化城市规划的引领作用,实施功能分区和空间均衡发展,有效调控人口空间合理分布

首先,制定战略规划,主动调控人口规模。例如,巴黎 1965 年《巴黎地

---

① 孟航:《日本"户随人走" 新住民享受同等待遇》,《中国城市报》2016 年 9 月 26 日,第 11 版。

区国土开发计划与城市规划指导纲要（1965—2000）》、2004 年《大巴黎计划》；伦敦 2004 年《大伦敦空间发展战略》、2011 年《伦敦城市战略规划（2011—2030）》；纽约 2007 年《纽约 2030 可持续发展规划》；以及东京从 1958 年开始先后根据城市发展状况制定了五次都市圈发展规划；等等，通过规划确立合理的城市定位与功能分区，从而影响城市人口规模和分布。

其次，建立副中心和新城区，缓解或分流中心城区人口压力。例如，1970 年法国在巴黎郊区建设 9 个副中心，沿塞纳河两侧平行轴线建设 5 个新城，共容纳 160 万人口以减轻巴黎城市中心区的压力；日本东京实施"副中心"战略，形成"中心城区—副中心—周边新城"的多圈层城市空间格局，既有效疏散了东京的城市功能，减缓了市中心的人口压力和"大城市病"，又带动了周边郊区的繁荣发展；[①]伦敦通过新城的建设，到 1980 年总计吸纳人口超过 100 万，使伦敦中心城区的人口从 20 世纪 60 年代的 800 万降至 1983 年的 650 万；[②]首尔大都市在周边进行新城的配套规划建设，以疏解中心城区的人口压力。

4. 确立生活质量标准，鼓励人口主动迁移

超大城市的人口集聚，更多地是一种市场自发选择的结果。相应地，政府通过采取相关举措，让一部分人选择主动离开，也是国际大都市人口调控的一个重要经验。例如，纽约大都市，在 1901 年制定了《1901 年出租房屋法案》，对房屋中使用的电灯、卫生、通风设备以及房屋维修标准等做出了更高标准的规定，甚至对建造不合格房屋行为进行处罚，依此来保障全市出租房屋的安全质量，也旨在为租户提供高质量的居住环境。但在执行这些严格条款的同时，势必会提高整个城市的房租成本，对一些收入较低的人群来说，因无法承担中心城区较高的租房成本和生活成本，只能主动迁移他处。

---

① 赵燕霞、刘黎：《北京人口调控举措的选择——来自国外特大型城市的经验借鉴》，《北京市经济管理干部学院学报》2014 年第 1 期。

② 刘锋：《特大城市如何调控人口规模？》，《人口学刊》2011 年第 1 期。

针对有可能主动迁移的这部分人群,政府在城市新兴开发地区或城郊地区,制定更加优惠的税收和住房政策,吸引和鼓励中心城区中无法承担高昂生活成本的外来人口迁向新兴开发区域或郊区居住,旨在促进新兴地区的开发,实现城郊、区域之间的平衡发展。

# 二、全球超大城市公共服务供给:伦敦经验[①]

英国在"二战"后,特别是自 1979 年撒切尔保守党政府执政以来,对公共服务进行了以自由主义和市场化为主题的改革;1997 年的布莱尔工党政府和 2010 年的卡梅伦保守党,借助"大社会"计划,在公共服务领域推行一系列改革与制度建设,在提升公共服务效率和国民生活质量方面取得了显著成效。大伦敦地区作为英格兰的一级特殊行政区,下辖伦敦市与 32 个自治市,面积 1 579 平方千米,人口 840 多万,由大伦敦政府(Greater London Authority,GLA)统一管理。在英国中央政府公共服务改革的总体政策框架下,大伦敦政府积极行动,努力创新,形成了富有特色的公共服务供给侧改革新模式、新路径,值得我国超大城市借鉴。大伦敦地区的公共服务供给方略主要包括以下经验。

## (一) 规划引领,依法强调公共服务供给改革的战略地位

在不增加纳税人负担的情况下,加大政府财政投入,努力提供足量而优质的公共服务,是大伦敦政府谋求公共服务供给侧改革的逻辑起点和基本理念。为此,首先须制定大伦敦规划,依法强调公共服务供给改革的重要性和战略地位,推动公共服务供给侧改革。制定总体性的大伦敦空间发展战略规划(通常称为"伦敦规划")是大伦敦政府治理大伦敦地区的重要工具之一,有

---

① 陶希东:《英国大伦敦地区公共服务供给侧改革的经验与启示》,《国家行政学院学报》2018 年第 6 期。

2004 版、2008 版、2011 版,且不断更新。2015 年 3 月,大伦敦政府发布了《2020 愿景：地球最伟大城市》的修订补充版,[①]结合大伦敦在 2030 年人口即将达到 1 000 万的趋势性事实,对住房、就业、交通、环境、生活质量等公共服务事宜,给予严重的关切和高度的重视,甚至可以说提升公共服务能力成为整个规划的核心和主线,这为持续性改善公共服务质量和效率提供了强有力的法律依据。更为重要的是,在规划中,分章节对每一种公共服务提出了具体的供给目标,如：针对住房提出了未来 10 年提供 40 万套住房的计划,针对就业提出了未来 10 年创造 45 万个就业岗位的目标,针对交通提出更加便捷、互联互通的发展方案,这为分类扩大公共服务供给提供了鲜明的导向和明确的目标。

## (二) 投入保障,努力稳定或扩大公共服务供给规模

为当地居民提供充足、高质量的公共服务,提高居民的生活质量,是任何一个开放、全球性的世界城市政府的核心职责之一。为此,强化对公共服务供给的财政投入,努力扩大或稳定政府对公共服务的实际支出,是大伦敦政府推动公共服务供给侧改革的重要方法之一。尽管近年来在社会福利制度改革和促进社会资本投资的政策导向下,大伦敦政府对公共服务的财政投入呈现一定的波动状态(图 3.3),但大伦敦地区的整体公共开支总体呈现稳步增长的态势(图 3.4),其中一些公共领域的投入增长非常明显,如大伦敦政府对福利(包括家庭和孩子、住房、就业、社会包容、社会保护)投入自 2000 年起来呈现快速增加的势头(图 3.5)。相比较而言,大伦敦对公共服务的开支在整个英格兰地区中处于前列。如根据英国政府《2015 年公共开支统计分析报告》计算,[②]就

---

① Greater London Authority. 2020 Vision the greatest city on earth. ambitions for lond on by boris john. https：//www.london.gov.uk/sites/default/files/2020_vision_web.pdf. June 2013.

② Public Expenditure Statistical Analyses 2015,2015 年 7 月,https：//www.gov.uk/government/uploads/system/uploads/attachment_data/file/446716/50600_PESA_2015_PRINT.pdf.,2018 年 7 月 15 日。

2014 年大伦敦地区的公共服务开支占到英格兰的 20.2％,所有服务方面的人均开支达到 10 004 英镑,比整个英格兰的人均 8 799 英镑高出 14％(图 3.6)。

**图 3.3　近年大伦敦政府对公共服务(共同)的财政投入情况**

资料来源:英国政府《2015 年公共开支统计分析报告》。

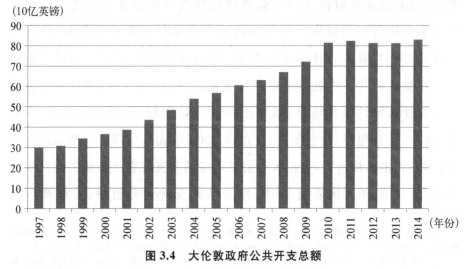

**图 3.4　大伦敦政府公共开支总额**

资料来源:http://www.ukpublicspending.co.uk/download_multi_year_1986_2016LOb_15c1li111mcn_H0t。

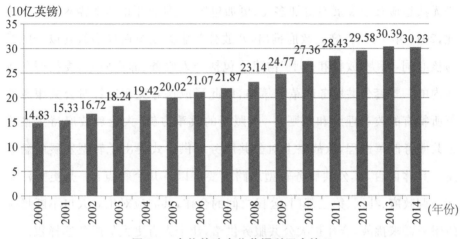

图 3.5　大伦敦政府公共福利开支情况

资料来源：同图 3.4。

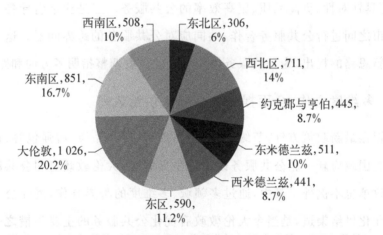

图 3.6　2014 年英格兰不同区域公共服务投入及占比情况（百万英镑）

## （三）战略调整，探索更加开放的公共服务供给新路径

尽管自 20 世纪 80 年代以来，英国政府积极推行了公共服务民营化的渐进式改革，相继实行强制性竞标、"最佳价值"等政策，[①]但因多种原因还

---

① 姚军：《英国公共服务合同外包：历史背景及政策发展》，《科技管理研究》2014 年第 14 期。

是无法适应社会发展对更加多元、更加包容、更加公平的服务需求现实。为此,2011年7月,保守党政府推出《开放公共服务改革白皮书》,其以"开放"为核心词,围绕"放权和公平"构建了包括个人服务、邻里服务、委托服务等在内的一整套公共服务改革新策略,以此形成保守党政府针对公共服务改革所特有的改革理念和原则。① 按照新的改革方针,大伦敦政府持续推进公共服务改革进程,从战略上对公共服务提供方式提出了转型发展的新思路。具体而言,其公共服务转型思路主要有以下几个特点:一是更加注重和强调政府、社区、第三部门、公民之间的合作,共同应对伦敦人口不断增加的服务需求挑战,合作扩大公共服务供给,让个人有更大的服务选择权。二是强调增加地方政府或社区在公共服务供给中的财权和事权,以便提供更好、更具针对性、更高品质、更高效率的公共服务。三是注重引导各个独立自治市之间进行公共服务合作,共同应对公共服务的跨界问题。这些新战略和新思路的提出,为公共服务供给模式的深度调整指明了方向和路径。

## (四) 多维度合作,全面提升公共服务供给效率

根据最新政策方针,节约成本、提高效率、提升品质、增强包容、促进公平是英国政府新一轮公共服务改革的主导思想,大伦敦政府的公共服务供给侧改革也不例外。其中,通过多领域、多维度的跨界合作,搭建公共服务的多元化供给渠道,是当今大伦敦政府优化公共服务的主要举措之一。主要表现在三个方面:一是建立政府购买制度,实施公共服务的公私合作伙伴式供给,即注重PPP模式(public-private partnership,PPP,也称3P或P3)在公共服务领域中的应用。对此,大伦敦政府制定有非常完备、详细的政府购买服务程序和规则,②对服务购买双方的权责以及合同管理作出明

---

① 宋雄伟:《英国公共服务改革的探索》,《学习时报》2016年1月28日,第8版。
② Greater London Authority. Contracts and Funding Code. https://www.london.gov.uk/sites/default/files/gla_migrate_files_destination/Contracts%20and%20Funding%20Code.pdf.

确的解释和规定,并委托伦敦交通局代理购买服务的全部业务。各地方政府普遍建立了向外部私人组织或非政府组织购买服务的机制。根据一份研究表明,2007年大伦敦的各地方政府从外部购买服务的费用达到420亿英镑,占到所有支出的近40%。[①] 正因为强有力的政府购买服务,激发了伦敦志愿服务力量和公民参与,使伦敦获得了2016年"欧洲志愿之都"的称号。二是大伦敦内部各独立城市之间实施公共服务的跨边界合作,促进区域公共服务公平。对此,近年来大伦敦地区推行多个区域战略来改善公共服务的空间公平程度。例如,2004年大伦敦地区推行"城市在一起"(The City Together)战略,该战略将大伦敦地区最主要的公共部门、第三部门、私人组织聚集在一起,旨在协同提供跨界区域性的公共服务,不断优化大伦敦地区的商业环境,满足城市多元社区的服务需求与期望;2008年推行"伦敦协作"(The London Collaborative)战略,旨在整合公共领域不同单元的资源,打造整体的"同一个伦敦",促进公共服务的整合与协作。三是强调跨部门协同工作,提高公共服务的整体效益。近期,英国政府内阁办公室一个重要官员的讲话中,要求进一步深化公共服务的改革,加强跨部门协作,组建跨部门工作团队,促进公共服务供给的效率。[②]

## (五) 多方式评估,保障公共服务的质量

是否具有健全的公共服务质量评估机制,是公共服务改革中的重要内容,更是提升公共服务质量的重要保证。为此,大伦敦地区在公共服务的供给侧改革中,特别注重以消费者为导向的公共服务质量评估制度建设,切实

---

① Government Office for London. Transforming London's Public Services. http://www.lse. ac.uk/geographyAndEnvironment/research/london/events/HEIF/HEIF4% 202009 - 10/GOLand publicservices/tlps-document-Final. pdfhttp://www. lse. ac. uk/geographyAndEnvironment/ research/london/events/HEIF/HEIF4% 202009 - 10/GOLandpublicservices/tlps-document-Final. pdf.2010.

② Future of public services reform: Matthew Hancock speech. https://www. gov. uk/ government/speeches/future-of-public-services-reform-matthew-hancock-speech. 16 June 2015.

满足市民的服务需求。具体做法有三种：一是中央政府制定"政府全面绩效考核"（Comprehensive Performance Assessment，CPA）基本框架①，按照星级评定的方式对各地方政府的公共服务进行全方位评估和考核，为促进地方政府不断提升公共服务质量提出了硬性制度要求。二是借助英格兰地区的一家第三方公共服务评估机构——"同一个地方"（One palce），借助数据分析、实地调查、居民意见收集等方式，对英格兰和大伦敦地区的每个城市政府就犯罪、教育、社会服务、住房、环境等公共服务的现状、问题和未来发展等问题，开展独立、公平、全方位的评估，并在其网站上公布每个地方政府每项公共服务质量的评估结果，按照不同颜色彩旗的形式指出好的做法以及不足和缺陷，在此基础上提出进一步改革和努力的方向和建议。

## 三、全球城市社会公平建设：纽约智慧公平城市

综观西方发达国家的经济发展可见，第二次世界大战以后兴起的第三次工业革命，世界市场塑造了超大城市的经济繁荣，积累了巨大的物质财富，但同时也积累了巨大的社会贫困和社会阶层两极化，不平等、不平衡、不可持续正成为西方超大城市发展面临的严峻挑战。布鲁金斯学会 2014 年的一份研究显示，社会不平等程度最为显著的大城市，包括旧金山、迈阿密、波士顿、华盛顿特区、纽约、奥克兰、芝加哥以及洛杉矶，其中纽约曼哈顿的基尼系数在 2012 年是 0.596，比终结种族隔离的南非 1994 年大选前夕还要严重（美国平均基尼系数是 0.471）。2009 年，纽约最富有的 1% 市民收入占据了全市个人总收入的 1/3——这比例比全美其他地区高了近两倍②。如何适应新时代、新技术的发展趋势和要求，加大城市政策和规划制度的改革创新，努力创建包容、共享、公正的智慧型公平城市，抑制社会不平等程度的

---

① 胡熙华：《英国地方政府改革的几点启示》，2009 年 5 月 14 日，http：//www.boxun.com/news/gb/pubvp/2009/05/200905141204.shtml.，2017 年 5 月 10 日。

② 《全美最不平等地方集中于大城市》，《网易科技》2014 年 3 月 24 日。

进一步加剧,成为新时期西方超大城市治理变革的重点战略选择。这里以美国纽约为例,以智慧公平城市方案为重点,剖析其社会公平治理的相关做法和经验。具体而言,纽约公平城市建设的经验主要体现在以下几个方面。

## (一) 制定以公平为价值引领的城市战略规划

一般而言,对一座城市而言,作为公共政策性质的城市战略规划,既是城市执政者和管理者对未来较长时期城市发展的思想方法和价值导向,更是引导城市经济转型发展、社会治理创新的行动指南和准则。城市战略规划体现着什么样的价值导向,决定着未来城市就会发展成什么样的城市。西方超大城市在社会不平等程度加剧、社会阶层向上流动障碍凸显的现实面前,主动重建城市规划的价值理念,依靠公平型战略规划引导城市社会的公平、均衡与包容发展,成为城市政府的首要战略选择。在这方面,美国超大城市纽约的做法最为典型。纽约市政府在 2015 年发布了《一个纽约——规划一个强大而公正的城市》(*One New York：The Plan for a Strong and Just City*),这是首个以公平价值理念来引领城市社会发展的战略规划,提出未来的纽约将打造一个包容、公平的经济体系,为所有居住在纽约的城市居民提供更多、更好的就业机会和社会参与机会,让每个人获得有尊严和安全的生活。具体而言,对如何实现公平发展,战略规划提出了以下具体部署和安排:

第一,采取持续提高最低工资水平(2016 年平均每小时工资达到 9 美元,到 2019 年达到 15 美元)、学前教育全覆盖、帮助贫困家长再培训入职、岗位开发计划、促进工作流动、高品质健康服务、增加可负担住房、改善政府及社区服务、全民上网等措施,加大减贫力度,到 2025 年让纽约 80 万人贫困人口脱离贫困,确保所有纽约居民拥有更长寿命和更健康的生活,让所有居民共享城市利益。

第二,2040 年将婴儿死亡率控制在 3.7‰的历史新低水平,健全生育生命周期的社会服务支持体系,改善所有育龄妇女的健康水平,大幅度降低不同种族之间、不同社区之间婴儿死亡率的差距,提供高品质的婴幼儿服务设施和免费、全天候、优质的学前教育,为构筑社会公平链条打下坚实的基础。

第三,利用政府公共部门和非营利部门资源,借助物理措施和数字化手段,实行一体化的政府和社会服务(一站式服务),准确了解居民的服务需求,为所有纽约居民提供可接近、高品质、便利化、基于社区的城市资源和服务,提升市民参与程度,激发居民的社会活力。

第四,创建健康的邻里和富有活力的生活,确保食品安全,提供可承受住房,让所有纽约生活、居住和工作在有活力、健康的社区中,全面提升纽约居民的生活质量。

第五,完善物理和精神健康服务设施,优化健康服务供给体系,主要针对贫困社区提供更加公平、更好品质的身心健康服务,让所有纽约人获得需要的健康服务,减少疾病的发生。

第六,继续推动司法和刑事公正改革,继续控制犯罪的发生,把纽约打造成全美国最安全、犯罪率最低的公正、效率的大都市。

第七,继续实施交通零死亡战略,全面实现交通事故零伤亡的目标,给全体纽约居民创造世界上最安全的城市街道。①

## (二) 实施智慧公平型城市建设方案

除了制定实施社会公平导向的城市战略规划外,充分顺应现代信息网络时代的趋势和要求,借助互联网和大数据技术,推行智慧公平型城市建设方案,成为纽约促进城市公平发展的又一重要举措。这一建设方案具体体现在 2015 年 9 月由纽约技术创新市长办公室研制、纽约市长签署发布的

---

① The City of New York Mayor Bill de Blasio, *One New York: the Plan for a Strong and Just City*, nyc.gov/onenyc.

*BUILDING A SMART ＋ EQUITABLE CITY* 报告中。[①] 该报告在结合信息化发展对政府治理和社会生活带来深刻影响的背景下,对如何借助数字工具为所有城市居民创造更加公平的发展机会、提供更加公平的社会服务,旨在解决社会不公平问题,从而构建一个智慧、公平的城市做出了全新、系统的方案设计。纽约智慧公平城市方案最大的创新在于其打破了智慧城市规划中常见的套路,不再仅仅关注于将数据采集回传给政府,而是把政府采集及整合的数据实实在在地用于提高纽约人的生活水平和质量。[②] 具体内容包括如下几个方面:

第一,大力推进智慧型基础设施建设,实现全城网络连接,致力于为所有居民和企业提供高速互联网接入。2016 年,纽约市的 LinkNYC 成为世界上最大和最快的城市 Wi-Fi 网络。LinkNYC 将纽约老旧的付费电话转变成一个用于城市服务的一体式通信设备网络,其可提供 10 000 个千兆速度的公共 Wi-Fi、电话、充电设备等功能。低收入群体公共住房接入免费高速网络,将从国家最大的公共住房的开发开始。除此之外,纽约市政府将实施 LED 等智慧照明进城市建筑的计划,实现既降低城市能源消耗的目的,又达到降低温室气体排放、减缓城市温室效应的效果。为了解决用水,尤其是帮助低收入群体降低水费开支和防止漏水浪费,纽约环境保护局推行了全城能够自动发送信息的自动水表安装计划(目前全城 5 个区已经安装了817 000 个自动水表),所有使用者可以通过网上支付账单,明显提高了对消费者的服务质量和效率,治理的精细化程度有了显著提升。有数据表明,自动水表的安装使得原来对水表的估计数从 17％降到 3％,账单纠纷降低了56％。2011 年纽约环保局又实行了漏水提醒计划,借助自动水表的信息数

---

① the Mayor's Office of Technology and Innovation. *BUILDING A SMART ＋ EQUITABLE CITY*, nyc.gov/onenyc.2015.9.

② 永拓智慧城市:《纽约智慧公平城市解决方案》,2017 年 2 月 7 日,http://www.bimdoor.com/news/570,2018 年 6 月 10 日。

据,网络中心给登记居民发送漏水通知,让用户及时解决存在的漏水问题。

第二,指导和扩展智能技术在交通领域中的应用,提升城市交通工具的可移动性、连接性和安全性,为纽约所有居民提供公平、便利的上班出行选择。纽约每天大约有 5 000 辆公共汽车、13 000 辆黄色出租车,6 000 辆租赁车和数百万的上班族,行驶在大约 6 000 英里的街道上,为了减少城市交通拥挤、减少排放和满足所有群体的出行需求,纽约交通局推行了依靠现代职能技术为支撑的中心城区交通治理运动,通过在交通领域全面推广智能技术,对错综复杂的交通信息进行实时监控和调整,从而优化城市公共交通的质量和效率,最大程度地为所有市民提供便利、准时、高效的公共交通服务。其主要目的是提升政府服务,丰富社区,从而改善所有纽约人的生活,增强城市发展的公平性。具体而言,纽约交通管理局在城市交通管理中,实行了针对全市近 6 000 辆公共汽车、12 860 个十字路口的公交信号优先策略,即当一个装有公交信号优先系统(包括 GPS 和基于位置信息的控制软件)的公共汽车经过十字路口时,可以通过与全市交通控制中心的数据信息交换,视情况可以缩短红灯的等待时间或改变红灯为绿灯,以确保公共汽车在城市交通体系中的优先地位。目前,这一系统已经在全市 5 个行政区的很多十字路口得以实现,使全市公共交通的延误率下降了 20%。与此同时,为了加强公共安全和交通管理,纽约市投资 300 万美元用于传感器领域,并与美国交通部共同投资 2 000 万美元用于联网车辆试点建设。纽约市政府通过联动 5 个行政区公共空间的社区创新实验室,加强城市与社区合作,从而充分挖掘地方性的智慧物联需求。

第三,依靠互联网智慧技术,为所有纽约居民提供公平的公共健康服务和城市安全服务。纽约被称为美国最健康的城市,在街区配置更多的卫生和精神方面的健康服务设施,为每个居民提供公平的健康服务,提供更加清洁的空气,消除枪支使用的危害,确保让每个纽约人生活在健康、安全的社区中,是纽约政府全面推进公平城市的主要议题之一。就城市健康服务来说,依靠智慧化治理来促进城市公平发展的主要项目,则是自 2008 年以来纽约卫生与心理卫生部和纽约大学合作实行的空气质量监测行动,这也是美国最大的空气监测计划。具体做法为:测量人员在全市 75 个地点放置精密的空气监测设备,在每个季节集中监测两周时间,然后收集数据、分析数据并撰写空气质量报告,通过网络向大众公布空气污染的相关信息。为了完成年度数据的适时监测,抽取其中的 8 个监测点,实行实时数据的监测与读取,全方位分析空气适时组成成分与污染情况,并每过 15 分钟就产生一份数据报告。这些及时的数据报告,为调整社区能源结构、开展环保治理提供了科学依据,确保为每位居民提供更加安全的城市生态保护服务。与此同时,2014 年纽约警察局在整个城市的屋顶安装 ShotSpotter 公司的枪击探测系统计划,该系统覆盖多达 15 平方英里的城市范围,能在几秒内迅速根据声学传感器判断枪击案件发生的地理位置。据当地报纸报道,纽约警察局安装该系统不仅是为了侦查,还在于阻止枪击案件发生,不管是与毒品有关的恶性枪击事件,还是仅为了搞"气氛"但会惊扰平民的枪击,都在系统的侦测范围内,根据传感器收到的枪声,并使用三角测量定位可以使系统在几秒内快速识别枪击发声位置。这一系统会有专家 24 小时轮班辨认 ShotSpotter 系统标识出的位置。纽约市警察局长 Bill Bratton 表示将积极推广 ShotSpotter 系统并可能将之与城市的监控摄像头网络结合以共同打击枪击犯罪。[①]

第四,构建智慧型政府,改善为社区居民的公共服务效率和质量,同时强化公众参与城市治理的程度。依靠现代智慧技术,加大政府的改革力度,从而提高政府的公共服务供给能力和水平,提升公众参与城市治理的程度,让每一个居民能够获得基于社区的城市资源,拥有富有活力的城市生活,是纽约智慧公平城市建设方案的又一重要组成部分。这一策略主要包括如下

---

① 佚名:《纽约警方将部署枪击探测系统 打击当地枪击犯罪》,《网易数码》2014 年 7 月 16 日。

内容：一是为了应对冬天暴风雪以后政府铲雪不影响居民的出行（每当暴风雪以后，城市居民并不清楚政府铲雪作业的具体安排和计划，进而难以做出正确的出行方式，有时候造成道路的拥堵和上班的延误），尤其是为了不影响乘坐公交上下班的居民和卡车运输司机的正常出行，纽约卫生部开发了一套叫做"纽约铲犁"的大众 App，再通过安装在铲雪机上的相关传感器、GPS 设备与数据中心相连接，每 12 秒更新铲雪机的具体位置，公众可以在 App 上可以及时了解政府的铲雪计划以及具体的作业位置，以便做出更加合理的交通方式和出行路线。这一计划的实施，大大降低了暴风雪期间居民打给纽约 311 系统的电话报警数量，节约并释放了公共服务资源。二是纽约 311 电话 24/7 服务请求系统。311 电话系统是纽约连接政府与民众之间的一个移动服务系统，主要用来为市民提供除非紧急服务以外的政府日常信息服务，这一系统的接通方式包括电话、网络、文本、社交媒体（推特、脸书等）、移动设备（App）等，满足民众对社区和各种信息服务的需求，甚至帮助人们解决现实生活中遇到的各类埋怨。据此，借助用户的地理位置信息，将市民的信息反馈到 311 数据交换中心，责令相关部门及时加以处置和解决。实际上，这一系统也为居民自己更好地参与社区治理、监督社会，提供了公平、便利的渠道，也促进了政府服务效率的提高。

# 四、全球超大城市移民社会融合：纽约经验

现代全球超大城市是经济全球化的成果，规模庞大的移民群体及其文化多样性，是超大城市的基本组成部分，也是重要特征之一。实际上，移民对一座全球城市的发展具有不可忽视的作用。而如何有效处理本地人和外来移民之间的关系，让移民更大程度地融入当地社会，获得公平的发展机会，共享城市的社会公共服务，直接关系着超大城市社会治理的成败。根据皮尤研究中心（Pew Research Center）的最新研究报告指出，美国

是全球拥有移民最多的国家,2015 年的移民人数超过 4 320 万,移民人口占美国人口的 13.4%;①而被称为"世界之家"的纽约,是全美国移民人数最多的城市。据统计,2015 年出生在纽约以外的移民人口总数达到 451 万人(表 3.1),约占总人口 855 万的 52.7%,是全球最重要、最典型的移民城市。目前而言,根据 2008 年世界金融危机尤其是随着特朗普上台以来,美国不断发生诸如白人警察枪杀黑人、白人主义至上等大量社会排斥或骚乱事件,严格来说,目前的美国及其超大城市社会,开始或正在被撕裂着,承受着文化过于多样性、种族歧视、个体过于崇尚自由的苦果,在金钱政治和巨大的社会贫富差距面前,一些超大城市也可能算不上是一个真正的包容性城市。但如果我们从城市发展的过程性视角看,20 世纪以来纽约成为全球城市领导者角色的发展历史,实际上也是一个不断努力促进外来移民社会融入的历史,政府做出了大量的努力,城市的魅力和吸引力始终强劲。对于我们刚刚走向人口国际化、全球化的超大城市治理而言,纽约政府如何促使世界移民不断融入当地社会,提升城市包容性方面的治理策略与经验,仍然值得我们学习和借鉴。这里主要就纽约如何帮助外来移民融入当地社会,努力创建包容性城市的经验做出归纳和总结。综观之,主要有以下经验:②

表 3.1　纽约非本地出生人口比例(2015 年)

| 总　　数 | 墨西哥 | 东南亚 | 欧洲和加拿大 | 加勒比海 | 中美洲 | 南美洲 | 中东 | 非洲撒哈拉以南 | 其他 |
|---|---|---|---|---|---|---|---|---|---|
| 4 514 054 | 232 820 | 1 136 489 | 845 996 | 1 107 513 | 273 401 | 586 212 | 170 029 | 146 645 | 14 949 |

资料来源: Gustavo López and Jynnah Radford. Statistical Portrait of the Foreign-Born Population in the United States. Pew Research Center. May 3, 2017.

①　佚名:《美国移民数量最多的 20 个大城市 纽约居首》,《居外网环球房讯(北京)》2017 年 5 月 11 日。

②　陶希东:《全球城市移民社会的包容治理:经验、教训与启示》,《南京社会科学》2015 年第 10 期。

## （一）全面树立并实施包容型城市战略规划

只有包容性的城市规划，才会引导一座城市真正走向包容发展。因此，发挥美国社会对外来移民群体的包容和接纳思想（图 3.7），在中长期城市战略规划中，首先强调城市包容发展的重要地位，成为纽约全球超大城市促进移民的社会融入、建设包容型城市的首要做法和经验。如纽约 2015 年 4 月发布的题为《一个纽约——规划一个强大而公正的城市》战略规划方案中，提出到 2040 年，将纽约建设成为一个"我们的增长和活力城市、公平和公正城市、可持续城市、弹性城市"四大战略目标，可以说，全篇几乎都在围绕如何满足人的需求、如何提高市民的生活质量、如何帮助弱势群体获得更加公平的发展机会以及如何促进城市社会更加融合、更具凝聚力等基本问题而进行相关规划设计，充分体现了包容性发展的核心理念，如规划提出要创造更多的就业岗位（就业岗位由 416.6 万增至 489.6 万）、提高劳动参与率（高于 61%）、提高居民收入水平（家庭收入中位数在 52 250 美元基础上有所增

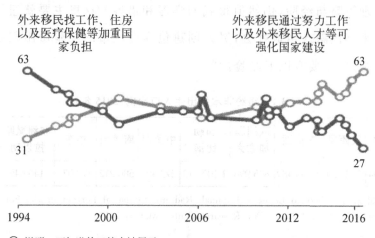

① 说明：不知道的回答未被展示。
② 根据2016年11月30日至12月5日的调查。

**图 3.7　美国人对外来移民的态度**

资料来源：Pew Research Center，2015。

加)、为居民提供价格可负担的高质量住房并配备完善的基础设施和社区服务(到 2024 年经济适用房新增 8 万套)、持续减少贫困人口数量(370 万处于或接近贫困线的市民到 2025 年有 80 万人脱离贫困),等等。这种视全体市民为一个整体的包容性战略规划,从根本上为外来移民共享城市公共服务、获得平等的发展权利,进而促进城市凝聚力奠定了基础。

## (二) 成立专门的移民机构,实施多项帮助移民融入的社会策略

美国是一个典型的移民国家,由于语言、心理、能力等方面原因,移民中的部分群体往往会成为城市中的贫穷者、流浪者、弱势群体,实施帮助其融入当地的综合服务计划,实现传统的惩戒向救助转变,已经成为美国移民社会包容治理的重要做法和经验。对此,美国联邦政府针对低收入移民家庭实施的《需求家庭的临时援助计划》(*Temporary Assistance for Needy Families*,TANF)和《补充营养援助计划》(*Supplemental Nutrition Assistance Program*,SNAP)具有非常典型的代表性。这两个援助计划主要是针对拥有移民儿童家庭实行的,也就是说,该儿童父母必须是一方或双方都是外国出生的,目前美国有符合这一条件的儿童数量大概有 1 800 万,占 0—17 岁儿童总数的 24%。这些家庭是贫困家庭的主体部分,往往缺乏机会共享当地的公共服务。其中,TANF 建立于 1997 年,主要是给符合条件的移民家庭提供临时金融援助(图 3.8),旨在帮助父母获得工作岗位,每个家庭可获得援助的最长期限为 60 个月。SNAP 主要是对在美国居住、低收入或没有收入的家庭提供援助,符合居住 5 年以上、享受残疾援助、有 18 岁以下儿童的移民家庭也是资助对象,在 2014 年财政年度这一计划共花费了 741 亿美元,对大约 4 600 多万人口提供了食品援助(图 3.9)。这些计划的实施,使得移民及其家庭共享了城市的人类与社会公共服务,有效帮助了移民更好地融入当地社会。

当一个城市的移民数量达到一定规模、移民事务成为涉及诸多群体公

**图 3.8　TANF 计划提供的每月援助金额**

资料来源：http：//en.wikipedia.org/wiki/Temporary_Assistance_for_Needy_Families。

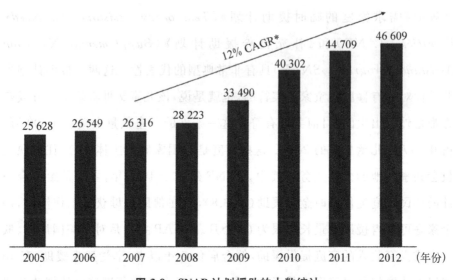

**图 3.9　SNAP 计划援助的人数统计**

资料来源：http：//en.wikipedia.org/wiki/Supplemental_Nutrition_Assistance_Program,2015.3.21。

共利益的时候,城市政府设置专门的移民工作机构,专门从事移民相关事务,帮助移民融入当地社会,就显得非常必要。为此,纽约市政府内部,设立有专门从事移民事务的机构——纽约市市长移民事务办公室(The Mayor's

Office of Immigrant Affairs，MOIA），其坚持每个新移民都是纽约必不可少的一部分，提升城市包容的公平理念，通过制定帮助新移民充分连接并融入当地城市经济、社会、文化之中的相关政策和计划，进而提升移民社区的社会福祉。该机构属于借助政策创新努力提升移民社区公平发展的先锋机构，其工作范围涉及移民问题的诸多部门，包括工人权利、健康公平、语言学习等，协同为数以万计的移民创造更加安全、更加公平、更加经济便利的当地城市生活，把整个纽约打造成一个针对所有移民群体开放、安全的现代国际大都市。在市长 de Blasio 的领导下，市长移民事务办公室已经着手通过三个优先整体目标提升纽约市移民社区的幸福感：增强纽约市移民的经济、公民和社会整合；提高纽约市移民的司法保障；在各级政府提倡持续的移民改革。根据该机构的网站资料，市长移民事务办公室推行的涉及经济、社会等方面的重要政策或计划有以下几个：

1. 纽约市民卡（IDNYC）

身份问题往往是一座全球城市解决移民问题、促进城市包容面临的首要议题，也是帮助移民融入当地社会的关键所在。为此，纽约市民卡是纽约市市长移民事务办公室主持的第一个事务。纽约市民卡是提供给所有 14 岁或 14 岁以上的纽约居民的身份卡，无论您是否为移民，它是针对所有纽约居民的新的、免费身份证明，惠及每个城市居民，包括最弱势群体、无家可归者、青年、老人、非法移民，这些象征都是纽约居民的身份识别卡。申请人可访问 nyc.gov/idnyc 了解申请要求并通过该网页或致电 311 预约申请。作为一个政府颁发的身份证，拥有者可以获得和享受城市服务，以便移民在城市安心生活和工作。持卡人可以获得政府提供的公共服务和商业服务。根据规定，纽约市民卡可用于：在纽约市机构申请市政服务（包括结婚证、出生证明和补充营养援助计划（SNAP）等福利、现金援助和保障性住房）；纽约市警察局（NYPD）警官进行身份确认；进入学校等公共建筑；参加高中同等学历考试。除此之外，纽约市民卡还可用作：布鲁克林、纽约和皇后区公共图书馆系统的借书卡；公共医院的医疗卡；近 40 个文化机构和博物馆的免费会员和免费入场券；享受超市购物、娱乐、体育赛事和健身会员的相关折扣凭证；享受购药的折扣凭证。市民卡制度保证了纽约市的公共服务不因移民身份而存在差异化，100 年前到纽约定居的市民和 100 天以前来到纽约的移民，都可公平地享有同等的城市服务。纽约市政府规定必须保护移民身份和其他保密信息，一些具体的服务部门也不得询问移民的身份信息，即便采集了移民信息，必须依法严格保密，否则相关工作人员将被解雇。

2. "我们纽约"(We Are New York（WANY）)英语学习

除了身份外，语言障碍往往成为移民融入城市生活面临的最大挑战。为此，纽约市长办公室和纽约城市大学联合推出一套艾美奖①获奖电视节目系列——我们纽约(We Are New York)，该系列节目总共包括 10 集喜剧，是讲述外来移民在纽约创业、生活的真实案例，每一集为移民提供城市必要服务的有用信息，也告诉移民那些跨民族工作的人是如何获得资源和解决共同问题的。该节目除了向移民提供基本的城市服务信息外，更重要的是为移民学习英语提供帮助，在节目中的讲述者语速较慢、发音清晰、直接表达，并且讲述的故事本身就是发生在纽约移民生活中经常碰到和遇到事件，以便新移民容易理解，又能实际操练英语。WANY 还利用城市成人教育体系帮助成千上万的移民提高英语能力，有超过 500 名的教师已接受培训，鼓励他们在课堂中使用 WANY 系列节目并推荐给自己的同事，据称有 90% 的移民学生从中获得很大的受益，大多数受到训练的学生的英语实践能力达到了"优秀"和"非常好"的程度。此外，WANY 与城市"社区领导和赋权项目"协同行动，帮助移民提高英语能力，其方法是招募 200 名志愿者，在图书馆和社区活动场所中，采用 WANY 系列节

---

① "国际艾美奖"(International Emmy Award)是国际电视界的最高荣幸，由美国国际电视学会主办，参赛者来自美国以外的地域，包括亚非、拉丁美洲、欧洲等地。

目开展为期 10 周的会话交流活动,让移民拥有更多的交流机会,提高英语交流能力。

3. 组建实施移民妇女领导者奖励金计划

为纪念 1995 年联合国第四次世界妇女大会通过的《北京宣言》,2015 年纽约市市长移民事务办公室在大量慈善组织的帮助下,发起了一场旨在为移民妇女领导者提供一定期限学习机会的移民妇女领导者奖励计划(IMMIGRANT WOMEN LEADERS FELLOWSHIP)。该计划挑选 15 位在非营利部门、草根组织、学术机构、宗教组织等领域已经取得卓越成就的移民妇女领导者(她们也是推动社会改革创新的优秀人才,主要从事从预防性侵、防范家庭暴力到文化发展等多个领域的具体工作,她们代表着多文化、多宗教的背景,讲着多种语言,拥有极具吸引力和感染力的移民故事),进行为期 4 个月的领导能力学习培训活动。在培训学习期间的主要内容包括学会倾听作为重要的管理工具;讲述有关种族主义、性别歧视、阶级歧视、殖民主义和移民的故事;测试阻碍领导力发展的内在压力;重新评估和重新定义个人的管理和领导经历;实施果断抵制内在压力行动;领导和有效地支持其他领导人;使用以数据和结果为基础的问责制,促发可感知和可持续的不断变化等,帮助其不断开发自己的潜能,提升专业领导力,帮助她们在改善移民妇女和儿童生活状态方面发挥更大的作用。

4. 提供《移民儿童和家庭的资源和推荐指南》

为帮助移民群体能够及时获取当地城市的服务和资源,纽约市市长移民事务办公室在 2017 年 4 月修订推出最新版的《移民儿童和家庭的资源和推荐指南》(*Resource and Referral Guide for Immigrant Children and Families*)(第二版)。这是一本帮助移民了解在纽约生活和发展所需要信息的城市和社区的一站式名录,移民从中可以查找到教育、医疗保健、住房、儿童和家庭福利、法律、税务援助、权利和保护等所需要的众多资源信息,列举有详细的服务提供地点和电话号码以及操作方法,帮助纽约市民和移民获得他们所需的资源,以建立更强大、更安稳的生活和社区(专栏 3.1)。该指南除了英文,还有 10 种语言的版本,以确保指南当中的基本信息不会造成任何语言阅读障碍。这一做法,为新进移民充分了解当地城市服务,快速获取急需的服务,进而更好地融入当地社会提供了有力的保障。

---

**专栏 3.1:纽约移民儿童和家庭的资源和推荐指南部分内容**

纽约市支持我们每一位居民。大部分的城市服务,比如上学或使用医疗系统或其他服务,每个人都可以享有,包括无证移民。除非工作需要,否则市政府雇员不会询问您的移民身份。他们必须对移民的身份信息保密。

**纽约市民卡(纽约市民卡(IDNYC))**

纽约市民卡(IDNYC)是市政府颁发给所有纽约人的身份识别卡。纽约市民卡(IDNYC)不收集移民身份信息,而且我们会对申请者的信息保密。市政府将按照法律全面保护纽约市民卡(IDNYC)的信息。

**教育**

4 岁或即将满 4 岁的儿童有资格入读学前班。所有居民自 5 岁起有权利进入公立学校学习,直至毕业或直至年满 21 岁且学年结束。提供英语学习者的课程。

**医疗服务**

所有纽约居民均可在公立医院和诊所以及其他可负担的诊所获得低价急诊和非急诊医疗服务。

NYC Well 是一项免费、保密的心理健康服务,全天 24 小时提供 200 多种语言的服务。居民可以致电 1-888-NYC-Well,发送短信 WELL 至 65173,或访问 nyc.gov/nycwell。

**儿童保育**

育有 6 周至 12 岁儿童的低收入家庭可获得.免费或低价儿童看护。

**应急食品和避难所**

纽约市各个区域都为需要的人提供食物。

Homebase 计划能够帮助居民免于进入收容系统。

**公共安全**

请纽约居民放心,市政府官员,包括纽约市、警察局(NYPD),将不会询问您的移民身份,并且纽约市警察局(NYPD)将不会成为移民执法代理人。

任何仇恨犯罪的受害者,或不确定是否为仇恨犯罪的受害者,请联系纽约市警察局(NYPD)。请直接联系纽约市警察局(NYPD)仇恨犯罪特别行动组或拨打(646)610-5267。

**移民法律帮助**

通过 ActionNYC 可获得免费、安全的移民法律帮助。请您拨打 ActionNYC 热

---

线 1－800－354－0365,工作时间为周一至周五。请注意,未持有执照的移民服务提供者可能会欺骗客户。请务必选择值得信赖并持有执照的律师或经认证的代表来帮助您。关于此方面的问题,请拨打新美国人热线(New Americans Hotline)1－800－566－7636,工作时间为周一至周五早上 9 时至下午 8 时。

**免受歧视**

在工作地点、住所和公共场所,纽约居民有权利免于受到非法歧视、报复和骚扰。

如需提交投诉或了解更多信息,请致电 311 或拨打纽约市人权委员会电话(718)722－3131。

**您有任何问题或担忧吗?**

请致电 311 获得关于这些资源的更多信息或在工作时间直接拨打市长移民事务办公室电话(212)788－7654。可提供口译。

资料来源:纽约市长移民事务办公室,《新移民的服务——资源和推荐指南》2017年 4 月。

### 5. 移民公平执法

在城市执法管理中,对本地居民和移民能否做到一视同仁、公平执法,是体现城市包容性和市民权利平等的重要方面。需要指出的是,纽约市不执行联邦政府移民法,在危及公共安全的案例中,当地法律部门与联邦政府合作伙伴一同工作,共同维护纽约的地方公共安全。因此,为了保障移民的公平权利,帮助移民更好地融入当地社区,针对移民身份的保密及公平执法问题,纽约市政府制定了一整套专门的行政命令,如:第 34 号、41 号行政命令是专门保密移民身份信息的规定,规定城市服务部门在为移民提供教育、医疗、文化等公共服务时,除了法律规定必须提供身份信息的事项外,所有机构不得询问移民的身份,对移民信息严格保密,不得泄露,否则将被解雇或受到法律制裁,依此确保所有移民拥有城市所有公共服务的平等享有权;第 120 号行政命令规定所有为移民提供服务的市政机构,都得创制多语言服务计划,确保所有不会讲英语的移民也能够获得公共服务;第 128 号行政命令规定,官方每年 4 月举办一场全市性的移民宣传教育活动——移民遗产周,宣传纽约移民多元文化社区的历史和传统;第 31 号地方法律是一项专门针对"移民法律服务提供者"的法规,以防治和保护移民在寻求法律服务过程中受到非法律专业人士或营利部门的欺骗;第73号地方法律也称作为"人类服务公平获取法",重点强调的是语言服务事项,确保英语能力有限的移民群体在寻求医疗、健康等重要人类服务时,能够得到更多语言方面的支持和帮助,这一法律的效力范围涵盖纽约人力资源管理局、儿童服务局、健康和心理卫生部、无家可归者服务部等机构。

在此基础上,纽约市市长移民事务办公室和纽约城市大学联合推动一项专门针对所有移民的专门法律服务项目——"行动纽约市"(ActionNYC)。ActionNYC由值得信赖的社区和律师组成,针对每一位纽约移民,提供他们在他们称之为家的社区中需要的免费、安全的移民法律帮助服务,帮助纽约移民了解他们的法律权力以及申请他们能够享有的移民福利。服务语言为移民所说语言。

6. 移民公平就业

针对移民群体,城市劳动力市场是否保持公开、公平与公正的运行状态,让移民获得同等水平的工作报酬,是检测一座城市包容性发展的主要方面之一。对此,纽约市政府的《城市人权法》作出了清晰的法律规定(法律效力范围包括就业、住房、公共交通、歧视骚扰、报复、有偏见的执法等领域,保护的人权领域包括年龄、外国人或城市居民、肤色、残疾、性别(包括性骚扰)、性别认同、婚姻状况、出生国家、怀孕、种族、宗教宗派、性取向等),确保所有适龄劳动阶段的移民,获得与当地居民同等的工作权及工资水平。确保这些法律政策的有效执行,是纽约市市长移民事务办公室的重要工作内容之一。具体而言,有如下一些规定:一是根据城市人权法的规定,在劳动力市场上,一个雇主在决定是否雇佣、支付多少薪金、制定工作规则(包括工作激励和工作纪律)的时候,不得根据移民的市民身份、出生国家等信息对移民进行区别对待的歧视行为。雇主因为移民身份(包括非法移民)而拒绝雇佣、随意解雇、支付更少薪金、超时加班等行为,都是违反纽约市《城市人权法》和纽约州《最低工资和加班法》的规定。

二是在美国和纽约工作的移民有权获得就业机构的服务和帮助。Workforce1 职业中心（美国的城市就业服务机构）充分连接着劳动力就业的供需双方，18 岁及以上的移民求职者可以随时到职业中心寻求工作机会，获得职业培训、参加职业服务研讨会、获取职业发展建议等服务。三是针对 14—24 岁的移民，纽约青年和社区发展部（the Department of Youth and Community Development，DYCD）帮助其创造机会拥有工作经历，也可以帮助其参加夏季青年就业计划（Summer Youth Employment Program，SYEP）（在每年 7 月和 8 月，帮助 14—24 岁的青年在艺术和娱乐、教育服务、金融服务、健康卫生服务、医院、旅游、信息技术、制造业、市场营销、公共关系、媒体、房地产、零售等行业从事为期 6 周的有薪工作）获得受教育的机会。

### 7. 移民教育和读写

按照包容、公平、开放的理念，依法为所有移民子女提供公平的公共教育，提高移民的当地语言会话能力和读写水平，既是反映一座城市包容性的最直接体现，更是帮助移民快速融入当地社会的有效路径。纽约市规定，纽约市教育局（DOE）及市长办公室作为教育服务机构，其主要政策是保持学校的安全和包容性，不论学生的移民身份、父母或监护人、英语讲得好坏程度、移居时间长短等，致力于保护每名 5—21 岁尚未获得高等教育文凭的纽约市学生在他（她）居住的学区当中入读公立学校的权利；严禁实际上或被认为的种族、肤色、宗教、年龄、信仰、族裔、原国籍、外国人身份、公民身份、残障、性取向、性别或体重而予以的骚扰、欺凌和歧视行为。若移民学生有任何事情或忧虑的事情发生，可以立即向学校职员报告，他们会作出调查和采取迅速的行动。教育局职员不会查问学生或其家庭成员的移民身份或保存这些记录，如果学生分享了移民身份、自己或家庭等敏感信息，教育局根据市政府的机密政策和总监条例规定，要将这些信息保持机密。除非是法律规定，否则教育局职员不会发布学生的信息。教育局职员也不会准予移民及海关执法局(Immigration and Customs Enforcement，ICE)无限接触，像所有其他法律执行机构，在没有得到适当的法律权力下，移民及海关执法局不会获得批准以接触学校，如果移民及海关执法局因执行移民事宜目的前往学校，他们会被直接转介给校长，校长会采取适当的行动，确保所有学生继续在安全和育人的环境中学习。与此同时，纽约市教育局及市长移民事务办公室还同步实施涵盖移民群体的"成人教育""成人读写计划""年轻成人读写计划""英语学习计划"等项目，帮助提高移民群体的英语会话能力和读写水平。

## （三）发挥各类非营利机构或慈善组织力量，为移民提供各类帮助和服务

除了移入地城市政府采取积极的福利政策和援助计划外，充分发挥各类社会组织的力量，为移民提供帮助，是西方大都市促进移民融入社会的一个重要方法。例如，纽约市有专门为移民提供帮助和服务全国性志愿组织——纽约移民联盟（New York Immigration Coalition，NYIC），它是由200多个社会组织成员构成，包括草根社区组织、非营利健康和人类服务组织、宗教和学术组织、工会和法律、社会和经济正义组织等，它是移民群体互动交流、分享经验、互帮互助的大平台，重点为移民提供政策咨询、公众参与、利益表达、集体行动、教育培训、技术支持等服务，促进大都市社会的革新与公平、公正。[①]

# 五、全球超大城市大型公共活动治理：世界经验

21世纪以来，全球面临的发展机遇和挑战均前所未有，社会矛盾的关

---

① http://www.thenyic.org/what-we-do.2015.3.21.

联性、聚合性和敏感性不断增强,自然灾害、事故灾难、公共卫生和社会安全等各类突发公共事件时有发生①。而对经济繁荣、人口众多的超大城市而言,随着城市文化和公共生活的进一步丰富化和多元化,多样化的大型群众性活动越来越成为城市文化发展的重要组成部分。相应地,如何确保大型公共活动的安全有序,自然成为全球城市政府共同关注的议题。2014 年 12 月 31 日晚上,在上海外滩发生了集体踩踏事件,造成 36 人死亡、49 人受伤,其中大多数为青年学生,造成极其恶劣的社会影响,也充分暴露了我国超大城市大型活动公共安全治理上的能力危机。上海外滩踩踏事件发生以后,一些地方政府为了防止发生踩踏事故,相继取消了准备举办的大型集聚活动。这种因噎废食的做法,引发了公众的普遍质疑。实际上,任何一件公共安全事件的发生,总是偶然性与必然性相结合的产物,如何从前期的安全评估、完善应急机制上出发,做好做实相关工作,全面消除大型群众性活动安全事故的偶然性和必然性因素,才是上策,不能"一朝被蛇咬,十年怕井绳",更不能采取"因噎废食"的极端做法。这里通过分析纽约、东京、伦敦、悉尼、柏林、巴黎等全球城市举办跨年夜活动、世界博览会、国际足球比赛、民众游行示威等大型公共活动时所采取的应急管理方法和举措,对其大型公共活动治理的经验进行归纳和总结,以期对我国超大城市实现大型公共活动更高效、更安全的治理,提供必要的参考与借鉴。

## (一) 大型公共活动界定及其城市功能

根据以往文献,学术界对大型公共活动尚未形成一个统一的名称及概念界定。世界卫生组织和一些英文文献通常称为"mass gatherings"(大型集聚活动),有的文献称为"mass gatherings and large events"(大型集聚与

---

① 何祎、董寅、肖翔:《国内外大型活动公共安全管理标准研究述评》,《经济论坛》2012 年第 12 期。

规模性事件）[①]、"large scale events"（大规模事件）[②]、"mass gatherings and public events"（大规模集聚和公共事件）[③]等。其中，根据国际紧急医疗服务师协会（The National Association of EMS Physicians（NAEMSP））的界定，所谓大型集聚活动是指在"特定场所、特定时间范围内至少集聚 1 000人以上组织开展的公共活动"。协会提供的服务主要就是为这种大型活动事件中的观众和参与者，提供有组织的紧急医疗救助服务。[④] 世界卫生组织（WHO）则认为，所谓大型集聚活动是指一种有组织或者没有事先规划的集体活动，而出席这一活动的过多人群数量，给主办该活动的社区、州或国家的规划和应急资源形成的巨大压力和紧张态势。[⑤] 而在国内，根据国务院 2007 年颁布的《大型群众性活动安全管理条例》，"大型群众性活动"，是指法人或者其他组织面向社会公众举办的每场次预计参加人数达到1 000人以上的下列活动：体育比赛活动；演唱会、音乐会等文艺演出活动；展览、展销等活动；游园、灯会、庙会、花会、焰火晚会等活动；人才招聘会、现场开奖的彩票销售等活动。[⑥]

从国内外对大型公共活动的界定中可以断定，虽然对此名称和叫法不一，但有一点是相同的，即大型公共活动就是在特定时间（一般为商贸文化

① Abubakar I, Goutret P, Brunette GW, Blumberg L, Johnson D, Poumerol G, et al. Global perspectives for prevention of infectious diseases associated with mass gatherings. Lancet Infect Dis 2012,12: 66 - 74.

② C. Willis, N. Elviss, H. Aird, D. Fenelon, J. McLauchlin. Evaluation of hygiene practices in catering premises at largescale events in the UK: Identifying risks for the Olympics 2012. Public Health 2012,126: 646 - 656.

③ Arthur Hsieh. EMS coverage for mass gatherings and public events. https://www.ems1. com/mass-gathering/articles/3034795-EMS-coverage-for-mass-gatherings-and-public-events/. Aug 28, 2015.

④ De Lorenzo RA. Mass gathering medicine: a review. Prehosp Disaster Med 1997; 12: 68 - 72.

⑤ World Health Organization. Communicable disease alert and response for mass gatherings: key considerations. June 2008.

⑥ 中华人民共和国国务院令第 505 号《大型群众性活动安全管理条例》，2007 年 10 月 1 日。

艺术交流期间、宗教节庆期间等)、特定地点(一般都是具有影响力的大城市或超大城市),至少有 1 000 名以上人员共同参加的集体性聚会活动。从全球范围内来看,典型的大型公共活动有诸如每 4 年举办一次的世界杯足球赛、每 4 年举办一届的奥运会、每 5 年举办一次的世界综合博览会、每年 9 月 9—14 日埃及麦加举办的朝觐活动以及一些大城市举办的大型马拉松比赛、跨年夜灯光秀、明星演唱会等,已经成为全球各大城市竞相争夺的世界性公共活动或部分城市的常态化大型集聚活动。除此之外,也包括诸多因人们对政治、政策表达不满以及利益冲突而出现的政治集会或社会骚乱等,往往有成千上万的人员参与其中,不过这是一种对城市具有潜在威胁的负面社会运动,与本书所指的大型公共活动治理(组织方有明确的活动方案、政府提前防范可能存在的安全隐患、群体可控可引导等)存在根本区别,不作为本书的主要研究内容。

　　根据唯物辩证法,任何事情都存在两面性,大型公共活动也不例外。从城市发展与人类活动之间的关系看,大型公共活动的不断增加,是超大城市人口不断增加、市场拓展、经济繁荣和文化发展的充要条件。一般而言,大型公共活动对城市发展具有三方面的典型功能:首先,具有推动科技进步、加快城市转型的经济功能。例如从历史经验看,世界博览会这一重大盛会,在某种程度上,既推动着全球人类科技的创新发展,更推动着举办地城市的产业升级和社会转型,这从世界城市对 5 年一次世界博览会申办权的激烈角逐中可见一斑。其次,具有促进世界文化交流、推动人类和平的文化功能。例如奥运会这一世界性盛会,在体育比赛中促进了世界民众的互动交流,传递着人类谋求和平发展的良好祝愿。再次,具有扩大市民公共交往、增强人民凝聚力和归属感、促进文化繁荣和文明发展的社会功能。众所周知,规划大量的公共设施并开展大型公共活动,是促进城市社会交往、社会包容、社会凝聚的战略选择,更是弘扬城市文化与精神的重要抓手,如一些超大城市一年一度的多彩狂欢节,既塑造了城市品牌和影响力,又促进了多元社会的包容发展。但与此同时,由于大型公共活动具有人流集中、空间有限等特点,非常容易受天气变化、人群年龄结构、活动性质、活动位置、活动举办时间甚至恐怖威胁等因素的影响,往往使大型公共活动充满着多种潜在危险性或不安全隐患,如人群拥挤、踩踏、建筑物倒塌、食物中毒、恐怖袭击等,极易造成大量的人员伤亡、财产损失和恶劣的社会影响。因此,如何采用多种方法和手段,确保大型公共活动的安全有序,成为政府和活动主办者共同关注的头等大事。

### (二) 全球超大城市大型公共活动治理的主要经验

纵观全球,纽约、伦敦、巴黎等西方全球城市,经常举办众多的大型活动,如跨年夜活动、马拉松赛、国庆节烟火秀、感恩节、联合国大会等,近年来在全球恐怖威胁不断加剧的阴影下,偶尔也存在大型公共活动中的恐怖袭击事件,如:2013 年 4 月 15 日波士顿马拉松比赛中发生恐怖爆炸案,共造成 3 人死亡,183 人受伤,17 人情况危急;2016 年 9 月 17 日,一早一晚,新泽西慈善马拉松和纽约曼哈顿区先后发生了爆炸袭击,后一桩导致 20 余人受伤。尽管如此,发达国家超大城市在举办大型公共活动中,一般都建立有相对健全有效的防范措施。例如,美国纽约,自"9·11"后恐怖袭击的阴影始终挥之不去,但时代广场每年的跨年之时,都在举行数百万人参加的大狂欢跨年夜活动,也没有发生任何人命事件,说明它们的管理成熟,经验丰富,值得认真学习和借鉴。根据相关媒体报道材料来看,一些全球城市在举办大型公共活动时的治理措施与经验,主要有以下几个方面。

1. 从细节入手,事先精心策划,尽可能排除危险点,为活动创造更安全的物理场所

纽约时代广场自 1904 年开始首次举办迎新年狂欢活动以来,每年聚集近百万民众参加的倒计时跨年活动,成为纽约的一个传统庆典活动。在举

行 2017 年跨年夜灯光秀之前,警察移走活动地区的所有垃圾桶、邮箱等,防止不法分子匿藏危险物品以制造恐怖活动;嗅弹犬也随警出动,在时代广场和纽约地铁、巴士等公共交通区域巡逻;纽约警方还派出警员前往酒店、剧院以及车库等场所巡视。① 法国巴黎,在新年期间,为了确保安全,禁止销售烟花爆竹及一切易燃品;在香榭丽舍大街、埃菲尔铁塔附近区域,因人流密集,禁止销售任何含酒精的饮品。在大型活动场合中,没有提前预案的人群中"意外惊喜"或"快闪"活动,是最容易导致踩踏等公共安全事件的发生。为此,欧美国际大都市在大型群众性活动的组织过程中,在不具有非常精细周密预案的情况下,竭尽全力、严格防范人群中出现各种所谓的"意外"或"惊喜",如明星快闪、秀场撒钱等行为,以防止引发人群骚动和踩踏,为保持现场人群的平静、安全创造最大的可能条件。一旦有人在活动现场中违规,将会受到严厉的处罚,后果自负。通过采取这些事前细微的防范措施,则把安全隐患消灭在萌芽之中。

2. 全方位告知民众详细的安保计划和要求

针对大型公共活动制定的各类安保检查措施,在活动之前让民众尽可能知晓、理解和接受,是确保大型活动顺利开展、防范危险发生的重要步骤。例如,2013 年澳大利亚悉尼跨年庆典烟花汇演之前,在距离汇演的提前两周内,警方向公众普及各类安全知识,告知人们警方将采取的措施等,让进入现场的人们提前知晓相关安保计划和规范,以更好地加以配合;纽约时代广场的跨年夜活动中,纽约时代广场管理机构——时代广场联盟,采取网络(time square)、推特、记者会等形式,向媒体和公众介绍活动的安保细节,如:不能带背包、所有的包包都要被检查;不能带酒;每一个入场人员都要接受安全检查;活动现场将会部署很多"便衣警察";进入广场后不要走动,要等到公历除夕迎新活动结束后才开始散开;纽约除夕夜不提供流动厕所;

---

① 《纽约警方严阵以待 预防时代广场跨年夜发生恐袭》,国际在线,2016 年 12 月 30 日。

报摊以及自动售货机将在活动之前被挪走；百老汇和第七大道第三十四到第五十九街的井盖被密封关闭，所有的垃圾箱将被挪走，活动现场的很多邮筒也会被移走；活动现场会有工作人员使用辐射探测器监控现场；等等，①这些举措让公众对相关规定做到心中有数，增强自律；悉尼政府2014年新年烟火活动中，设计了一款名为"悉尼新年夜澳讯"（Sydney NYE Telstra）的手机应用程序，为民众提供互动地图、观景择位建议以及活动全景直播视频等信息，并在活动全程不断推送活动时间表和哪些区域因人数饱和而关闭等公告信息，以及"保持安全，今晚请节制饮酒，照顾好你身边的人"②等提示短信。

3. 配合实施严格的交通管制与引导疏散措施

面对大型公共活动的举办，如何让人们快速安全地抵达活动地点，并确保有序安全地疏散，是大型公共活动成功举办的重要标志和核心环节。为此，采取相关活动街区内禁止停车、周边街区实行交通管制、活动区域地铁站点临时关闭或跳站等，缓解新进人群的集中涌入，成为大型活动中经常采取的主要措施。例如，比利时布鲁塞尔在2015年跨年夜活动举行前，政府对靠近活动现场的地铁站点口，在特定时段（2014年12月31号晚上11点至元旦凌晨1点）进行关闭；纽约时代广场2016跨年夜活动中，根据警方规定，从当天下午3点开始，时代广场主要通道（从42街到47街，百老汇和七大道之间的路口）将完全关闭，42街的地铁站停止使用，从星期四晚上7点到周五凌晨，N/R/Q三条地铁线将跳过49街一站，北行的区间快线1号线将跳过50街一站，跨年夜当天将会增加17条地铁线的班次来运送跨年的民众。直到星期五凌晨3点，时报广场附近的地铁线都会以每8分钟到12分钟的频率运行，此外，42街的接驳巴士也将通宵运行。M5、M7、M20、

---

① 高娓娓：《为何纽约时代广场跨年人挤人却没事》，新浪网教育专栏，2015年1月6日。
② 陈亮、孙永生：《大型活动公共安全风险防治策略研究——基于密集人群管理视角》，《中国行政管理》2015年第4期。

M42、M50 和 M104 巴士都会改道,在午夜过后,巴士运行将恢复正常。[1] 有了法国尼斯和德国柏林的卡车冲撞恐怖袭击作为前车之鉴,2017年时代广场的跨年夜活动中,纽约市首次调配了 65 辆装满沙土的环卫卡车,每一个通往时报广场的路口均有一辆沙土车和数辆警车横在路中心设为路障,保障活动安全。[2]

为最大程度地减少发生人群踩踏等事故的可能性,欧美一些大都市在举办体育赛会、灯光秀场等大型活动中,规定要有多个疏散通道保持畅通,甚至规定要"敞门经营",以便快速疏散或防治危机。同时,有些大型群众活动举办者采取一些更加有智慧的人性化疏散措施,如阿根廷足球赛场当比赛结束时,告知观众不能同时离场以避免发生球迷之间的争执或发生踩踏事故,而是规定输球一方的球迷先离场;比利时布鲁塞尔跨年夜活动中,在焰火表演结束后,紧接着就是音乐舞蹈狂欢活动,喜欢跳舞的人们还可以继续参与,不用急着离开,这自然起到了疏解人群、预防踩踏的功效。与此同时,其当地公交车从新年夜零点到次日凌晨 5 点,实行全免费乘车,让人们自由选择乘车回家的时间,有效避免了大家因去抢最后末班车而发生拥挤事件的可能性。

4.动用数倍警察,实行划分区域、放置铁围栏、设置入口检查点、实时监控等措施,控制人群数量和密度

在现代网络社会,尽管技术在城市治理中的作用已经非常明显和重要,但在大型群众性活动的治理实践中,政府高度重视人力投入的特殊价值,配置足够规模的警力资源,通过精细化的治理措施,控制人群的数量和密度,仍然是超大城市治理大型群体性活动的一个重要共同举措。例如,2016 年

---

①　佚名:《2016 年纽约时报广场跨年夜交通信息一览 6 千警员现场维安》,《纽约文摘》2015年 12 月 31 日。

②　李畅翔:《纽约时报广场跨年夜 65 辆沙土车保安全》,新华社新媒体专线,2017 年 1月 1 日。

纽约时代广场跨年夜活动中,在广场周围配置了7 000名警察,警察携带长枪、雷达监测设备和防爆犬执行任务,给予民众和游客最大的安全感。① 在活动区外,放置围栏、设置缓冲带,不允许人员停留,并在入口处进行严格检查;在活动区内,主要采取设置隔离栏杆、分割人群、互不通行、出入口独立、单向通行等多种精细化举措,适时控制活动现场的人数流量和密度,防范出现因人口密度过大而引发踩踏或意外事件的发生。活动区域的高楼天台、地铁站等关键地点和周边街区,有大量巡警、便衣警察进行全方位驻守。同时,在活动现场安置大量监控摄像头,启用直升机,实施全方位、实时监控,一旦发现可疑情况,监控中心即刻与现场警察取得联系,马上进行处置。台北市的跨年活动管理机制中规定,在人潮最为密集的主舞台前方观众区,要以金属栏杆将人群隔成区块,规划出一横两纵的"双十字"形安全医疗通道,以防止推挤事故扩散,并让警方和医疗救助人力,能及时进入事故发生处。②

5. 探索大数据技术,采用危机可视化帮助现场民众脱离险境

欧美国家把城市应急管理的重心放在日常的城市信息化监控、大数据预警环节上,通过手机GPS定位、社交媒体信息众包等数字化信息技术,对城市危机进行实时监控和预警,最主要的是通过数字化分析技术,帮助身处危机中的市民尽快脱离险境。意大利的"危机可视化"项目,在罗马和米兰两大城市应用。该项目通过收集社交媒体中带有地理信息的数据,来分析大型政治事件及公共活动中市民的感受和情绪,以此对可能出现的城市危机进行预测和监控。通过物联网平台,实时监控系统、各类感应器的协同使用,市民能更主动和清晰地了解到自己所处的城市空间(或活动)可能出现危机的程度,以便提前做好相应准备。这套系统通过数据获取、语义挖掘、数据分类以及对话分析引擎实时跟踪社交媒体用户

---

① 王凡:《纽约时报广场安保森严迎新年》,新华社,2016年1月1日。
② 张远岸、徐和谦:《构建大型公共活动的安全网》,《新世纪》2015年第2期。

之间的互动,用户可以搜索既有分析结果的界面——其呈现为视觉化地图。这样一来,用户在参与危机预警信息生产的同时,也能在最快时间内从数字化危机绘图中得到帮助。由这套系统衍生出的"逃生 App"应用,增加了增强现实技术,不仅能将预警平台上收集到的以测试者为中心的半径 500 米、25 度圆弧范围内的实时社交媒体内容,通过语义和用户行为分析,把整个危险区域的危险程度在第一时间告知手机客户端用户,用户还可以通过手机镜头进行街景扫描,在屏幕上出现的绿色导航箭头,能带领用户迅速找到逃生出口。[①]

6. 城市多部门与社区协同合作,制定有效完备的应急计划,并进行实战演练,积累应急经验

对任何公共危机事件的应对,须做到提前准备、强化预案,开展模拟演练,积累经验,真正做到防患于未然、沉着冷静地应对,这是包括大型群众性活动在内的一切应急处置管理的重要法宝。"9·11"以后,美国大城市政府相关职能部门,重大敏感设施、社区等治理主体,都高度重视应急管理的预案建设,以社区为基础,对可能发生的灾难事故或大规模意外伤亡,制定了专门的应急计划,并确保相关措施在社区中得到有效的贯彻落实。通常,在举行大型公共活动时,根据活动性质、地点、潜在参与人数等基本信息,对可能带来的安全威胁或事故风险进行全面分析,储备应急所需的人力物力资源,明确政府各部门之间的合作步骤及负责人,以便万一发生踩踏事件时做出有效应对。例如,2014 年 10 月 22 日,美国纽约市的应急管理办公室在应急指挥中心内开展了一场应对时代广场核爆炸的演习,演习内容主要包括:在遭到核打击后,纽约如何快速联系联邦政府及当地执法机构。展开此次演习的初衷是想测试一下紧急应对措施和应急系统是否有弊端,并同

---

① 任珏:《城市大型活动的应急管理,可以来张情绪地图》,澎湃新闻,2015 年 2 月 15 日。

时锻炼政府机构在遭受核打击情况下的通信和沟通能力。<sup>①</sup> 完备的应急预
案和实战模拟演练,为确保大型公共活动的安全举行,打下了坚实的应对基
础和安全保障。

① 佚名:《纽约为提高政府快速反应能力 举行核爆应急演习》,中国新闻网,2014 年 10 月
23 日。

# 第四章 全球超大城市社会治理的
　　　　　总体经验与教训

　　对任何一座人口规模巨大、超级多元化、不确定性增强的全球城市来说,社会治理是一个涉及多主体、多影响因素的巨型复杂系统,大系统当中包含着多个子系统,并且在不同时期、不同地点,并不是所有的治理系统都保持最优状态,所谓好的治理充其量就是各子系统之间的相互补充和协同配合。从这一点来说,不同的经济发展水平、文化制度和治理能力,造就了全球不同超大城市之间社会治理能力和效果的差距。需要指出的是,任何一座全球超大城市,在社会治理方面,不可能全是优点或经验,也不可能全是缺点或教训,发达国家的超大城市也可能存在教训,发展中国家的超大城市也可能存在成功的经验,真所谓各有所长、各有所短。本章正是从这一辩证理念出发,观察全球超大城市社会治理实践,全面、系统地总结相关经验和教训。中国作为全球最大的发展中国家,目前拥有6座超大城市,如何走出一条符合超大城市社会规律和特点的社会治理新路子,面临着诸多压力和挑战。因此,全面审视和分析发达国家和发展中国家超大城市的社会治理实践,借鉴成功经验,吸取失败教训,对我国超大城市不断健全现代社会治理体系具有十分重要的帮助作用。

## 一、全球超大城市社会治理的基本经验

　　通过单个城市、单个要素治理的案例分析发现,针对不同的社会问题,

全球超大城市的治理方略不尽一致,各有特色。如果将超大城市的社会治理比喻为一片森林的话,上述不同领域的治理案例,只是整个森林中一棵棵大树而已。因此,要想真正归纳总结西方超大城市社会治理的有益经验,唯有从整体观、系统观出发,既见树木又见森林,才会得到具有普遍意义、可借鉴的超大城市社会治理经验。总体而言,笔者将全球超大城市社会治理的经验总结归纳为如下几个方面:

## (一)全球超大城市社会是一个跨边界的复杂巨型系统,需要突破城市中心主义的传统治理理念

从空间与权力关系的角度看,一座全球超大城市就是拥有一个城市政府、具有一定人口规模和经济体量、由一定行政地理边界共同组成的一个权力空间单元,其社会治理就是以超大城市政府为主体、多元利益主体互动协调下共同解决社会公共问题的过程。但需要指出的是,在当今全球化、一体化、信息化的网络社会崛起的新背景下,[①]每一座超大城市都是"全球城市网络体系"的一个节点,与城市外界之间始终保持着经济、政治、文化、资金、信息、社会等诸多方面的开放互动与交流,特别是伴随着城市化的深度推动,每一座超大城市几乎都跨越了各自的行政区划边界,保持着持续地向外扩张与蔓延,进而与临近城市连成一片形成了所谓"大都市区""全球城市区域""巨型城市区域"等新型空间单元。因此,从客观上说,在当今的城市星球体系当中,超大城市是一个跨越地区边界、多领域、跨越地域尺度的社会—生态—基础设施系统,并且涉及主体多元、认知角度多样[②],是一个超级巨型复杂系统。从建筑及公共空间、食品供应、交通、给排水、能源以及经济活动、城市形态、社会—设施不均衡分布、市民幸福感到跨区域的设施—

---

① Castells, Manuel (2000), The Rise of the Network Society (Second edition), Oxford: Blackwell, p.77.

② 徐颖:《城市星球|〈科学〉杂志重磅专刊-城市星球导读(下篇)》,微信公众号"一览众山小",2016年6月3日。

自然系统、超越行政层级与范围的政府管治等成为理解全球超大城市整体图景的关键所在(图 4.1)。这也就决定了,超大城市社会治理的首要有效做法,就是突破城市中心主义的传统治理理念,从全球化和地方化连接互动的视角出发,围绕不同尺度和层级的公共服务规模和需求,"跳出城市边界治理城市",从不同尺度考虑基础设施系统、环境、社会文化,抑或实施涉及多个城市政府的"全球城市区域治理",关注城市物理形态及不同部门间的协作策略与高度集成,注重跨部门、跨区域尺度的城市健康状况改善,关注社会的不平等现象。

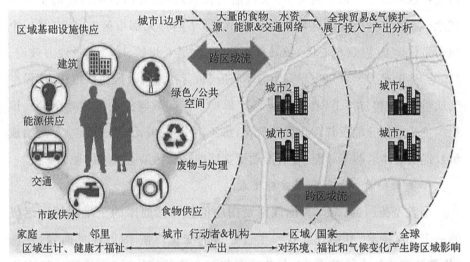

**图 4.1　人类活动与城市的七大基础设施体系之间的交互关系,以及城市自然生态系统突破城市边界、跨越区域尺度的基础设施连接状态,主要的持份者和收益同样涉及各种地域尺度(层级)**

资料来源:徐颖,2016。

正因为基于跨边界的综合开放系统理念,西方发达国家的全球超大城市社会治理,并非囿于行政区划辖区范围的治理举措,而是突破城市中心主义的传统理念,注重和强调实行跨行政区划边界的综合治理,以有效对应全球超大城市全球化、区域化和网络化发展的治理需求。就全球超大城市的

跨区域治理而言,主要有如下几种跨界治理模式:①

1. 美国华盛顿:特区 + 区域委员会模式

华盛顿是美国首都,是南北战争结束以后,南北双方妥协而设立的一个跨州(弗吉尼亚州和马里兰州)城市,也是美国唯一一个不属于任何州的联邦政府特别行政区,面积 166 平方千米,市区人口约 60 万。对这一城市核心区域及其周边地区,采用了特区和大都市委员会两种治理模式。一种是特区模式,即 1790 年华盛顿设置首都时,实行了特区制度(包括治城镇、华盛顿市、华盛顿县 3 个行政区),称为"哥伦比亚特区",由联邦政府直接管辖,其中华盛顿市是特区的核心城市。可见,中央政府直接管理,是美国首都治理的重要形式之一。第二种模式是区域委员会模式,即华盛顿大都市区委员会,是一个包括哥伦比亚特区(核心区)及马里兰州、弗吉尼亚州的 21 个成员地方政府、120 名雇员、年预算 1 000 万美元的非政府、非营利跨行政区协调组织,下设空气质量、环境和公共工程、运输规划等负责不同区域问题的专门委员会。该组织主要通过分配联邦和州拨款资金(每年将 25 亿美元的联邦资金分配给成员)、提供集体采购等职能,有效推动了交通拥挤和污染等区域问题的解决。

2. 英国伦敦:大伦敦市政府模式

伦敦是英国的首都,大伦敦则是围绕伦敦与其周围的卫星城镇所组成的一个大都会区,其治理模式发生过显著的变化。在 1965 年的时候,根据《伦敦政府法》,大伦敦由 32 个自治市和 1 个伦敦城构成,大伦敦地区实行两级管理体制,大伦敦地区由大伦敦议会管理;1986 年因精简机构废除了大伦敦议会,实行一级制管理体制。② 21 世纪之初,随着城市化、碎片化问题的不断凸显,如何创建有利于大都市区整体协调发展的新治理模式,成为伦敦治道变革面临的一个重要议题。2000 年 3 月,工党创建一级行政区——大伦敦都市区,并成立新的大伦敦政府(Greater London Authority,

---

① 陶希东:《发达国家跨行政区治理模式启示》,《行政管理改革》2015 年第 4 期。
② 严荣:《世界级城市伦敦政府管理体制的特色及其启示》,《党政论坛》2003 年第 10 期。

GLA），由 33 个相对独立的行政区划单元构成，即伦敦市（City of London）与 32 个伦敦自治市（London Boroughs），总人口达 733.89 万人。大伦敦政府是一个战略性的地区当局，拥有运输、警务、经济发展以及消防和应急计划的权力，负责大伦敦 1 579 平方千米的战略管理，它与 32 个伦敦自治市镇和伦敦金融城公司的理事会分享当地政府权力，旨在改善大伦敦地方当局之间的协调。在服务供给上，大伦敦政府与自治市之间，具有较为明细的职能定位，这为有序开展跨界治理和公共服务提供了基础和保障。

表 4.1　伦敦大都市政府与自治市之间的服务功能定位

| 服　　务 | 大伦敦政府 | 伦敦自治市镇议会 |
|---|---|---|
| 教育 | | √ |
| 住房 | √ | √ |
| 规划申请 | | √ |
| 策略计划 | √ | √ |
| 运输规划 | √ | √ |
| 客运 | √ | |
| 公路 | √ | √ |
| 警察 | √ | |
| 防火 | √ | |
| 社会服务 | | √ |
| 图书馆 | | √ |
| 休闲娱乐 | | √ |
| 垃圾收集 | | √ |
| 废物处理 | | √ |
| 环境卫生 | | √ |
| 收入 | | √ |

资料来源：https://en.wikipedia.org/wiki/Greater_London_Authority。

3. 法国巴黎：巴黎大区＋巴黎大都会模式

巴黎是法国的首都，是欧洲久负盛名的时尚之都和历史名城。法国实行中央—大区—省—市镇四级行政建制。大区是经过中央授权、介于中央政府与省之间的一种行政区域和行政组织。巴黎作为欧洲发达国家最大的都市之一，长期以来，也深受集中发展的大城市病、社会不平等问题的困扰，如何统筹更大发展空间，疏散城市功能，促进经济、产业、人口的均衡发展，化解城市发展面临的各种社会问题，是城市治理中的一个重要任务。为此，主要采用三种方式推行巴黎城市区域的跨区域治理：其一，设置巴黎大区，以空间规划引导城乡一体化发展。1975 年设立巴黎大区（实际上就是法兰西岛），由巴黎市、塞纳马恩省等 8 个省市、1 320 个市镇组成，全区总面积1.2万平方千米（占全国面积的 2.2%），人口约 1 100 万（占全国总人口的20%），主要职能是协调区内跨省经济事务。巴黎大区实行以大区议会、巴黎大区政府为主的管理运作。在治理实践中，不断推出大巴黎空间规划方案，如《法兰西岛地区区域发展指导纲要（1990—2015）》（1990）、《巴黎大区总体规划》（1994）、《巴黎大区可持续发展计划》、《2000—2006 年国家—大区计划议定书和大区规划》（1994）、《大巴黎计划》（2007）、《巴黎大区 2030战略规划》（2014）等，引导巴黎大区和城乡空间的公平发展、一体化发展。其二，实施大巴黎项目。2010 年，大巴黎地区推行 Grand Paris 项目，即大巴黎项目，它没有明确的边界，它"是一个城市、社会和经济发展项目，将大巴黎地区的战略地区与巴黎的核心地区联系在一起"，主要目标是该地区经济和就业的可持续发展，以维持甚至加强大巴黎地区在最具吸引力的国际城市中的地位。该计划的重点是建立一个公共交通网络，将该地区的主要经济中心联系起来，并支持当地发展。其三，2016 年 1 月，国家为大巴黎地区的公共领土干预设立了一个新的治理机构，即巴黎大都会（MGP），其横跨 12 个区、131 个市镇，总共有 670 万居民，占该地区人口的一半以上，它主要负责城市规划、经济、社会和文化发展、城镇政策和环境保护等战略专业领域。

4. 日本东京：东京都特别区及正式与非正式并举治理模式

东京称为东京都，是日本首都，由 23 个特别区、26 个市、5 个町、8 个村组成，人口 1 301 万，面积 2 188 平方千米。根据日本的地方自治法规定，东京都不同于普通的都道府县建制，而是针对首都的特别机能而设置的"特别地方自治行政区"。依据日本政府法令，特别区、市、町、村都是同一级行政单位，统一归都管辖。都政府主要承担广域事务（国土开发、能源开发、道路建设与河流、下水道及其他公共设施的建设管理）、统一事务（义务教育、文化保护、医疗卫生、调解劳动争议、发放和管理营业许可证等）、协调事务（处理国家与市、町、村之间关系等）和补全事务（市、町、村无力单独行使的事务，如设置高中、研究所、图书馆、博物馆、医院等其他公设施等）等四类职能，并对特别区、市、町、村实施法律控制和行政指导，确保东京都的一体化管理体制。在此基础上，对跨区域的东京都都市圈（由东京都、埼玉县、千叶县、神奈川县组成，面积 13 400 平方千米，占全国面积的 3.5％；人口则多达 3 670 万，占全国人口的 27％；GDP 更是占到日本全国的 1/3），则采取正式和非正式并重的跨行政区治理模式。其中，正式治理模式包括中央集权性质的首都建设委员会（1950）、首都圈整备委员会（1956）和国土综合开发厅（1974），统一协调相关项目和政策的落实。非正式治理模式有专业化的区域协议会，如东京都市圈交通规划协议会（1968），由埼玉县、神奈川县、东京都、横滨市、川崎市的知事和市长组成的"七都县首脑会议"（1997），首脑会议每年一次，由各成员轮流举办。

## （二）成功的全球超大城市社会治理，需要政府、社会、市场多元治理结构及社会治理领域的协同互动合作

处理好政府与社会之间的关系是社会治理的核心议题，也是关键。综观全球超大城市的社会治理格局发现，随着城市社会复杂性、多元化程度的

不断提高,只有在政府、市场、社会三者之间,建构起相对均衡的治理结构及资源配置能力,发挥政府公共治理、市场自律、社会共治的协同作用,才会对不断增加的诸多社会问题做出有效的回应和解决。这一经验主要体现在如下几个方面:

1. 打造适应超大城市特点的整体性政府治理新体系

实际上,按照新公共管理、新公共服务、网络政府、民营化等新理论,持续推进以转变职能为核心的政府体制改革创新,打造透明、高效、服务导向的政府公共治理体系,是西方发达国家 30 多年来一直坚持改革的主要方向,也取得了显著的成效。而在此过程中,政府治理中面临的地理单元碎片化、部门碎片化成为新一轮改革的焦点,于是产生了以"整合""协调"为宗旨的"跨部门协作"(cross-agency collaboration)[①]、整体政府(Holistic government)或"协同政府"(Joined-up government)[②]等改革新理论。其中,由英国学者 Perri. 6 在 1997 年针对政府部门中碎片化问题而提出的整体性政府或整体性治理的概念,在公共行政学理论研究和政府改革实践中均产生了巨大的影响。在对当今政府部门碎片化的批评中,Perri. 6 认为未来的政府改革应该遵循四个基本原则:一是注重整体性:公共部门需要整合;二是注重预防:从治疗转向预防问题;三是注重结果导向:关注结果而不是活动的监测;四是注重文化变迁:专注于说服和信息,而不是强制和命令。经他提出整体性政府的思想,率先得到了英国布莱尔政府新工党的拥护和采纳,英国政府在 1999 年发布了以"联合政府"为题的政府白皮书,旨在破解政府部门的碎片化,进而推动政府的整体性改革,提升政府部门之间的工作合力,提高政府服务的效率。后来在经合组织国家中,普遍推行整体性治理的政府改革新举措(表 4.2)。作为一种全新的治理理念,整体性政府明显不

①　巴达赫、周志忍、张弦:《跨部门合作》,北京:北京大学出版社,2011 年,第 10 页。

②　Perri 6(2004), Joined-Up Government in the Western World in Comparative Perspective: A Preliminary Literature Review and Exploration, Journal of Public Administration Research and Theory, 2004, 14(1): 103 - 138.

同于传统的职能分工的部门制,其推崇的文化是不同政府部门之间采取步调一致或整体行动,对于提升服务效率等非常重要,但并没有提供具体的解决方案。

表 4.2　各国"整体政府"实践比较

| 国　别 | "联合"的主要范围与方式 | "联合"的基本做法与特色 |
|---|---|---|
| 英　国 | 中央与地方之间;部门之间;公共组织、私人组织与志愿组织之间 | 通过公共部门改革、提供优质的公共服务来推动联合;制定跨组织边界的政策等 |
| 澳大利亚 | 联邦与州政府之间;官方提供跨国的同类服务之间;公、私人部门之间的伙伴关系 | 联合的方式主要是自上而下;具有长期的效能测量措施;伙伴关系的理念深入人心 |
| 加拿大 | 联邦政府与地方政府之间;跨部门之间 | 通过效能目标来协调联合方式,并证明富有成效 |
| 荷　兰 | 中央政府与地方各级政府之间;政府各部门之间;社会团体之间 | 通过效能目标来改善协调与合作,实施横切交汇的反馈 |
| 新西兰 | 国家与地方之间;各部门之间 | 运用策略优先和中心目标来实现联合;通过制定公共预算来实现横切交汇的政策;精简机构实现部门间联合 |
| 瑞　典 | 内阁、区域和地方当局之间 | 通过协商、妥协实现联合 |
| 美　国 | 联邦政府与地方各级政府之间;公共部门、私人部门、志愿部门之间 | 州政府在很多领域具有独立的权力,并分担责任;横切交汇的效能目标主要通过资金刺激和立法体系来实现 |

資料来源:曾维和:《西方"整体政府"改革:理论、实践及启示》,《公共管理学报》2008 年第 4 期。

这一新的整体性政府治理,对政府部门结构进行纵横向的调整重组,不仅较好地发挥了政府在社会治理体系当中的主导地位、提高了治理效率,而且这一改革适应了信息化时代超大城市社会发展的趋势和要求,为社会治理体制的改革创新提供了坚实的理论基础和指导。

在超大城市的空间单元范围来看,这种整体性治理的经验,首先表现在超大城市社会的跨区域治理方面,对此前文已经作了若干典型案例的分析,在此对全球超大城市伦敦案例再做一些深入分析。伦敦在 2000 年设立了全市统一性管理机构——"大伦敦市政府",实行民选市长,赋予市长较大的综合管理权,同时将相关职能进行合并重组形成 4 个整体性管理部门:伦敦交通局(Transport for London,TfL)、伦敦警察局(Metropolitan Police Service,MPS)、伦敦发展署(London Development Agency,LDA)、伦敦消防和应急规划管理局(London Fire and Emergency Planning Authority,LFEPA)。上述 4 个机构为整个区域提供服务,解决了超大城市社会治理中的碎片化问题。例如,在大伦敦范围内的治安管理事务,境内还有诸如国防部警察(负责守卫英国国防部在全国各地的资产及所有物,包含了白厅的国防部总部,及所有位于伦敦警察厅辖区内的国防部资产)、英国铁路警察(负责伦敦地铁、码头区轻铁及伦敦电车连线的治安维护)、皇家公园警察(负责巡逻大伦敦境内的主要大型公园,于 2004 年改属伦敦警察局管辖,其原先勤务改由皇家公园行动指挥组代为执行)、公园警察——邱园警队(负责皇家植物园的治安维护,其警员在园区内拥有绝对的警察执法权)等警种,但设立的大伦敦警察局(现由克雷茜达·迪克(女性)任局长)①管辖区与 32 个自治市的辖区重合,2010 年共有 52 111 名人员,包括 33 258 名警务人员、2 988 名志愿警察、14 332 名文职人员及 4 520 名警察社区支援员,是全英国规模最庞大的警察组织。除伦敦市拥有自己的警察队(City of London Police)对伦敦市进行治安管理外,尽管拥有上述管辖专门领域的警察部门,伦敦警察局仍然依法需为在其辖区内实行的法令负责,并且优先处理和进行伦敦地区的任何事故及调查,负责维持包括整个大伦敦地区的公共治安及交通秩序,还负责在全国范围内执行反恐以及保护王室和外国使团安全的任务。

此外,一些发达国家和超大城市开始按照整体性政府理论,积极推行多

---

① 沈洋、刘世东:《伦敦警察局迎来首位女局长》,中国日报网,2017 年 4 月 11 日。

部门协同的大部制，打造跨部门协同、无缝隙衔接的整体性治理新格局，推行跨部门实施项目和相关政策，努力提升政府的服务能力和效率，成为全球城市未来政府体制改革创新的新趋势。举例来说，青年工作是一项典型的跨部门工作，为此，1989 年纽约市依法成立了"机构间青年协调委员会"（Interagency Coordinating Council ON Youth，ICC），这是一个实体协调机构，主要成员由该市 20 个青年服务机构（包括警察总局、教育局、公共事务管理局、环境保护局、文化局、布鲁克林公共图书馆、流浪者管理局等）的代表组成，旨在通过利用纽约市众多政府机构间合作为促进解决年轻人的有关问题提供资源支撑（包括支持青年和家庭）。这些机构为青年、社区组织和非营利机构提供服务，并在可能的情况下促进新举措和伙伴关系。更值得关注的是，在超大城市纽约在其《同一个纽约：更加强大而公平的城市规划》中特别强调了依靠现代信息技术来开展跨部门协同服务的改革以及积极构建一站式服务中心的举措，为所有纽约人提供更加综合、便利的社会服务。由此，可以发现，按照"小政府、大社会"的理念，不断顺应社会发展的需要，借助现代信息技术，适时深化政府内部结构组织体系和职能体系的不断创新与完善，积极构建与超大城市安全运营要求相适应的高效率、有能力、负责任的公共服务型政府和无缝隙整体政府，是全球超大城市社会治理取得成功的重要保障因素，也是治理创新的重要改革内容之一。

2. 加大市场中介行业组织建设，促进市场自律自治

在超大城市的社会治理体系中，在充分发挥政府主导作用的同时，按照社会自治的理念，通过立法和税收激励措施，调动市场经济组织成立各种各样的商业性、行业性自治组织，强化市场自律和自我约束，也是有效的社会治理举措。如以食品安全治理为例，日本一些大型食品生产企业在保障食品安全方面，自觉遵守相关法律规定，具备良好的市场自律机制，针对民众关心的相关食品安全问题，主动向民众公布相关检测结果，向消费者及时传递食品安全的相关信息，与消费者保持信息对称，甚至对一些确实存在安全

隐患的食品,实行主动召回制度,在食品安全的多中心治理中发挥了有效的社会合力。除此之外,日本社会还建立有强大的农协、日本生活协同组合联合会(简称生协)等行业组织,在执行政府政策、开展食品安全质量评估、信息传递、连接政府和消费者、提出政策改革意见等方面,发挥了非常重要的作用。① 再如 2015 年美国建立的纽约市良好商业局(BBB),则是一个商业性的非政府组织,已有 100 多年的历史,专门接受消费者的举报投诉。2013 年消费者的浏览量达 2 亿多次,共接收了 9 000 多万名消费者投诉,1 亿多次咨询,投诉受理范围几乎涵盖了所有商业领域。②

3. 培育强大的社会组织体系,构筑坚实的社会共治自治力量

随着超大城市人口的不断集聚和向后工业社会结构的不断转型及复杂化程度的不断加剧,整个城市社会产生了诸多新矛盾、新问题以及大量多元化的人类社会服务需求,包括日托服务、收养协助、家庭咨询、对无法自理(如老年人或身体或精神方面的残障人士)提供的居家照顾、残疾人就业、灾害救助、难民救助、药物滥用治疗、改善邻里关系等诸多方面。当面对城市居民这些大量的人类社会福利需求,政府往往由于受人力资源和成本的限制,无法直接供给,因此,西方发达国家及超大城市,通过税收优惠、资助、购买服务等方式,培育规模化、专业化的非营利组织、慈善组织、志愿服务组织等社会力量,依靠公私合作伙伴关系,让非营利组织在社会服务领域发挥主导作用或占据支配地位,就成为有效解决超大城市公共服务供给不足、抑制城市贫困、促进社会公平或缩小社会差距的重要路径和方法。例如,日本东京拥有大量的非营利组织(NPO)(2008 年达 6 035 个,居全国首位)、非政府组织(NGO)(东京是全国 NGO 组织总部的集聚地,已注册的 NGO 组织约 217 家)和地缘性社会组织(除町内会(自

① 世界农业:《日本食品安全规制的多中心治理研究》,2017 年 8 月 17 日,http://shijieny.zazhi.com/cms/article-774591.html,2018 年 1 月 10 日。
② 国家商务部市场秩序司:《美国市场监管的经验与启示》,2015 年 1 月 14 日,http://sczxs.mofcom.gov.cn/article/gzdongtai/l/201501/20150100866762.shtml,2018 年 7 月 2 日。

治会）外，还包括儿童、妇女、青年及文化体育等草根型组织，已注册或备案的地缘性社会组织约 4 405 家，占到全日本总数的 20％），①它们在解决地域公共问题、补充社会公共服务、增进政府与社会沟通合作、增进社会地域凝聚力等方面发挥着重要的作用。美国自 20 世纪以来不断完善非营利组织发展的相关税收、捐赠和法律政策，使得非营利组织（也称非政府组织、公民社会组织、慈善组织、志愿组织、免费组织等，全国有超过 100 万个非营利组织）成为各大城市参与社会治理的第三种社会力量。如根据 TaxExemptWorld 网站的统计，纽约市总共有非营利组织 36 175 家，资产达 3 437 亿美元，年收入达 2 000 亿美元，远超政府和市场提供的服务，覆盖了纽约这个高度多元化全球超大城市的社会生活的方方面面，成为纽约市公民社会的重要组成部分。

4. 注重政府、社会、企业之间的协同互动与合作治理

在搭建了公共服务型政府、自律性市场、共治性非营利组织体系多元治理结构的基础上，不断创新多元主体之间的连接与合作，形成协同合作的社会共治格局，这是当今超大城市社会治理的重要经验和发展趋势。如近年来，日本东京按照"新公共"（强调居民、社会团体、企业、政府等之间，围绕教育、文化、治安、防灾、社会福利等事业开展紧密的协作、配合、互动与合作，旨在创造一个有活力的社会）和"地域力"（通过多元主体之间的合作，全面提高社区的地域资源蓄积力、地域自治力和民众对地域的关心力等现实能力，进而制定长期发展计划，推动地区持续繁荣展）新理念，在多个层面着力推动多元治理主体的相互协作与合作，成为其社会治理的显著特点。② 实际上，政府、企业、公民之间的合作治理，已经成为全球超大城市在城市更新、公共服务供给、社会矛盾化解等诸多领域中广泛采用的主导方式之一。

---

① 张静波：《东京都社会组织发展概况》，北京社会建设网，2010 年 7 月 30 日。
② 袁倩：《东京社会治理的实践与启示》，《学习时报》2016 年 2 月 18 日，第 7 版。

## （三）以提高生活质量和获得感为导向，有效供给公平、多元的公共服务，努力建设宜居城市，是超大城市社会治理的核心任务

在经济全球化的背景下，尽管全球超大城市都在努力吸引和集聚世界资源，追求科技创新，争抢世界经济发展的制高点和财富高地，但归根结底，城市还是人类生存、生活、居住、工作、学习、交流的神圣住所和温馨家园。因此，能否面向所有人群，提供有质量、公平、均等的公共服务，满足每个市民的基本生存和发展需求，把城市建成宜居宜业的生活之城，提升整个城市居民的生活质量、幸福程度和文明水准，才是城市政府不懈努力的终极目标，这也是超大城市社会治理的核心任务和重要目标。从这一视角出发，综观全球超大城市成功的社会治理实践发现，一个有益的经验就是城市政府充分发挥有限的公共财政能力，加大公共服务的财政投入，体现政府的责任；同时，与社会组织或非营利组织进行紧密合作，全力以赴地提供多元、多层次的公共服务或人类社会服务，让所有居民平等、包容地共享基本公共服务，为满足人的更高发展需求和提高生活品质创造条件，以此促进城市社会走向更加公平、更加包容发展。对此，在本书第 3 章中，对伦敦的公共服务供给战略做了案例分析，具有一定的代表性。这里，综合纽约、巴黎、东京、新加坡、香港等城市的做法和经验，可以总结为以下两点：

1. 合理界定城市政府在公共服务中的角色与职能

政府的角色及其公共服务职能的发挥程度，决定着一座城市整体公共服务的容量、能力和水平。全球超大城市的治理经验表明，城市政府在公共服务供给中发挥着三个方面的角色和职能：首先，城市政府人是城市社会治理或公共服务改革新观点的供给者，例如，倡导和履行公共服务的公私合作伙伴模式、市场化或民营化举措、公共服务多元供给等新观念，据此积极推动公共服务供给模式的改革创新，提升公共服务的供给效率。其次，城市政府是公共服务的供给者。例如，全球超大城市纽约在对 800 名市民对城

市公共问题的看法和服务需求的电话调查发现,教育、就业、住房三大公共服务的短缺,是当前纽约市政府应该首先要解决的最突出问题(图 4.2),而在针对 7 500 名市民的网络调查中,3 500 多人对住房的可负担性问题提出了严重关切。面对公共服务的短缺,纽约市政府连同区域政府机构如纽约大都市交通局、纽约—新泽西港务局和一些私人机构,筹集了总数为 2 660 亿美元的投资经费,计划对纽约市和周边区域的公共服务进行为期 10 年的投资建设,全面改善和缓解纽约大都市面临的交通拥挤、住房困难、环境恶化等城市病。这一做法充分体现了城市政府在公共服务供给中的主导作用和担当意识。再次,城市政府是政府内部以及城市与企业之间的协调者和公共服务公平、有效提供的监督者。依靠财政调控和政策评估的手段,有效监督在多元公共服务供给中确保欠发达地区、弱势群体都能够享受相对公平的公共服务,这也是有效维护社会公平发展的重要手段。

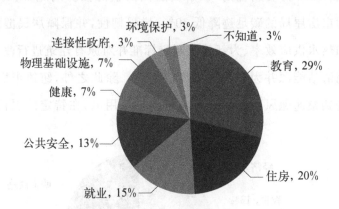

**图 4.2　纽约市民对城市公共服务需求的电话调查**

资料来源:《一个纽约》,2015。

2. 以促进城市宜居和居民健康为目的,努力提供以需求为导向的硬服务和软服务

公共服务是一个以城市基础设施、住房等为主的硬服务和促进人的发展为主的教育、医疗、文化、公共安全等软服务组成的综合服务体系,旨在实

现提升城市的宜居性,为市民创造健康、安全的生存环境,进而促进城市生活中的社会公平和正义,减少社会贫困,创造充足的就业机会等。尤其是近年来因全球气候的变化而随之上升的城市灾难频发,全球超大城市纷纷强调"韧性城市"新理念,按照生态可持续发展的原则不断改造或完善城市供水、供气、能源等基础设施和住房等服务项目,促进城市安全、健康、持续、公平地发展。例如,纽约大都市筹集到 2 660 亿美元经费,在整个城市区域层面提供包括交通、能源、供水、设施改造、技术交流、教育、住房等硬服务和软服务(图 4.3),预期获得应有的社会效应、经济效应、环境效益和健康效应,促进城市实现公平、可持续、韧性发展的目的。其中,针对广大市民提出的住房困难和强烈需求,纽约市房屋局(NYCHA)制定了一项计划——下一代 NYCHA 可持续发展议程,计划在未来 10 年,创建和维护 20 万套可负担住房,新建 24 万套新住房,以解决居民面临的住房问题,同时提出 2025年把纽约市房屋局的碳足迹降低 30%,增强韧性,并保障居民健康,包括改进供暖和热水供应效率、为新建筑制定标准并对原有建筑进行改善提升、大规模使用清洁能源并为居民提供经济机会。除此之外,纽约市房屋局还将为所有受到桑迪飓风影响的开发项目提供备用电,在特定的项目之中发展

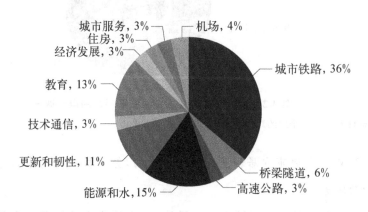

**图 4.3　未来 10 年纽约大都市区公共服务供给方案**

资料来源:同图 4.2。

微电网,并安装 25 MW 太阳能发电装置,从而保护受到气候变化短期及长期影响的公共住房中的居民。[①] 伦敦依据《公共健康法》《卫生法》《教育法》等法律,由中央政府直接资助或审核以后,对公共服务进行较大力度的投资。数据表明,2013—2014 年度财政支出中,社会保障支出占到 33.8%,健康支出占到 18.4%,教育支出占比达到 14.5%,[②]政府发挥了主导责任,为全民共享均等的公共服务提供了条件。

## (四) 形式多样的基层社区治理平台和完善的公众参与体系,是超大城市社会治理的重要依托

有了多元的治理结构和治理资源,采用有效的治理机制将政府、市场、社会资源有效整合起来,只是社会治理的一个重要基础,而通过搭建各种以基层为主的有效治理载体和平台,在统一的共治框架内,让市民充分参与社会治理过程,让各种社会服务落地、生根,为市民提供近距离的服务,才是社会治理取得实效的重要依托和保障。这一点,我国香港特区具有典型的代表性。

### 1. 以社区基础搭建有效的治理载体,做实社区服务

这主要表现在以下几个方面:一是在由区议会、地区管理委员会为平台的地区行政计划下,搭建以社区管理委员会、互助委员会和业主立案法团为主的社区共治架构。香港 18 个行政区的区议会、地区管理委员会是第二层社会共治的一大平台。区议会是香港地区层次的议会,就主要针对城市发展的政治、经济、社会等事宜进行协调,广泛听取民意、了解民情,为政府提出相关决策建议。地区管理委员会是依 1981 年颁布的《香港地方行政白皮书》而建立的地区性行政辅助机构,主要发挥协调多个政府部门之间关系

---

① 相欣奕:《100 城市方案④|社会公平:从公共住房到共享汽车》,微信公众号"市政厅",2017 年 8 月 4 日。

② 国务院发展研究中心课题组:《战后伦敦治理"大城市病"的经验启示》,中国经济新闻网,2016 年 8 月 18 日。

的作用,督促政府部门对居民的需求和愿望做出快速的回应,旨在提高政府服务和治理的效率。[①] 在这一大平台体系下,由业主立案法团、互助委员会等团体及组织多方合作共建社区,成为社区共治的第三层平台和载体。其中,业主立案法团是私人大厦业主根据《建筑物管理条例》(香港法例第344章)成立的法人团体,在全港18个行政区中,共有8 848个业主立案法团,其法团管委会由业主居民选举产生,在加强私人物业管理、维护业主权益及促进社区和谐稳定等方面发挥了很大的作用;互助委员会由大厦住客组成的志愿者组成,它的基本目标是在住户之间建立睦邻和互助的精神,提高居民的责任感,并改善大厦内的治安、居住环境及管理成效,但其管理权限和法律地位明显不足。[②] 二是合理配置各种社区服务机构,提供全方位的社区服务。根据人口规模及其需求出发,合理配置人中心、青少年中心、家庭服务中心等公共服务设施,为社区内特定群体提供相应的服务。值得一提的是,香港社区的一些非营利服务机构,如香港仔街坊福利会社会服务中心,在当地社区中积极开展"社会支持网络计划",通过实施个人网络策略、自愿联结策略、互助网络策略等方法,将援助者、受助者以及社区居民组织等有效连接起来,既为当地居民提供帮助和服务,又积极关注和讨论社区公共事务的治理问题,争取社区居民的各项合法权益。这些社区机构的成功运作和服务供给,使其成为社区共治和解决社区问题的重要载体和平台,已成为社区工作中不可缺少的重要手段。[③]

2. 建立健全较为完善的公众参与体系

社会公众参与是香港政府长期以来奉行的民主治理措施,1992年,香港特区首长首份施政报告中提出"让本港市民在管理本身事务上能有最大

---

① 何吴静静:《精简垂直高效民生:香港社会管理体制的启示》,《珠海特区报》2009年7月9日,第8版。

② 闵学勤、黄灿彪:《适度的社区自治及其路径选择——基于香港和内地社区治理模式的比较》,《河南师范大学学报(哲学社会科学版)》2012年第2期。

③ 《香港非正规社会支持网络体系》,《中国社会报》2001年8月25日,第7版。

程度的民主参与",从而"加强对本港前途的信心"①。如今,社会公众参与已经成为香港城市治理的常规策略,围绕城市公共政策和城市治理的不同议题,如环境工程、城市更新、城市规划、行政立法等方面,健全多样化的参与机制和表达渠道,如区议会机制(给政府反映民众意见)、咨询委员会机制(如香港环境咨询委员会,是公众参与的第三方环境影响评价机构)、法定团体机制、公众咨询机制(类似香港政府发布"绿皮书/白皮书"的做法,政府在准备推行重要政策前通常会先发表绿皮书收集市民意见,经过修订后再发表白皮书作出最后公布)②等。尽管现有的参与机制仍无法完全满足香港市民的需求,但制度化的参与机制和参与渠道,听取了多方意见,兼顾了不同群体的利益,为城市民主化运转、包容性发展、多元和谐共存,打下了坚实的根基。

## (五) 规划、法治、德治是全球超大城市保持整洁、干净、有序发展的三大常规性关键手段

超大城市作为人口高度集聚的一个陌生人社会和汽车社会,如何确保城市社会保持一种应有的秩序,实现城市的整洁、干净、有序,既是超大城市治理的目的,也是一个重大的挑战。在这一点上,与我国超大城市相比,东京、伦敦、巴黎、新加坡、香港等超大城市,都是非常整洁、干净而有序,尤其是日本东京,是全世界人口规模最大的城市(东京都圈人口高达3 780万)、拥有近400万辆机动车、贡献日本1/3的经济产出,但清透的空气、干净的街道、安静的环境充分证明它实现了人口、经济与环境之间的良性互动。这可以从"1964年第18届东京奥运会时,全场10万多日本人

---

① Patten, C. (1992). Our Next Five Years: the Agenda for Hong Kong. Hong Kong: Govt. Printer.

② 王肖邦:《论我国政府立法中的公众参与——以香港公众咨询制度为视角》,《法治与社会》2011年第6期。

结束时离场,偌大的场地看台上没有一丝垃圾,纸屑"的案例中可见一斑,也令全世界其他超大城市治理者为他们的自觉举动而感到震惊。笔者以为,一座极具复杂性、流动性的超大城市能否实现整洁、干净和有序,整个城市必须具备有效的城市治理手段,其中除了科学合理、精细化的城市规划发挥基础性作用外,关键要发挥好依靠法律权威性的外在他律和依靠市民个体品德素质的内在自律作用,即法治和德治有机结合,这是一些超大城市成功治理的普遍经验。

1. 战略性和精细化并重的城市规划体系

城市规划一般分为引导城市空间有序协调发展的战略规划和以满足市民生活服务需求的小尺度详细规划或城市单元精细化设计,而对超大城市来说,拥有这两种基本规划体系,是引导城市社会保持整洁、干净、安全、有序的根本基础或硬条件。

首先,制定城市总体战略规划,引导城市实现均衡和谐发展。对此,英国规划的奠基者之一的 Abercrombi 爵士,在 1943 年主持完成的伦敦郡规划和 1944 年主持完成的大伦敦规划(Great London Plan),被认为是具有开拓性的战略规划。[①] 2000 年大伦敦政府重新成立后,伦敦市政府在 2004 年、2008 年、2014 年不断更新城市战略规划蓝图,面向 2050 年提出了"强健而多元的经济增长;让所有市民能够共享伦敦未来成功的社会包容性;在资源利用和环境管理方面有根本性提高"三大原则;"经济发展战略、空间发展战略、交通战略、文化战略、环境噪声战略、空气质量战略、废物管理战略、生物多样性战略"八大战略和住房、水、老人、幼儿保育、儿童和青年人、能源、食品、酒精与毒品的危害、家庭暴力、首都的投资案例 10 个专题政策方案。

纽约市 2006 年发布了《纽约城市规划:更绿色更美好的纽约

---

① 黎晴、刘子长、陈玫:《大巴黎 2050 战略规划中的交通理念》,《城市交通发展模式转型与创新——中国城市交通规划 2011 年年会论文集》,2014 年 11 月 17 日。

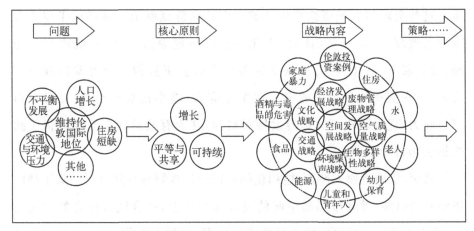

**图 4.4　伦敦规划所提出的问题、原则与战略**①

(PlaNYC：A Greener，Greater New York)》，这是纽约市到 2030 年的综合规划。2015 年 4 月又发布了《一个纽约——规划一个强大而公正的城市》，主要面向 2040 年提出了"我们成长中的繁荣城市、我们公平公正的城市、我们可持续发展的城市、我们有弹性的城市"四项发展愿景，规划总人口由 840 万增至 900 万。根据规划，到 2040 年，纽约将建成一个交通畅通（人们的日常通勤低于 45 分钟）、智慧化（离家 200 米以及即可接入免费 Wifi）、公共服务健全（90％的居民能获得满意的医疗服务）、生态宜居（垃圾减量化、空气质量最佳、饮用水安全等）、充满人文关怀（25％的居民是志愿者）的城市。例如，全球城市巴黎在 2009 年，由时任法国总统萨科齐推出了"大巴黎计划"，针对区域、居住、交通、气候变暖方面的问题，提出在 2030 年将巴黎打造为一个具有"创造力、革新力、凝聚力"的"世界之都"，主要通过全面改善大巴黎地区的快速交通连接系统、提高河道航运能力、加大文化设施建设、推动郊区新城建设、构筑慢行空间系统等手段，为市民提供一个更加便利、更加宜居、更加开放、更加公平、更加包容的全球超级城

---

① 佚名：《新一轮伦敦规划》，2014 年 5 月 6 日，http://www.supdri.com/2040/index.php?c=article&id=57，2017 年 10 月 13 日。

市。这些全球超大城市战略规划的一个共同特点就是高度体现了以人为本的发展理念,集经济、社会、文化、生态、治理等为一体,对城市空间布局、公共服务、居住、应对气候变化等重大社会事宜做出统筹安排和总体规划,旨在实现满足市民的多元化服务需求、缩小社会不平等、提升城市创新能力、促进城市开放包容发展等目标,这为有效的社会治理提供了战略指引和行动纲领。

其次,实施更加人性化、精细化的城市设计规划与空间更新。除了战略规划的指引外,对城市局部空间的设计和更新上,结合城市社会的变化特点,从人类适宜生活居住的小尺度街区出发,实施人性化、精细化的规划设计方案,从而引导和改善人们良好的行为方式,提供更加完整的公共服务体系,也是全球超大城市社会治理的一个重要经验。对此,加拿大著名学者简·雅各布斯在《美国大城市的生与死》一书中,特别指出了富有人性化的街区建设对促进城市安全方面所具有的特殊功能。实际上,特别值得指出的是,近年来一些超大城市纷纷开展特定公共空间的城市更新和"场所营造"项目,为超大城市社会治理创新开辟了新的路径和方向。例如,美国纽约对时代广场的更新和营造工程具有代表性,自 20 世纪 90 年代以来,时代广场开始进入大规模空间改造和社会治理阶段。为此,由当地业主和商业团体组成了一个非营利性团体——时代广场联盟(性质上属于商业促进区)(Business Improvement District),发挥类似管委会的作用,通过中间人的形式,将当地政府、商业团体、居民连接起来,自下而上地负责时代广场的空间改造与活力提升,旨在促进时代广场地区的空间质量与商业活力。[①] 这种特殊的治理模式,实现了让其在空间治理和设计改造中发挥主体性作用,进行精细化的设计和空间营造。实际上,在日本东京的城市设计和管理中,最能体现出标准化、精细化的治理理念,可以说其城市空间的任何设计,都从

---

① 陈立群:《空间营造:纽约时代广场 20 年》,澎湃新闻,2015 年 6 月 5 日。

人们生活的方便、生活的环境、生活的质量出发,再加上日本国民较好的公共意识和卫生环境意识,造就了东京城市非常干净的社会状态。

2. 采取完备的社会治理法治手段

西方社会在注重个体、他律的文化思想下,主要依靠健全的法律制度,覆盖社会生活和社会治理的方方面面,并做到严格执法,时刻约束人们的行为方式并引导人们不断养成遵纪守法的习惯。这是保障社会治理取得实效的一个重要途径和手段,其在纽约、伦敦、东京、新加坡等全球超大城市社会治理中都得到了生动的体现。例如,在垃圾收集管理方面,日本东京大田区的垃圾分类手册就有 30 页,一共列了 500 多项条款,不同地带的垃圾收集日期、收集垃圾的种类等都规定得十分具体、明确。例如,东京吉祥寺附近,每周一收集可燃烧垃圾,每个月的第一、第三个星期二收集不可燃烧垃圾,每周三收集塑料软瓶、其他塑料容器包装,每周四收集可燃烧垃圾,每周五收集瓶子、空罐、旧纸张、旧衣服及有害垃圾等(表 4.3),[1]相关法律规范有《废弃物处理法》《关于包装容器分类回收与促进再商品化的法律》《家电回收法》《食品回收法》等。其中,《废弃物处理法》第 25 条第 14 款规定:胡乱丢弃废弃物者将被处以 5 年以下有期徒刑,并处罚金 1 000 万日元;胡乱丢弃废弃物者为企业或社团法人,将重罚 3 亿日元。且日本法律规定公民有举报胡乱丢弃废弃物者的义务。[2] 再比如,社区治理的所有事务都纳入法治化轨道,如纽约针对社区邻里矛盾,制定所谓的"鸡毛蒜皮法",包括"邻里噪声整治法""家庭宠物限养法""泊车法""门前三包管理法"等。其中,"邻里噪声整治法",对社区和居民家中不同发声器物在不同时段的分贝数、违法处罚力度都做了明确的规定,噪声如果超出最高限制,将可能被处罚;"家庭宠物限养法",对狗伤人事件根据损

---

① 张冠楠:《日本:垃圾分类严格回收复杂》,《光明日报》2017 年 8 月 15 日,第 10 版。
② 佚名:《日本如何进行垃圾分类:严格法律规范 幼时环保教育》,《经济日报》2017 年 5 月 2 日,第 7 版。

伤程度的轻重,作出了不同的罚款规定,对一些非常严重的狗伤人事件,须追究狗主人的刑事责任,①同时规定居住在纽约市公房中的家庭,是不允许养犬的,如果住家坚持饲养,市政府有权让其搬出公房。正是借助这些具体细致的法律规定,让社区居民在日常生活中发生的所有邻里冲突和矛盾的处置,都能够找到相关法律依据,这为及时化解各类矛盾提供了通道和条件。在此方面,新加坡的依法治理也具有典型性,其严格执法、重罚是世界公认的,因篇幅所限,不再赘述。

表 4.3　日本东京都武藏野市不同区域近期指定的垃圾收集日

| | | 星期一 | 星期二 | 星期三 | 星期四 | 星期五 |
|---|---|---|---|---|---|---|
| A | 吉祥寺斋町 | 可燃烧垃圾 | 第1个、第3个星期二不可燃烧垃圾 | 塑料软瓶,其他塑料容器包装 | 可燃烧垃圾 | 瓶子、空调、旧纸、旧衣服、有害垃圾 |
| B | 吉祥寺本町2、3、4丁目御殿山、中町 | 可燃烧垃圾 | 塑料软瓶,其他塑料容器包装 | 第1个、第3个星期三不可燃烧垃圾 | 可燃烧垃圾 | 瓶子、空调、旧纸、旧衣服、有害垃圾 |
| C | 吉祥寺本町1丁目吉祥寺东町 | 可燃烧垃圾 | 瓶子、空调、旧纸、旧衣服、有害垃圾 | 塑料软瓶,其他塑料容器包装 | 可燃烧垃圾 | 第1个、第3个星期五 |
| D | 吉祥寺北町 | 可燃烧垃圾 | 瓶子、空调、旧纸、旧衣服、有害垃圾 | 第1个、第3个星期三不可燃烧垃圾 | 可燃烧垃圾 | 塑料软瓶,其他塑料容器包装 |
| E | 八楼町绿町 | 第2个、第4个星期一不可燃烧垃圾 | 可燃烧垃圾 | 塑料软瓶,其他塑料容器包装 | 瓶子、空调、旧纸、旧衣服、有害垃圾 | 可燃烧垃圾 |
| F | 西久保关前境1、3丁目 | 塑料软瓶,其他塑料容器包装 | 可燃烧垃圾 | 第2个、第4个星期三不可燃烧垃圾 | 瓶子、空调、旧纸、旧衣服、有害垃圾 | 可燃烧垃圾 |

---

① 谢芳:《美国社区的"皮毛法律"》,《乡镇论坛》2009 年第 29 期。

| | | 星期一 | 星期二 | 星期三 | 星期四 | 星期五 |
|---|---|---|---|---|---|---|
| G | 境 2、4、5 丁目樱堤 | 瓶子、空调、旧纸、旧衣服、有害垃圾 | 可燃烧垃圾 | 塑料软瓶,其他塑料容器包装 | 第 2 个、第 4 个星期四不可燃烧垃圾 | 可燃烧垃圾 |
| H | 境南町 | 瓶子、空调、旧纸、旧衣服、有害垃圾 | 可燃烧垃圾 | 第 2 个、第 4 个星期三不可燃烧垃圾 | 塑料软瓶,其他塑料容器包装 | 可燃烧垃圾 |

资料来源:佚名:《细致到"严苛"的日本垃圾分类》,网易探索,2014 年 4 月 23 日。

### 3. 采用以未成年人和家庭为主的道德教育手段

对一座人口近千万的超大城市而言,法律提供了规范人们行为方式的外在约束机制,依靠的是法律特有的权威性和强制力,无疑是社会有效治理的重要法宝之一,但真正高境界的社会治理,当属每个人具有的道德水准、公共意识、公民意识的自我约束、自觉行为,即所谓的社会德治。一座城市市民的道德水准和自律、自觉程度,既与经济发展程度及阶段、市民综合素养、受教育水平等具有一定的内在关系,也与城市政府能否有效开展有效的公民道德教育,具有直接关系。综观全球超大城市的社会治理实践,能够做到城市社会安全、整洁、干净、有序的城市,往往其城市政府也是非常注重以未成年人和家庭为核心的公民道德教育,并将公民意识、公共意识、公德意识等全面融入和落实在社会经济发展的各行各业之中,努力塑造统一的社会价值观,从而提升整个社会的道德意识、能力和水平,促进社会多元文化的包容、和谐与凝聚。这一经验在新加坡、东京等超大城市的治理实践中得到体现和验证。

新加坡是一个按照东西文化互鉴、崇尚德治的城市国家,在现代化过程中,新加坡政府十分重视学校道德教育,认为:"学生必须在学校接受道德教育,以提高学生的道德素养,因为这个问题直接关系到公民素质和国家的未来。"[1]即

---

[1] 汤文霞:《新加坡德育环境建设给我们的启示和思考》,2011 年 11 月 29 日,http：//www.sxcasy.com/jyky/ShowArticle.asp? ArticleID = 53http：//www.sxcasy.com/jyky/ShowArticle.asp? ArticleID = 53.2017 年 3 月 24 日。

把德育放在学校教育"德、智、体、美、群"五育之首,提高到关系国家命运的高度,由国家最高领导机构或政府首脑亲自提出要求或意见,在全国范围内强力推行,从而使德育在某种意义上对政权和社会发展起到一定的保障和推进作用。同时,新加坡强调学校、家庭、社会之间的互动合作,各学校都建立了家长联谊会,力求社会上推行的也是与学校德育内容相一致的奖惩标准,行善者得益,行恶者受罚。最值得一提的是,1991年新加坡政府针对移民文化多元化、利益结构持续分化、社会风气西化的现实趋向及潜在的社会危机,以儒家思想为基础,强调国家、社会、家庭对个人的优先地位以及整体主义价值观,发布了《共同价值观白皮书》,将"国家至上、家庭为先;家庭为根、社会为本;社会关怀、尊重个人;协商共识、避免冲突;种族宽容、宗教和谐"作为新加坡共同价值观,强调协商、共识、稳定和宽容的精神,既强调家庭稳定、国家和社会利益,也重视对个人权利尊重等现代文化。为了有效贯彻落实共同价值观,政府制定了一整套体现共同价值观精神的法律规范,如:在政府自身道德建设领域,制定了《公务员法》《财产申报法》《反贪污法》以及品德考核制度、申报收入制度、谢绝馈赠和宴饮制度等,实现公务员道德、行为规范的法律化、制度化,全面打造政府廉洁、高效、精干的良好形象,为社会民众发挥示范作用;在提倡家庭观念方面,1995年新加坡制定了《父母赡养法》。另外,为鼓励三代同堂和照顾父母老人,政府规定对两代人以上共同居住的家庭在组屋分配上给予价格优惠和优先安排等,对有意与父母或子女就近居住的家庭给予专款资助,以法律形式保证家庭价值观的实现;在公民的日常行为和道德规范方面,新加坡作出了详细的立法规定,从随便攀折树木、乱吐口香糖到垃圾丢弃、房屋外观,均有细节要求,并实行严厉的罚款。正是基于这样的社会德育教化,再配合有效的法律规范,使得新加坡不仅实现了经济快速增长和政府廉洁高效,并且克服了许多后发型国家现代化建设中普遍出现的贫富差距大、社会矛盾突出等问题,社会公平度高,社会秩序良好,各种族和睦相处,①成为世界上社会治理最为有效的现代国际大都市之一。

## (六) 针对多样性和异质性特征,努力增强社会的包容性,是超大城市社会治理的重要任务和目标

全球超大城市以多元人口集聚为主的多样性、异质性和复杂性,既为城市经济的繁荣发展、创新发展提供了不竭动力,也为城市社会的和谐、包容带来了巨大的挑战,尤其是 2008 年全球金融危机以来,经济全球化导致的社会不平等程度不断加剧,超大城市成为新时期社会贫富分化、种族矛盾冲突的集中爆发场所,类似发生在纽约的"占领华尔街运动"等,引起了国际社会的高度关注。追求经济的包容性增长,实现多文明、多样化、异质性社会的包容性发展,成为近年来世界国际组织和全球城市政府谋求进一步繁荣与稳定发展的最新理念和价值追求。为此,全球城市政府主要采取了以下相关措施。②

1. 全面树立并实施包容型城市战略规划

只有包容性的城市规划,才会引导一座城市真正走向包容发展。因此,在中长期城市战略规划中,充分强调包容发展的重要地位,成为世界城市建设包容型城市的首要做法和经验。例如,全球城市纽约于 2015 年4 月发布《一个纽约——规划一个强大而公正的城市》战略规划方案中③,提出到 2040 年,将纽约建设成为一个"我们的增长和活力城市、公平和公正城市、可持续城市、弹性城市"四大战略目标。可以说,整个方案都在围绕如何满足人的需求,如何提高市民的生活质量,如何帮助弱势群体获得更加公平的发展机会,如何促进城市社会更加融合、更具凝聚力等基本问

---

① 陈偲:《新加坡核心价值观建设经验》,《学习时报》2015 年 6 月 5 日,第 6 版。
② 陶希东:《全球包容型城市建设的国际经验与中国战略》,《城市观察》2019 年第 1 期。
③ The City of New York Mayor Bill de Blasio: One New York: The Plan for a Strong and Just City, 2016.

题而进行相关规划设计,充分体现着包容性发展的核心理念,如:规划提出要创造更多的就业岗位(就业岗位由 416.6 万增至 489.6 万)、提高劳动参与率(高于 61%)、提高居民收入水平(家庭收入中位数在 52 250 美元基础上有所增加)、为居民提供价格可负担的高质量住房并配备完善的基础设施和社区服务(到 2024 年经济适用房新增 8 万套)、持续减少贫困人口数量(370 万处于或接近贫困线的市民到 2025 年有 80 万人脱离贫困),等等。"2030 首尔规划"则直接提出了"充满沟通与关怀的幸福城市"的愿景,同样反映了更加公平、更加富裕、更加包容的城市建设思想。

2. 多渠道增加城市可负担住房供给

能否为广大市民提供可负担的住房,让每一个居民有家可归,是反映一个城市是否包容型城市的重要因素。可以说,面向所有民众的城市住房供给体系是包容型城市的关键和基础。例如英国伦敦,是成熟的全球城市,其对世界人才具有很强的吸引力,使得整个城市的住房供给尤其是可负担的住房严重短缺,房价高企,很多居民处于居住拥挤的状态。正如伦敦市政府在 2013 年发布的《住房特点》指出,2011 年 22%的居民住房存在拥挤现象;租房居住的家庭和个人中 37%处于拥挤状态,其中亚洲人和黑人的拥挤程度是伦敦市平均值的 2 倍;279 000 个单亲家庭中,1/4 处于过于拥挤状态;72%的房屋和 28.5%的公寓套房处于过于拥挤的状态。因此,多渠道增加面向所有民众的可负担住房供给,成为伦敦市政府努力打造包容型城市的一项重要战略选择,如按照《伦敦住房战略》,伦敦市政府主要在自有住房、租赁住房、帮助住户改善居住质量等方面采取有效方法来增加可负担住房的供给。具体而言,在自有住房方面,实施专门的"first step"项目,为低收入群体提供 20 000 套房产,帮助低收入群体实现房屋居住所有权;在租赁房屋供给方面,主要实施伦敦住房流动性项目、可负担住房租赁项目来鼓励社会房东和住房协会参加到为无家可归家庭提供私人或社会租赁住房,为租户提供更多的可获得性租房房源。① 美国纽约面对人口增加的压力及其对可负担住房的需求,市政府主要通过棕地综合开发计划(如 2011 年由纽约环境修复办公室负责的棕地"资源清理计划"总计建设了 3 900 多套可负担住房,纽约住房保护部推行的 Via Verde 住区项目提供 150 套家庭收入在 40%—60%AMI 的可负担租赁住宅以及 71 套家庭收入在 70%—100%AMI 的可负担销售住宅)、城市小尺度空地开发可负担住宅(如由市民住宅与规划委员会的"造屋"计划以及纽约住房保护部的"适应性纽约"项目)等方式,为城市居民提供可负担房屋,收到了良好效果②。2014 年开始,纽约市又推出一项大规模"平价住房"建设计划,旨在为中低收入家庭提供可以负担得起的住房。根据该计划,政府将用 10 年时间在纽约市的 5 个市区新建和维持 20 万套"平价住房",其中新建住房 8 万套,占 40%,其余 60% 为现有住房,纽约市将维持其固有质量和可负担价格。为完成在 10 年内新建8 万套住房,纽约市政府要求开发商必须在新建住宅楼中将 20%—30% 的住房作为永久性可负担住房。③

3. 努力创造惠及特殊群体的就业机会

2008 年金融危机以后,年轻人以及特殊群体较高的失业率,是全球超大城市普遍面临的一大问题,严重影响城市的包容性发展。为此,政府加大就业投资力度,总体上为所有民众创造更多的工作岗位,并为一些特殊群体提供更加公平的就业机会,成为全球超大城市建设包容型城市的重要战略选择。例如,美国纽约在金融危机以后的 2010 年,市长颁布施行了《通向经济复苏和创造就业的六步骤》的就业计划,计划在纽约市新增 10 个就业服

---

① 闫彦明:《伦敦解决市中心区住房拥挤的措施》,屠启宇主编:《国际城市蓝皮书》,北京:社会科学文献出版社,2015 年,第 269—280 页。

② 李甜:《纽约如何利用城市存量土地建设可负担住宅》,《东方早报》2016 年 2 月 2 日,第11 版。

③ 吴云:《纽约打造"负担得起"的住房》,《人民日报》2014 年 5 月 8 日,第 10 版。

务中心,帮助 3.5 万人解决就业问题;①2012 年又推行"资金加速计划"(capital acceleration plan),旨在通过加速城市基础建设,创造工作机会,该计划从 2013 财政年拨款 1.75 亿美元,到 2014 财政年拨款 1.15 亿美元,更新升级 100 所学校的设施;投资 5 980 万美元路面翻修;3 770 万美元街道重建;1 910 万美元桥梁车道和人行道修建;1 320 万美元用于水边建设,该计划可以创造近万个工作岗位。② 为了解决更多低收入群体的就业,采取城市更新的途径,帮助低收入群体扩大就业,也成为西方超大城市的战略选择。例如,纽约早在 2005 年就推行《五大行政区经济发展机遇计划》,围绕布鲁克林海军造船厂区的更新改造同步建立了海军造船厂就业中心,旨在扩大针对低收入群体的就业机会,2011—2014 年,该中心帮助超过 600 名纽约市民找到工作,其中 70% 为布鲁克林当地居民,24% 为周边社区居民,在就业服务人群中,21% 为公共住房居民,11% 为刑满释放人员,10% 为退伍老兵;从 2014 年开始,该地继续推行"绿色制造业中心"、77 号大楼以及72 号码头三大改造项目,预计在未来几年为造船厂区域提供 8 000 个以上的就业岗位。③ 更值得一提的是,为体现和促进就业机会的公平性,纽约市政府专门制定出台针对退伍军人、女性、贫困者、外来移民等特殊群体的就业增长计划,旨在提升就业的包容性,让更多人共同参与城市建设、共享城市经济增长的成果。

4. 全面推行以移民为侧重的多渠道社会融入策略

在全球化背景下,移民是推动全球城市发展的一个关键因素,当前全球19% 的移民居住在全球城市之中。当然,移民在促进城市多样化和创新的同时,也带来公共设施、公共服务和公共治理的难题和挑战。因此,努力实

---

① 杨蕾:《美国纽约市长推出刺激就业"六点战略"》,新华网,2010 年 12 月 9 日。
② 苏夏竹:《纽约通过华裔主计长资金加速计划 将创造近万就业》,中国新闻网,2012 年 10 月 18 日。
③ 《中心城区传统工业区域改造——纽约布鲁克林海军造船厂区域更新》,微信公众号"未来城市",2016 年 8 月 11 日。

施让外来移民融入城市本土社会的融入政策,既是城市包容性的体现,也是诸多全球城市政府的包容性发展策略。这方面,移民大都市纽约具有典型代表性。纽约市有专门为移民提供帮助和服务全国性志愿组织——纽约移民联盟(New York Immigration Coalition,NYIC),它由 200 多个社会组织成员构成,包括草根社区组织、非营利健康和人类服务组织、宗教和学术组织、工会和法律、社会和经济正义组织等,它是移民群体互动交流、分享经验、互帮互助的大平台,重点为移民提供政策咨询、公众参与、利益表达、集体行动、教育培训、技术支持等服务,促进大都市社会的革新与公平、公正。① 与此同时,纽约移民事务办公室专门出台了诸多旨在促进移民发展与融入当地社会的专门性政策,如《新移民儿童和家庭服务计划》规定政府机构对新移民儿童及其家庭,不分社会背景和身份差异而公平地提供相关服务,包括儿童福利、家庭照顾、教育、家庭支持服务等。纽约州的人权法规定,雇主如果根据国际差别进行雇佣劳动力、对移民实行低于最低工资的劳动报酬、让移民超时加班等行为属于违法。实际上,除此之外,还有很多帮助移民融入社会的诸多政策措施。从中可以看出,移民群体在本地平等共享公共服务,劳动力市场上实现同工同酬,是决定全球城市包容性发展的关键所在。

### 5. 大力推行更具包容性的共享城市计划

旨在实现让更多低收入群体参与经济活动和提高生活质量的共享经济,成为 21 世纪互联网时代背景下的一种全球化新型经济运行模式,而以此为基础,积极推行强调更注重低收入群体的共享城市计划,在城市共享中解决诸多社会问题,成为西方超大城市促进包容性发展的新策略。这方面的典型案例当属韩国首尔。2012 年,首尔市长朴元淳上台后,首尔市政府宣布推行一项"共享城市计划",依靠社会革新,旨在全面建设全球首座共享

① 陶希东:《全球城市移民社会的包容治理:经验、教训与启示》,《南京社会科学》2015 年第 10 期。

城市,树立共享城市品牌。其具体做法:一是进行共享城市的法制建设。首尔市政府首先通过了《首尔促进共享城市法案》(*The Seoul Metropolitan Government Act on The Promotion of Sharing*),详细列出共享公共资源的原则、民间组织及企业的角色、政府在行政及财务上的配合、整体计划的统筹和协调,为计划的顺利实施提供了合法性依据。二是市内限制空间或未被善用资源的活化再利用。将市内一些未被善用的资源如空间、物业和公园等,通过共建模式重新活化,其中既包括一些使用率偏低的公共空间和政府旧物业,也包含要求一些新建公私物业必须预留一定的开放空间,并通过市政府统筹,以作为举行文化艺术活动、跳蚤市场、交换市场等之用,市政府通过电子地图系统,统一管理发放相关资讯。三是打造网上交流共享平台。通过搭建互动交流平台,让市民将自己使用率偏低的物品,包括住房、汽车、图书、日用工具乃至知识、资讯等相关信息予以发布,进而有序收集各类资源的分布数据,让市民充分了解资讯,参与、交换、分享各类有形或无形的资产。四是充分发挥民间组织和社会企业的作用。政府积极发动民间组织、社会企业参与共享城市行动,建立多方协作的参与平台,对认可的机构颁授"共享民间组织或企业"的称号,并提供配套资金,激发社会创新参与创建就业、互助、创业等领域的共享工作空间,促进社会共享程度与公平发展。①

## (七)互联网时代的超大城市社会治理,必须借助现代信息技术和大数据方法的支撑

　　21世纪是数据化的信息时代,大数据、移动互联网、云计算等现代技术的革新发展及应用成为深刻影响全球政治、经济、社会等领域改革创新的新型动力和工具。随之,全球超大城市也纷纷发掘大数据、移动互联网等技术

---

　　① 郑崇铭主编:《共享城市——从社会企业、公平贸易、良心消费到共享经济(上)》,香港:印象文字出版社,2014年,第25页。

在智慧城市建设、城市治理中的新型功能和价值,通过体制、机制、法制等方面的改革创新,进一步加大城市数据开放,依靠数据和信息资源的有效应用,有效缓解了城市交通拥堵、公共服务供给、基础设施维护、公共安全等方面存在的社会治理压力和问题,提高了城市社会综合治理的效率和智慧化治理水平。当下的这种智慧化治理改革创新充分表明,信息网络时代的超大城市社会治理,离不开大数据、移动互联网等现代信息技术的支撑和帮助,也唯有如此,才会创建真正符合和适应超大城市复杂多元社会有效治理的新模式。综观纽约、伦敦、新加坡等全球超大城市社会的大数据治理实践,主要有如下几个经验:

1. 树立开放政府新理念,全面构建政府数据开放的政策制度体系①

大数据是近几年出现的一个新概念,有其特定的内涵和性质,但从社会治理的角度而言,政府则是掌握大量民生服务数据的最大持有者,通常掌握80％的数据。因此,如何将政府已经拥有的数据向社会开放、向部门开放,让躺在办公室里的数据成为社会应用研究创新的基础资源,以及政府内部不同部门实现数据共享,成为依靠大数据来治理社会的首要条件和基础性工作。据此,全面树立开放政府新理念,全方位推动政府数据的社会开放,成为全球超大城市社会大数据治理的首要举措。

第一,立法为先：为数据开放提供有效的法律保障。开放数据作为一项公共治理行为,对传统政府而言,并不是一项主动、愿意的行为。因此,通过制定相关法律法规,依法明确政府开放数据的责任和义务,把开放数据变成一种法律强制行为,成为发达国家和全球超大城市的首选策略。需要指出的是,西方发达国家在国家和超大城市两个层面同时开展的双重立法,为超大城市政府数据开放形成了强有力的约束力及法律基础。例如美国,自 2009 年以来相继颁布了《开放政府指令》、《数字政府战略》(2012)、《政府信息公开和

---

① 陶希东:《西方发达城市政府数据开放的经验与启示》,《城市发展研究》2016 年第 9 期。

机器可读行政命》(2013)、《开放政府合作伙伴——美国第二次开放政府国家行动方案》(2013)等,要求政府部门必须向社会开放有价值的数据,让民众可随时随地利用相关设备获取高质量的数字政府信息和服务。① 与此同时,2012 年 2 月 29 日,纽约市通过了《开放数据法案》,3 月 7 日由市长迈克尔-布隆伯格签署后正式生效,根据该法案,到 2018 年,除了涉及安全和隐私的数据之外,纽约市政府及其分支机构所拥有的数据都必须实现对公众开放,使用这些数据不需要经过任何注册、审批程序,数据的使用也不受限制。②

第二,统一平台:构筑独立一门式的数据开放门户。既然政府掌握着80％的数据,能否搭建统一的开放平台或有效载体,在某种程度上决定着数据开放的程度与效果。而建立统一的政府开放数据门户,为社会集中开放可加工的数据集,构建数据开放的一门式服务模式,是全球城市数据开放的重要经验之一。例如伦敦,通过建立城市网络数据中心,促进全市交通、安全、经济发展、旅游等跨部门跨行政区数据的整合与共享,在此基础上,构建独立数据开放平台——"伦敦数据商店"(londondatestore),向社会开放有关经济社会发展的 600 多个数据集以及应用型 App,供社会民众和企业可以免费下载和使用,帮助市民解决生活中遇到的多种问题。纽约创建有统一的数据开放平台 NYC OpenData,总共开放 1 200 多个数据集可供纽约市民和世界民众免费连接和查阅,该数据网站从行业、资金、技术、许可资质、税务及授权等各个层面提供综合的资源数服务。

第三,公私合作:构筑政府主导下的多元参与数据开放方式。虽然政府数据开放,看似政府一家的事情,但缺乏社会公众和企业参与的数据开放,实际上无法实现政府数据开放的真正目的。这是因为,政府开放数据的价值,重在鼓励数据的二次开发利用和激发社会应用的创新,为研发各类新

---

① 张明:《当前国际政府数据开放进程》,《国际研究参考》2014 年第 9 期。
② 冯煦明:《政府数据公开的巨大商业价值》,2013 年 6 月 8 日,http://finance.sina.com.cn/column/management/20130608/083715745865.shtml,2017 年 9 月 8 日。

服务、新技术、新产品提供原材料,假若政府数据没有得到社会有效的再利用,自然失去了数据本身及其开放的价值。据此,全球城市政府在数据开放进程中,在强调政府的主动性、主导性地位和作用的同时,更注重发动社会组织、广大民众、科技企业、学术机构等多元力量的共同参与,努力构筑公私合作的城市数据开放新模式。这主要表现在三个方面:一是如新加坡通过在网络平台上设置信息反馈机制和举办现实创意活动的形式,激发公众对政府开放数据提出好的建议和方法,①吸引更多民众参与政府数据开放。二是引导社会组织参与,提升数据开放质量。如在伦敦,称为"开放知识基金"的组织和"科技推杆有限公司",充分借助伦敦数据商店的公开数据,分别再次开发了名为 WhereDoesMyMoneyGo.org(我的金钱去向何方)和OpenlyLocal.com(开放当地数据)网站,进一步提高了数据开放的质量。三是引导个人和企业进行数据开发与社会应用创新,创造新技术、新产品、新服务,帮助政府解决城市公共问题。例如,纽约市政府实施数据开放后,围绕着纽约开放数据平台而产生的应用开发团队已有几百个,尤其是随着城市详细犯罪记录和公共交通动态数据的开放,商业机构对其进行深度挖掘后成功创造出了手机应用软件,为公众安全出行提供实时建议和服务,在提高公共安全防范与城市运行效率方面发挥了十分重要的作用。而伦敦在企业层面,开放数据被伦敦的众多移动 App 开发商利用并开发出众多提升城市整体运作服务水平的应用软件,例如交通数据用于出行优化类软件的开发、健康数据用于在线医疗类软件的开发等。② 新加坡土地管理局为基于位置的服务(LBS)的企业提供了开放数据平台,新加坡陆路交通管理局通开放交通数据,鼓励企业或个人开发提升公共交通效率的应用软件。

　　第四,服务导向:聚焦民生服务开放多元数据与应用软件。统一的数

---

①　杨东谋等:《国际政府数据开放实施现况初探》,《电子政务》2013 年第 6 期。
②　姜圣玉、王玥:《用开放数据平台激活智慧城市开放度 提升城市创新力》,2015 年 8 月 31日,http://www.cctime.com/html/2015−8−31/20158311416328809.htm,2018 年 10 月 21 日。

据开放门户网站或网络平台，只是政府推动数据开放的主要技术载体，为政府与社会进行信息交流和开展对话提供了通道，而关键在于政府到底为社会开放什么类型的数据？即开放数据的内容和质量决定着数据开放的价值和意义。从伦敦、纽约等城市政府数据开放的实践来看，聚焦民生服务需求开放相关数据和旨在提升民生服务能力的电子应用软件，是发达城市政府进行数据开放的又一经验。例如，纽约市的数据开放平台 NYC OpenData 上的开放数据，主要涉及商业、教育、环境、健康、住房、公共安全、废物再利用、社会服务、交通等领域；"伦敦数据商店（londondatestore）"网站开放的数据涉及工作机会、出行时间测试、家庭垃圾管理、犯罪记录、废物回收、伦敦人口、戒烟率、志愿者、工作和经济、交通、环境、社区安全、住房、健康等多个领域的原始数据。可见，开放有关居民日常生活和民生服务需求的基础和原始数据，在两个全球城市开放数据中占有较大的比重，旨在满足民众对民生服务领域的信息需求。另外，除了采用多形式开放原始数据信息外（伦敦 londondatestore 上的数据格式主要包括 XLS、CSV、PDF、HTML、XML、shp、ZIP、tsv、IMG、word、PPT 等格式数据，其中 XLS 为最多），还包括一些对数据经过加工转化、民众可以理解使用的地图（包括消防设施、医疗机构、城市交通等位置信息）和应用软件（App），一并在数据开放平台上向社会开放，供本地居民和来自世界各地的民众连接、下载和使用，为公共服务、出行决策、健康服务、商务旅行等提供精准化、个性化的数据服务。

2. 创新组织体系，健全专业团队，为大数据应用提供有力的组织与人力保障

有了健全的数据开放体系以后，超大城市社会的大数据治理，还得依靠有力的组织保障与人力团队。对此，纽约的做法具有典型代表性。2013 年 4 月 17 日，纽约在市长布隆伯格坚决推动数字城市治理的创新改革下，在全方位推动政府数据开放的基础上，在纽约市政府内部成立了一个旨在连接和整合跨部门数据资源的专门机构和数据处理团队——"数据分析市长

办公室"(mayor's office of data analytics，MODA)，其定位是"纽约市的民间情报中心"，主要职能是收集和分析来自城市各个市政职能部门的所有数据，并在不改变政府相关职能部门各自数据运行模式的基础上，开发出一个能够将不同地理标签记录连接在一起的系统，对来自各部门数据实行匹配、聚合、合并和共同使用，①为整个城市政府的科学决策提供必要的数据支撑，旨在实现高效预防城市犯罪、更好保障城市公共安全、更有效地提供服务和提升市民生活质量、更有效地执行法律，提高政府治理的透明度。与此同时，根据市长"管理就是测量"(Management is measurement)的数据思维，在市政府岗位序列中开创性地设置了首席信息官(CIO)、首席数据分析官(CAO)、首席数据官(CDO)等专门职位，负责城市多元数据的甄别、分析和管理，为解决城市社会难题提供有力的数据支撑。

3. 以提高政府服务水平和市民生活品质为导向，加大互联网＋、大数据等现代科技在社会治理实践中的应用

自进入 21 世纪以来，物联网、大数据、云计算、移动互联、人工智能、虚拟现实/增强现实(VR/AR)等科技革命越来越成为推动人类经济生产方式和社会生活方式发生历史性变革的革命性力量，实现全域资源的智能化配置与整合，对各类服务需求做出智能化的响应，成为大势所趋。正是在这种大趋势下，以政府数据开放为基础，结合智慧城市的建设(表 4.4)，鼓励和引导政府数据的社会化应用创新，全面推行互联网＋、大数据等现代技术在社会治理实践中的应用，发现社会运行规律、优化社会治理决策，促进社会治理的智能化，提高城市服务水平和市民的生活品质，成为西方超大城市创新社会治理的重要方向。例如，纽约不仅注重对健康、商业、公共安全等领域的数据开放，而且在公共安全领域，向社会开放多年犯罪数据，引导社会使用这些数据，创新设计城市犯罪空间地图以及相应的 App，人们通过 App

---

①　陈志成、王锐：《大数据提升城市治理能力的国际经验及其启示》，《电子政务》2017 年第 6 期。

就会知晓哪些街区具有哪些类型的高犯罪率,从而有效避免了犯罪的发生。除此之外,依据交通大数据而开发的交通领域 App 应用,可以为公众出行提供实时最新数据和最优化的出行路线选择;为了准确地预判城市建筑物发生火灾风险的可能性,提高防火防灾的能力和效率,纽约市消防局通过各种渠道收集 33 万栋建筑物的所有数据,编制了一个包括 60 个要素的算法,包括区域居民平均收入、建筑物年龄、是否存在电气性能问题等,并为每个建筑算出一个危险系数,根据危险系数的大小,对整个区域进行风险排序,明确哪些建筑存在消防隐患、哪些建筑风险较小,这为有效预防火灾的发生、提高防范能力方面发挥了重大作用,火灾预测的准确率从 25% 提高到 70%,巡查人员的工作效率提高了 5 倍[①]。纽约还实施开展了绿色智慧城市建设、建立智慧城市技术创新中心、启动"连通纽约"("LinkNYC")项目、打造数据驱动的城市运行状况智能分析平台、智慧城市运维中心建设等相关工程。实际上,根据纽约、伦敦、新加坡等城市的数字化实践表明,全球超大城市利用大数据、物联网等技术来进行社会治理或城市管理,抑或智慧城市的建设,是一个涉及城市规划、数据收集、数据开放、数据创新应用、技术创新、多部门协同创新、政策创新等诸多领域的综合系统工程,社会治理智能化方向尽管一致,但治理水平存在较为明显的差异。

表 4.4 国际智慧城市的发展历程和典型案例[②]

| 发展阶段 | 国家/地区/城市 | 行 动 计 划 | 提出年份 |
|---|---|---|---|
| 概念萌芽阶段 | 美国纽约 | ICF 智慧社区运动 | 1985 |
| | 美国旧金山 | 会上提出"智慧城市,快速系统,全球网络"的议题,会后正式出版会议论文集 | 1990 |
| | 马来西亚 | 多媒体超级走廊 MSC | 1995 |

① 小爱:《纽约市利用大数据防火》,《人民邮电报》2014 年 2 月 12 日,第 10 版。
② 王操、李农:《上海打造卓越全球城市的路径分析——基于国际智慧城市经验的借鉴》,《城市观察》2017 年第 4 期。

续　表

| 发展阶段 | 国家/地区/城市 | 行　动　计　划 | 提出年份 |
|---|---|---|---|
| 概念萌芽阶段 | 韩国 | U-Korea 战略 | 2004 |
| | 新加坡 | iN2015 计划 | 2006 |
| | 欧盟 | 在《欧盟智慧城市报告》中提出智慧城市建设设想 | 2007 |
| 模式探索阶段 | 美国旧金山、纽约 | IBM 智慧地球/智慧城市 | 2008/2009 |
| | 日本 | i-Japan 战略 2015 | 2009 |
| | 英国 | Digital Britain（数字英国） | 2009 |
| | 韩国首尔 | Smart Seoul 2015 计划 | 2011 |
| | 欧盟 | 欧洲智慧城市计划/智慧城市和社区计划/智慧城市和社区的欧洲创新伙伴关系 | 2009/2011/2012 |
| 应用推广阶段 | 新加坡 | 智慧国家 2025 | 2014 |
| | 中国 | 智慧城市国家战略 | 2014 |
| | 印度 | 创建 100 个智慧城市行动计划 | 2014 |
| | 英国 | Hyper Cat City 智慧城市倡议 | 2015 |

## 二、全球超大城市社会治理的主要教训

从全球视野来看,尽管全球超大城市在社会治理方面积累了十分丰富的经验,尤其是纽约、伦敦、巴黎、东京等顶尖全球城市,为适应后工业化和服务型社会的需要,建立健全了社会治理的基本制度体系和组织框架,在特殊的政治、文化背景下,总体上实现了城市社会秩序与活力的并存以及相对的安全稳定与和谐。但不能否认的是,超大城市作为一个国家的经济、政治、文化中心和战略据点,积聚了大量的人口、经济和财富,而正是这种多要素高度集中的事实,在创造城市经济规模效应、集聚效应的同时,必将对城市公共服务、公共管理、资源环境、政府治理等带来更大的困难和挑战,进一

步加重了因文化多样化、需求差异化而导致的社会潜在冲突、风险与危机。特别是,2008 年全球金融危机以后,世界经济恢复性增长乏力,中产阶级萎缩和收入差距扩大、社会不平等等问题比以往任何时候都更加尖锐地凸显出来,再加上复杂性国际地缘政治格局下逆全球化、保守主义、民粹主义、恐怖主义等抬头,致使一些全球超大城市当中出现占领华尔街(纽约)、尼特族现象(不上学、不就业和不受训的青年群体,伦敦)、恐怖袭击(2015 年发生在巴黎的恐怖袭击,即"查理周刊"事件)、街头大骚乱(俄罗斯和伦敦)、欧洲难民危机等,给全球超大城市的和谐稳定与包容性治理带来了巨大的挑战。尽管这些社会运动的背后,可能存在着政治、经济、社会、民族宗教、意识形态等方面的原因,但不论怎样,这些事件的发生本身代表着全球超大城市社会治理仍然面临着巨大的问题与挑战,尤其是从经济发达的西方发达国家身上,我们可以看到超大城市社会治理的主要教训。笔者以为,这些教训,主要包括如下几个方面。

## (一) 城市经济发展决定着社会形态及其演变,过度虚拟化的经济格局将对经济运行和社会发展带来巨大的破坏

综观全球超大城市当中发生的一些反全球化、反不平等为主的社会运动发现,这是西方多党制难以克服的内在制度性矛盾在社会层面的体现。但需指出的是,这些社会矛盾和社会问题的出现,与一座城市乃至一个国家的经济运行逻辑与结构具有直接的相关关系。就拿"占领华尔街"运动来说,实际上是美国民众长期实行超前消费、产业空心化、经济虚拟化的必然结果,是过度强调虚拟的市场经济、社会收入差距不断加大的失败之举。实际上,在一定的条件下,一个国家或城市,实现经济有限度、可控化的虚拟化发展,对国家或城市的经济具有一定的正向作用,但当所有的资本几乎都追逐虚拟经济利润的时候,即过度的虚拟经济态势,一定会对正常的经济发展、就业、社会稳定等带来巨大的破坏作用。从这一点来看,笔者以为,按照

经济基础决定上层建筑、生产力决定生产关系的辩证唯物主义原理,尽管超大城市发生的类似"占领华尔街"这样的社会运动,看似是年轻人对社会收入和贫富差距过大的直接反应,代表99％的美国人来反对1％的金融寡头,但其背后的真正原因则是实体经济工厂开工率不足(产能过剩的另一种表现形式)、就业率降低、虚拟经济和实体经济之间在分配上严重失衡,这种情况下,老百姓对前景开始失去信心,同时对自己在社会中被边缘化心存不满。欧洲一些超大城市中的社会骚乱也都存在这方面的因素。这表明,承担着一国或一个地区政治、经济、文化中心的超大城市,分配问题、就业问题、社会福利问题,始终是社会治理需要高度关注的议题,但要创造增加就业机会,必须依靠现代制造业作为基础,并不是高度虚拟化的经济。简言之,超大城市有效的社会治理,必须建立在坚实的实体经济基础之上,产业虚拟化、经济空心化、资产过度证券化的结果,必然殃及整个社会的和谐有序运行,带来更大的社会危机。

## (二) 年轻人群体被边缘化、没有出头的机会,移民二代难以融入当地社会极其容易引发暴力冲突

　　对一个城市化国家而言,由乡村走向城市的移民群体,代际之间存在明显差异。往往第一代移民来自乡村,通过体力劳动赚取足够金钱,旨在改善子女和家人的生活水平,等到了一定年龄,再回到乡村度过晚年;而第一代移民的后代,大部分生于城市长于城市,除了拥有一分体面工作外,对获取与当地居民同等化的公共服务和精神文化生活提出要求。在这个过程中,假如政府不能有意帮助移民二代融入城市社会的话,被孤立、边缘的青少年,往往会成为社会暴力的制造者和受害者,给整个城市安全带来深刻影响。例如,巴西圣保罗的佳丁·安吉拉小区,是一个移民农民的社区,当第二代移民逐渐长大的时候,该小区成为一座致命孤立的小区,这些移民二代在居住上属于城市,并有着比他们父母更高的自我期许,但他们所处的世界

却仅仅把他们视为没有人要的村民后代,在茫然失措又毫无支持的情况下,他们开始自相残杀,致使在 20 世纪 90 年代,这里的凶杀率高居巴西全国第一,以全球最暴力小区而闻名。欧洲英国、法国、荷兰等国家,也都存在同样问题,孤立的移民青少年成为社会犯罪的主要群体。2005 年的巴黎骚乱和 2011 年的伦敦骚乱的直接原因是"青年被边缘化、没有社会地位和财产、也没有出头的机会",更是移民二代"融入难"的一种极端反应。外国移民及其后裔的社会犯罪现象,反过来激发了当地民众的反移民情绪,乃至种族主义势力的抬头,对更大范围的人类和平形成新的威胁和挑战。

## (三) 长期化、严重化的种族隔离或社会排斥导致城市全面衰退

这一教训,可以从美国城市底特律的衰退中可见一斑。据美国人口普查局 2010 年统计,底特律人口萎缩到了 713 777 人,比鼎盛时期的 185 万人减少 114 万,降幅 62%,是 60 余年来美国人口减少最多的城市之一。尽管底特律衰退的原因是多方面的,包括过于单一的汽车产业结构、城市治安状况差、高失业率、创新不足等原因,但需要指出的是,除了经济衰退这一根本原因外,城市政府针对黑人群体而实行的长期化种族隔离、社会排斥的政治举措以及白人的撤离,对城市衰退起到了推波助澜的作用。这一点从底特律人口结构和警察从业结构中可见一斑。底特律的人口结构表明(黑人占 82.7%,白人占 10.6%,亚裔占 1.1%,印第安人占 0.4%,太平洋岛国裔占 0.02%,3% 为其他种族),它本来是一座以黑人为主的城市,但在其警察队伍中,白人警察占全部警察的 93%。在一座黑人占人口总量一半以上的城市里,这似乎是极不公平的。更为严重的是,数十年来,黑人群体一直被系统地排除在汽车行业中的白人工作岗位之外;他们所从事的工作要么工资很低,要么工作条件很差,久而久之,被激怒的黑人民众终于在 1967 年 7 月 23 日,因警民冲突爆发了震惊世界的底特律黑人骚乱,造成 43 人死亡,1 400栋建筑被烧,1 700 家商店被抢,7 000 多人被捕。这一暴乱的发生,又

加剧了白人的逃离速度,大大损伤了城市发展的元气,加剧了城市衰落的进程。

## (四) 针对少数族群实施反文化自由的压制措施,容易引发民意反对或重大的社会骚乱

移民作为一个特殊群体,具有不同语言、不同信仰、不同习俗,代表着文化的多样性和差异性,势必与城市当地居民的价值观形成一定的矛盾和冲突。在此过程中,如果移入城市或移入国政府针对移民实行反文化自由的压制措施,则大大增加了社会潜在危机,总有一天会爆发出来。

## (五) 高度重视可负担住房的建设,对推行城市包容发展与安全治理,具有非常关键的作用

居住是城市的基本功能,为各市民阶层提供可负担的住房,提升城市的包容发展水平,是一座全球城市应尽的基本责任。2017 年以来,全球城市发生了诸多保障型住房的事件,如:2017 年 6 月 14 日凌晨,位于伦敦西区的格伦费尔大楼(属于公共住房)发生火灾,这场悲剧造成数十人死亡;2016 年,莫斯科开展了"给城市规划注入秩序"的多处零售店面强行拆毁行动,2017 年 3 月 26 日,席卷俄罗斯全国的反腐败示威游行中,也涉及莫斯科老旧保障房集体抗议反对低标准补偿与强拆的内容。这些事件的背后,既有政治的腐败,更涉及民生保障与市民的基本权利,尤其是社会底层民众的基本权利。这充分反映和预示着全球城市发展更需要关注以下三点:一是城市的社会保障性住房,到底应该采取什么样的供给形式与形态?伦敦的格伦费尔大楼大火,警示我们保障性住房采用高层或超高层的模式,存在巨大的隐患,抑或采取集聚建设保障住房的规划布局方式,将对城市安全和社会融合发展带来巨大的挑战。二是做好现有保障性住房的投入、维护、更新,确保保障性住房具有一定的品质,改善城市贫困人口的居住条件,理应成为

城市更新政策的基本内容。三是在财富分配严重失衡的大背景下,需要从住房保障为突破口,切实关注社会底层人群的生活居住权利,进一步加大可负担住房的供给力度和覆盖面,乃是真正促进城市安居乐业、包容发展的必然选择。

# 第五章　中国超大城市社会治理的
　　　　　实践模式及特征

　　中国是全球最大的发展中国家,自改革开放以来,借助人口红利和经济全球化,创造了全球经济发展的中国奇迹,成为全球第二大经济体。在此过程中,城市化率稳步提升,大城市、超大城市的集聚和规模效应凸显,截至2016 年年底,城区人口超过 1 000 万的超大城市达到 6 座(北京、上海、天津、广州、深圳、重庆)。但是随着经济市场化的改革和快速城市化的发展,改革发展中面临的交通拥堵、空气污染、服务短缺、公共安全、群体性事件、贫富差距等社会问题也开始集中暴露出来,成为超大城市不断走向卓越伟大、舒适宜居发展的主要短板。因此,在大力推进经济创新转型发展的进程中,如何深化改革与创新社会治理体系,培育社会力量、放大社会空间,激发社会活力,提升社会秩序和文明程度,成为超大城市社会建设与社会治理的重大议题。

　　自党的十八届三中全会以来,党中央全面提出了从社会管理走向社会治理的重大执政新理念,全面创新社会治理体系,建立健全"党委领导、政府主导、社会协同、公众参与、法治保障"的社会治理机制,成为包括超大城市在内的全国各级政府的一项共同任务。综观我国 6 座超大城市的社会治理实践,因国情相同、区位不同、市情各异的原因,社会治理实践既有相似的地方,也有各自的特点和做法。本章主要以我国 6 个超大城市为案例,对其社会治理工作进行了归纳,总结了 6 种富有特色的基本治理模式及其重要举措,为系统总结我国超大城市社会治理的经验提供依据和基础。

# 一、北京:非首都功能疏解引领下的社会生活空间再造模式

北京是中国的首都,也是全国的政治中心、文化中心和国际交流中心,下辖 16 个区,共 147 个街道、38 个乡和 144 个镇。截至 2017 年年末,北京常住人口 2 170.7 万人,其中常住外来人口 794.3 万人,占全市常住人口的 36.6%。实际上,自中华人民共和国成立和改革开放以来,借助全国之力,加大首都建设,致使北京成为一座传统制造业、服务业、人口高度集聚的城市,尤其是中心城区积聚了 71% 的产业活动和 71.8% 的从业人口,人员、交通、资源环境等始终处于一种紧张状态之中,服务短缺、交通拥堵、违法搭建出租、雾霾等问题严重困扰着北京的品质化发展和宜居性,依靠集聚资源求发展的传统路径难以为继。2008 年金融危机以后,重新选择和明确城市核心功能定位,推动城市经济的创新转型升级,改善城市社会环境质量,努力把北京建成全国首善之区,成为中央高层高度关注的议题。为此,早在 2014 年 2 月,习近平总书记就全面深化改革、推动首都更好发展特别是破解特大城市发展难题进行考察调研,深刻阐释了"建设一个什么样的首都,怎样建设首都"的问题,并从城市功能定位、疏解城市非核心功能、基础设施建设、城市管理体制、空气污染治理 5 个方面,对推进北京发展和管理工作提出了新的要求。① 正是在这样的背景下,结合《中国制造 2025》的创新发展要求,中央政府相继制定并实施疏解北京非首都功能、京津冀协同发展、规划建设雄安新区等重大空间发展战略,全面开启了北京经济结构大调整、空间结构大重塑与社会治理创新,进而提高城市治理能力和水平、建设国际

---

① 《习近平在北京考察 就建设首善之区提五点要求》,新华网,2014 年 2 月 26 日。

一流的和谐宜居之都的新征程。这种以空间再生产为特色的社会治理模式，主要体现在以下几个方面。

## （一）重新定位北京的首都核心功能，全方位疏解非首都功能

城市的社会结构与其经济结构和城市功能之间具有十分紧密的关系。相应地，针对不同性质的城市，就可能具有不同的社会治理创新需求和治理策略。实际上，北京首都的诸多社会问题，是其综合化、集聚化、蔓延式发展模式导致的结果，尤其是传统制造业和服务业的过度集聚，带来了各种各样的大量从业人口与有限的城市承载能力、政府治理能力之间的巨大张力。为此，围绕"到底建设一个什么样的首都"这一核心议题，从城市规划入手，制定了新一版《北京城市总体规划（2016—2035）》，明确了北京是全国的"政治中心、文化中心、国际交往中心、科技创新中心"，全面建设国际一流的和谐宜居之都。在这一新型城市战略定位的指引下，北京将自身放在京津冀城市群协同发展和跨行政区治理体系之中，全面开启了"疏解整治促提升"工作，全面实施北京非首都功能疏解和空间资源的区域化配置，以破解北京人口资源环境矛盾造成的大城市病。疏解方面，北京市通过修订新增产业禁限目录的方式，开展了包括疏解一般制造业、区域性专业市场和部分公共服务功能等行动。疏解效果在人口规模上得到了体现，截至 2018 年年末，北京市常住人口 2 154.2 万人，比 2017 年年末减少了 16.5 万人，实现了2017 年、2018 年两年连续下降的负增长趋势；[①]整治方面，重点包括棚户区改造、地下空间和公租房整治等工作。根据计算，"疏整促"行动至今，北京市相当于平均每天拆除 17.12 万平方米的违法建设，查处 674 件占道经营，整治 158 户无证无照经营，治理 21 家"散乱污"企业。2017 年，北京市政府印发了《关于组织开展"疏解整治促提升"专项行动（2017—2020）的实施意

---

① 张旭东、安蓓：《京津冀协同发展 3 周年 成效有哪些》，新华网，2017 年 2 月 21 日。

见》,专项行动预计耗时 5 年,目标是"优化提升首都核心功能和提高和谐宜居水平"①。2017 年 11 月 18 日晚,北京市大兴区西红门镇新建二村发生重大火灾事故,造成 19 人死亡、8 人受伤的惨痛结果,这促使北京市政府深刻反思,更加坚定树立弘扬生命至上、安全第一的思想,坚持问题导向,不留思想盲区、管理盲区,进一步加大了对"三合一"、"多合一"场所(集生产、经营、住宿、仓储等功能于一室)、工业大院、散乱污企业、违法建设等进行清理的决心和力度,以彻底消除安全隐患,为建设国际一流的和谐宜居之都创造良好条件。

## (二)规划建设城市副中心和雄安新区,构筑京津冀跨界协同治理新格局

对一座超大城市而言,在明确的城市战略定位和城市性质指引下,将城市放在更大的区域空间范围之中,对城市空间结构做出新的布局和调整,打造新的产业、人口和服务的新承载基地,并且联合构建跨界大都市区或都市圈一体化的跨界治理体系,是治理大城市病、调整优化城市空间结构、提高城市经济运行效率、促进城市社会更加和谐有序的重要路径和保障。北京市的社会治理工作,正是充分借助非首都功能疏解和京津冀协同发展战略为契机,通过规划建设通州区城市副中心、雄安新区的方式,调整重塑市域、区域范围内的空间结构,以缓解中心城区的人口、交通、环境压力,为实现北京超大城市公共服务均等化、社会治理精细化等创造更加科学的空间基础。目前,规划人口 130 万的通州城市副中心建设已经取得了实质性的进展,2017 年 12 月 20 日开始正式启用,并在 2019 年年初完成中共北京市委、市政府、市政协、市人大四套班子的搬迁,预料到 2030 年承接中心城区 40万—50 万人常住人口疏解(图 5.1)。雄安新区的规划建设则是一项综合化、

① 宋兴国:《北京加快整治与疏解 功能与产业疏解成工作重点》,《21 世纪经济报道》2017年 11 月 22 日。

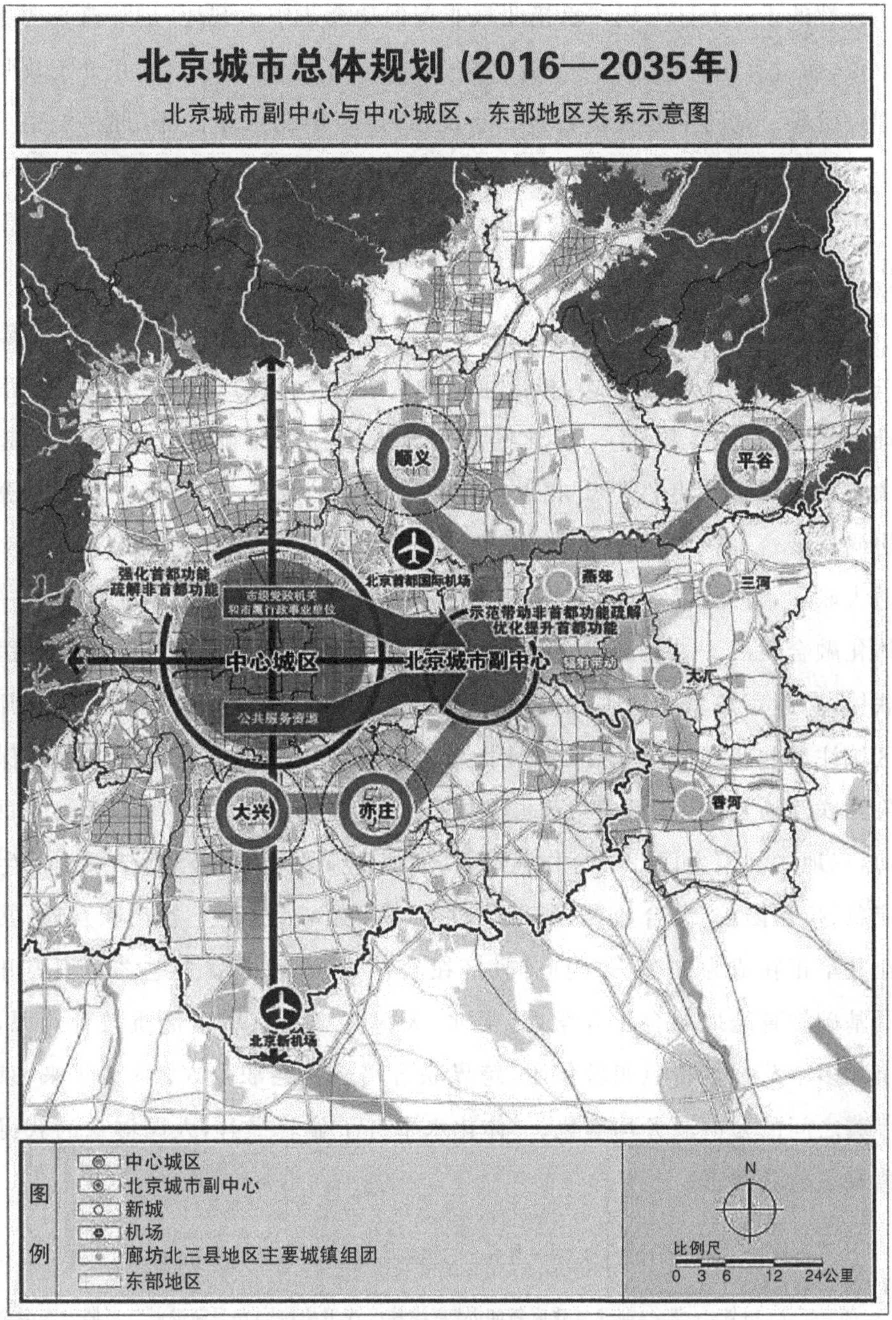

图 5.1　北京城市副中心建设规划图

系统性的千年大计工程,"承接北京非首都功能集中承载地"是其核心功能定位,前后有 300 多名全球一流专家参与完成了规划编制工作,正处于攻坚建设阶段。党的十九大报告进一步提出,以疏解北京非首都功能为"牛鼻子",推动京津冀协同发展,高起点规划、高标准建设雄安新区。① 相信未来的雄安新区是人类城镇化发展的理想之城,也是我国高质量发展的城市样板。

与此同时,按照京津冀协同发展战略要求和命运共同体的理念,打破"一亩三分地"的思维定式,积极主动地创建多元化的京津冀跨界合作治理新体系,打造区域化、一体化的超大城市社会治理新格局,破解困扰超大城市经济社会良性发展的诸多社会问题。5 年来,北京围绕着京津冀协同发展这一核心任务,社会跨界治理主要开展了如下新举措:一是交通大联通,打通"断头路"和"瓶颈路",扩容 800 多千米,全面促进交通一体化融合发展。二是制定《京津冀医疗卫生协同发展规划》,组建跨界医联体,实施京津冀三地临床检验结果互认、医学影像检查资料共享、医师区域注册和跨区域执业注册,河北燕达医院率先实现与北京基本医疗保险互联互通,实现了天津、河北退休人员住院医疗费用跨省结算等。目前,三地之间卫生医疗的合作范围,从解决群众看病就医不断拓展到卫生应急、疾病防控、综合监督、妇幼保健等诸多领域,卫生业务互联互通、共建共享正在成为常态。② 与此同时,在教育方面,京津冀三地之间积极开展基础教育跨地域合作办学,让河北、天津共享北京城市优质教育资源,组建多个跨区域特色职教集团,跨界联合培养社会职业人才。5 年来,京津冀之间的公共服务均等化、一体化水平有了显著提升,人民群众的获得感有了显著改善。

---

① 李丽辉:《雄安新区设立以来 8 月有余,这段时间做了这些大事》,《人民日报》2017 年 12 月 12 日,第 6 版。

② 李全、田梦、王潇:《河北省政府新闻办"京津冀医疗卫生协同发展新进展"新闻发布会全程实录》,"长城新媒体",2017 年 11 月 30 日。

## (三) 以基层治理创新为抓手,全面开展背街小巷环境综合大整治

拥有大量胡同是北京的主要城市特征,大量人口生活在胡同街巷之中,而以胡同为主的背街小巷环境的好坏,直接关系着居民的生活质量和城市总体社会环境的优劣,也考验着一座超大城市的社会治理能力和水平。为此,北京市按照城市精细化管理的要求,借助网格化管理体系,市委、市政府统一部署,首都文明办、市城市管理委牵头,按照"抓创建、治顽疾、促提升"总体要求,从2017年开始,利用三年时间在核心区2 435条背街小巷开展以"十无五好"为主要内容的环境整治提升和文明街巷、文明商户创建活动,旨在改善居民身边的生活品质,取得了显著成效。截至2017年,已经完成211条街巷,2018年完成1 141条背街小巷环境整治提升和深化文明创建工作,其中核心区完成615条、中心城区及通州区完成526条。这一工程的具体做法:一是制定明确的整治标准,即"十无一创建",其中:"十无"是指无私搭乱建、无开墙打洞、无乱停车、无乱占道、无乱搭架空线、无外立面破损、无违规广告牌匾、无道路破损、无违规经营、无堆物堆料;"一创建"为创建五好文明街巷,"五好"是指公共环境好、社会秩序好、道德风尚好、同创共建好、宣传氛围好;个别中心城区又增加了"两规范",即规范停车、规范架空线。二是推行专人负责、责任到人的"街巷长",建立"小巷管家"队伍,出台街巷长和小巷管家工作指导意见,明确职责、派选标准和工作机制。三是搭建"自治共建理事会",推行街区责任规划师、建筑师,征求辖区单位和居民意见,协同打造符合地区风格、展现首都风貌的高质量背街小巷市容环境。[①] 四是建立基层推荐、检查验收的绩效评价与表彰机制,有效巩固创建成果。

---

①　王思思:《1 141条背街小巷将完成提升》,《法制晚报》2018年3月28日,第11版。

## 二、上海：全球卓越城市为标杆的基层自治共治创新模式

上海是中国的经济中心城市，是一座拥有 2 400 多万人口的全球超大城市，目前的城市发展定位是卓越的全球城市。在经济转型创新发展中，上海的创新社会治理工作成为中央高度关注的事情，在 2014 年全国两会上，习近平总书记提出上海要"坚持以制度创新为核心，推进中国上海自由贸易试验区建设，努力走出一条符合特大城市特点和规律的社会治理新路子"的总体要求。为此，2014 年上海市委将"创新社会治理、加强基层建设"作为一号课题，由市委主要领导亲自挂帅，聚焦社会治理和基层建设，形成"1＋6"成果（"1"指《市委市政府关于进一步创新社会治理加强基层建设的意见》（简称《意见》），"6"指 6 个配套文件，主要围绕深化街道体制改革、完善居民区治理体系加强基层建设、完善村级治理体系加强基层建设、组织引导社会力量参与社区治理、深化拓展网格化管理提升城市综合管理效能、社区工作者管理办法 6 个方面)，对基层社区治理模式进行了全方位、根本性的变革，形成了具有中国特色、上海特点、自治与共治相结合的全球城市基层社会治理新模式，取得了显著成效。近年来，在党的十九大精神的指引下，根据我国社会主要矛盾的新变化，对标顶尖全球城市，不断创新，开创并形成了社区治理的新模式。具体而言，上海的基层社区治理主要采取了以下举措。[①]

### (一) 街道体制的改革与重塑

街道办事处是城市城区政府的派出机构，是基层社会治理的重要主体和空间资源配置单元，实现街道治理的现代化，是全球城市治理能力现代化

---

① 陶希东：《上海基层社会治理创新进展与问题研究》，杨雄、周海旺主编：《上海社会蓝皮书》，北京：社会科学文献出版社，2016 年，第 89—92 页。

的重要依托和保证。此次上海的基层治理改革中,街道的体制改革是一大亮点,做出了诸多新的制度安排,对全国城市基层管理体制改革具有重要的借鉴意义。

1. 取消经济职能,强化公共服务职能

在传统体制下,街道作为城区政府的派出机构,承担着大量的经济职能,发展经济、增加税收、招商引资是街道的核心工作,这使得街道过多地关注经济发展而无法顾及公共服务和公共管理,同时也导致了不同经济实力的街道之间,公共服务水平存在着较大的差距,社会发展不平衡现象突出。此次改革对街道的职能做出了新的界定,即全面取消街道的招商引资职能和相关的经济考核指标,街道主要履行加强党的建设(新增)、统筹社区发展(新增)、组织公共服务、实施综合治理、监督专业管理、动员社会参与(旧版为协调社区资源)、指导基层自治(旧版为指导自治组织)、维护社区平安(旧版为维护社会稳定)8 项职能,街道所用经费由区政府全额保障,明确公共管理、公共服务、公共安全成为新时期街道的核心任务,这为切实改善基层社会秩序提供了体制保障。在这一改革指导原则下,全市不同街道采取不同措施,加大进行经济职能的转型,全面打造公共服务型街道。例如,松江区在区、街道两个层面设立投资促进服务中心,每个街道设立分中心,并与街道实现功能剥离、空间隔离、财政分离,所有的经济职能划归该中心进行管理和运作,街道重点聚焦公共服务、公共安全和公共管理事宜。目前,全市所有街道的组织体制重建全部完成,2016 年上海市重新修订了《上海市街道办事处条例》,依法明确了街道所应承担的 9 大公共职责,指导基层居民区自治和社区共治成为街道的主要职责。

2. 增加街道权限与资源,发挥统筹协调能力

在传统治理中,街道和居委会承担着上级部门指派的任务十分繁重,有些居委会承担着 100 多项职能,有上百本工作台账,但所拥有的财权、人权、物权与繁重的工作事务严重不匹配,使得基层干部忙于应付完成各

项上级任务,苦不堪言,更缺乏有效满足当地居民需求的实力和能力。更为重要的是,在街道这一区域中,纵横关系不顺,街道无权也无法有效协调和调动驻区单位有效参与社区治理,社区共治格局难以形成。此次改革,坚持重心下移、资源下沉、权力下放的原则,赋予了街道更多的权限和资源,如人事考核权和征得同意权、规划参与权和综合管理权、重大决策和重大项目的建议权等,让街道做到有权、有物、有人,工作职能与资源配置相匹配,增强在块层面上的综合协调能力。例如,区的城管、房管、绿化等城市管理方面,对区职能部门设在街道的派出机构,实行"区属街管街用"模式,负责人由街道和区职能部门共同任命,人、财、物由街道管理。在城管体制改革方面,黄浦区直接撤销了区城管执法大队的机关编制,编制资源下沉到街道和重点地区执法中队;宝山区已有 716 名编制充实到基层,其中区城管执法局 90% 的参公编制,下放到各街镇;浦东新区进行两个 15% 改革(区级机关核减 15% 的人员和 15% 的内设机构),共有 113 名机关干部下沉充实基层一线,编制和人员进一步向开发区和街镇倾斜,开发区累计增加行政编制 24 个,部分人口导入多、管理服务任务重的镇行政编制增加了 40 个。

3. 社区向街道回归,并设置统一的内部机构

在过去一段时期,上海的街道被改称社区,社区(街道)党工委是街道的领导力量,但在"镇管社区"等多元体制并存的情况下,社区的概念出现一定的模糊和混乱。此次改革,将街道原来的社区党工委统一更名为街道党工委,领导机构名称上实现了向街道的回归和统一。同时,对街道内部的机构设置做出了"6+2"的规定,即统一设置党政办公室、社区党建办公室、社区管理办公室、社区自治办公室、社区平安办公室、社区服务办公室,同时可根据街道实际需要,增设 2 个工作机构①。目前,各区县已全面完成了机构设

---

① 《中共上海市委、上海市人民政府关于进一步创新社会治理加强基层建设的意见》,2014年 12 月 31 日。

置工作,表 5.1 列举了部分区街道内部机构设置的情况,主要区别表现在两个自行设置的机构上。

表 5.1　上海全市部分区"6＋2"设置方案

| 区 | 6 | 2 | 主　要　职　能 |
|---|---|---|---|
| 徐汇 | 党政办公室;社区党建办公室;社区管理办公室;社区服务办公室;社区平安办公室;社区自治办公室 | 社区发展办公室 | 负责动员社会力量参与社区治理,联系和服务区域单位,整合社区相关资源,为各类区域单位提供服务,优化区域发展的公共环境;负责组织落实社会经济专项调查、普查和在地统计工作;负责宣传舆论管理、精神文明、文化、教育、科普、体育等工作 |
| | | 专项办公室 | 负责强化具有区域特点或管理服务特殊性工作,把街道特定区域或者特定受众的管理服务工作做优、做强、做实 |
| 黄浦 | 同上 | 党群办公室 | 主要履行社区统一战线、宣传(精神文明)工作职能 |
| | | 社区发展办公室 | 主要履行社会事业发展、旧区改造、政府事实、社区规划、服务驻区单位等工作职能 |
| 青浦 | 同上 | 党群工作办公室 | 主要履行社区统一战线、宣传思想、精神文明建设工作 |
| | | 综合发展办公室 | 统筹社区发展、服务指导"三农"工作、财政审计 |

4. 促进机关服务窗口化、平台化

搭建服务窗口和平台,为辖区居民提供高质量的公共服务,是此次改革的一大重点。实际上,在改革之前,上海街道都设立有社区事务受理服务中心、社区卫生服务中心、社区文化活动中心、社区生活服务中心四大服务窗口,在此基础上,此次改革增设了城市网格化综合管理中心、社区党建服务中心(原社区党员服务中心更名为社区党建服务中心)和社区综治中心,要求工作互动、人员融合。至此,在街镇层面,形成了七大服务管理平台体系,实现机关服务的窗口化、平台化。

## （二）改革与完善乡镇治理体制

近年来随着上海城市化发展和基层政区调整变动，在郊区出现了一些大镇、大型居住区等形态，管理服务任务很重，但行政资源的配置还是按照镇级建制进行配置，无法有效满足实际管理的需要，给基层治理带来巨大挑战。为此，《意见》对进一步完善乡镇治理体制做出了新的设计，其改革亮点有两点。

1. 创建并做实基本管理单元

近年来，由于外来人口增加、中心城区旧区改造、大型居住区建设、乡镇合并等因素，上海的人口空间布局出现了新的趋势和特点，在近郊区地带出现了一批人口规模超过 20 万的大镇。为此，实行了"镇管社区"新模式（如宝山区探索提出的"3＋X"镇管社区模式；嘉定区大力探索形成了各具特色的"江桥模式"和"马陆模式"，提升了村镇管理的精细化程度），但在一些被合并乡镇、大型居住区等地带，公共管理和公共服务仍然存在不平衡、不充分的问题。此次改革，提出了基本管理单元新设想，旨在综合考虑人口、规模、面积等因素，选择一定地段设立新的管理单元，配置相应的公共服务资源和行政执法、专业管理力量以及专门、多功能的服务分中心，实现基本管理单元公共服务的完备性、可及性和便利性，提高管理效率。目前，全市已经首批确定了包括撤制镇、大居、实行"镇管社区"片区在内的 67 个基本管理单元，并且在每个基本管理单元内，建立了镇党组织和政府的派出机构，即社区党委、社区委员会，对基本管理单元进行统领和总协调；与此同时，要求在镇级层面的社区事务受理服务中心、社区卫生服务中心、社区文化服务中心、社区生活服务中心、社区党建服务中心等服务平台都在基本管理单元设分中心，为当地居民提供你公共管理和服务，从而将非均衡化的公共管理和服务"触角"进一步延伸到了基本管理单元中。

2. 进一步推进析出街道

基层行政区划的同步改革与调整，也是此次基层治理改革的重要内容，要求对城市化地区中与中心城区或新城连接成片、边界清晰,达到一定条件的区域,区要积极推动析出街道工作。从改革实践来看,普陀区长征镇的改革具有一定的代表性。长征镇地属普陀区,在 2014 年 12 月之前,长征镇拥有人口 23 万人,面积 10.81 平方千米,但其辖区呈现南、北两片不相连接的状态,中间被真如镇、石泉路街道所分割,北片 3.3 平方千米的万里地区,是整个街道的单独"飞地",万里地区的居民需要办事就要跨越真如镇到南片的长征镇区,非常不方便。为此,普陀区政府根据一号课题的精神,对长征镇的行政区划进行了调整,把原属长征镇北部单独片区的万里地区,从长征镇中析出,成立独立的万里街道,并按"6 + 2"的机构设置要求,新建了街道行政组织架构,主要发挥公共管理、公共服务、公共安全的核心职能。这一调整彻底解决了长征镇南北分割治理中面临的诸多矛盾和不便,促进了空间服务资源的科学、有效配置,也大大提升了对基层居民的社会服务能力和水平。

## (三) 完善居民区治理体系

居民区是基层社会治理的基本单元之一,构建完善的居民区治理体系,是确保基层社会治理成效的重要保障。为此,《意见》提出以下改革措施:

### 1. 搭建和完善居民区共治体系

居民区是一个拥有多重组织体系的管理单元,能否实现多元组织之间的协同、协调与资源整合,是有效提供公共服务、化解社会矛盾的决定性因素。为此,此次改革一方面要求,在居民区当中,充分发挥党组织、行政组织、自治组织(居委会、业委会)、市场组织(物业公司)、驻区单位、社会组织(群众活动团队等)共同参与居民区治理,积极搭建居民区联席会议、社区委员会、物业管理委员会等平台,并探索符合条件的居委会成员通过合法程序兼任业委会成员的方法,加强居民区多元共同民主协商机制、建设,实现居民区共治的局面。例如,奉贤区南桥镇,联合区域内 18 个业主委员会,成立了全国首个镇级业委会联合会,实现了居民小区业委会的规范运作和有效自治;虹口区凉城新村街道文苑一居民区将居委会、业委会、物业公司放在一间办公室里办公,成立"三驾马车"联合办公室,全力打造共建共治共享的社区生活共同体①。在居民区治理中,特别强调了党组织和党员的作用,通过推行驻区单位党组织到社区党组织报到、党的组织关系不在现居住地的党员到居住地党组织报到的"双报到"制度,进一步健全区域化党建平台,让各级各类党组织和党员充分融入本地化的居民区治理体系当中,发挥资源整合与引领作用。

2. 切实提高居委会自治能力

在法律上,居委会虽是群众自治组织,但在实际工作中,更多承担着过多的行政职能,超负荷运转,一直是居委会建设的一大难题,居委干部在沉重的行政工作压力下,无法顾及真正的居民自治事务。为此,提出并实施了以下改革:其一,减负增能,具体包括制定居委会协助行政事项清单、建立事项准入制度、建立电子台账建设等方法,切实减轻居委会的工作负担。在此基础上,2017 年 7 月 1 日,上海开始实施全国首部居委会地方性法规——《上海居民委员会工作条例》,明确要求市和区人民政府应当建立居民委员会协助行政事项的准入管理机制,制定居民委员会依法协助行政事项清单;对清单以外的协助行政事项,居民委员会有权拒绝办理②。其二,积极设立社区基金或居委会自治金,引导居委会提升自治能力。例如 2015 年 7 月,青浦盈浦街道设立了市郊第一家政府主导的非公募社区基金会,动员辖区企业、慈善机构、社会组织、社区居民等各种社会力量筹集资金,募集原始基金 500 万元,居全市街镇社区基金会之首;同时,发布了 2015 年度前期推行的包括为老服务、环保宣传、少儿教育、青年就业、文化服务领域的首

---

① 栾晓娜:《上海一街道试点居委会、业委会、物委会联合办公,服务居民》,澎湃新闻,2018 年 2 月 6 日。

② 上海市人民代表大会常务委员会:《上海市居民委员会工作条例》(2017 年 4 月 20 日)。

批 15 个公益项目,赢得了社会的支持、认可和称赞。具体来看,在自治金的运行过程中,充分照顾了居民的共同需求和公共利益,重点解决危机小区公共安全、公共服务、公共管理的急难愁问题,多奉行小区居民自立项目、分类开支、共同监督使用的做法,并实施规范化的项目申报、实施、评估和总结过程,真正发挥了居民自我组织、自我管理、自我服务的自治精神,居民参与社区公共事务治理的程度进一步提升。在此基础上,这一制度不断走向健全和完善,一些居民区自治金运作逐渐步入制度化、规范化、精细化发展的 2.0版,注重制定操作指南和工作手册,确保自治金制度实现法制化、精细化的良性运作,社会自治能力和水平显著提升。其三,注重建立健全基层民主协商机制。坚持有事好商量,众人的事情由众人商量,普遍建立党组织主导下的听证会、协调会、评议会"三会"制度,建立自下而上的自治共治议题形成、项目实施、效果评估机制,在党组织领导下依法依规开展主体广泛、内容丰富、形式多样、程序科学的基层协商,在协商中落实问计问需问政于民,在基层民主实践中生动践行党的群众路线①。

3. 把居民区党组织书记全面纳入事业编制

居民区治理的实践表明,居民区党组织书记,作为居民区治理的带头人和负责人,在居民区治理中发挥着十分重要而独特的作用,一个有能力、有群众基础的好书记,往往会带动居民区治理不断走向完善和成熟。但长期以来,较低的社会地位和经济待遇,大大制约了居民区党组织书记队伍的年轻化、职业化发展。此次改革最大的亮点在于把居民区党组织书记全面纳入了事业单位编制体系,享受事业单位退休待遇,增加遴选渠道,提高工资待遇,为夯实基层班长队伍提供了强有力的保障。

## (四) 组织引导社会力量参与社区治理

社会力量是创新社会治理的主体力量。加大培育社会组织,引导多元

---

① 周志军:《上海以党建引领社会治理创新的实践与启示》,《上海观察》2018 年 2 月 26 日。

社会力量参与社区治理,是全球城市提高基层治理效能的关键所在。为此,《意见》做出了如下制度安排和创新。

1. 明确参与社区治理的社会力量主体和重点,积极搭建各类平台

改革方案明确指出,参与社区治理的主体社会力量包括驻区单位、社会组织(社区生活类、社区公益慈善类、社区文体活动类、社区专业调处类)、社会工作者、社区骨干(老党员、老干部、党外代表人士和在职党员、社区代表)、志愿者、两代表一委员(党代表、人大代表和政协委员)等,形成多元参与社区治理的良好格局。在现有基础上,努力发展各类服务型社会组织,搭建多元主体参与的平台,成为基层治理实践创新的主方向。例如,松江区泗泾镇成立的鼓浪路商户自治协会,作为政府、商户、社区之间的参与共治平台,在促进商户规范经营、改善社区商务消费环境方面发挥了重要作用。

2. 完善社会力量参与社区治理的扶持政策

对此,改革方案重点围绕建立健全政府购买服务机制,创新专门扶持社会组织或孵化基地发展的财税政策,旨在形成政府与社会组织紧密合作的局面,增加社区公共服务的供给,改善社区公共服务的质量和效率。这些改革措施具体包括全面制定政府购买服务指导目录、承接社区服务的社会组织指导目录、规范政府购买服务流程、强化绩效评估、政府购买服务经费列入财政预算等,有效引导和保障社会力量有序参与社区治理。例如在市层面,上海市民政局、社团局联合有关部门出台了关于社会组织的"1+2+1"系列政策文件,其中:第一个"1"是指一个总体性文件,即《关于加快培育发展本市社区社会组织的若干意见(试行)》,对如何引导社会组织参与社会治理提出了顶层设计;"2"是指两个参与载体建设的政策指导文件,即《关于加强本市社会组织服务中心建设的指导意见(试行)》和《上海社区基金会建设指引(试行)》,对社会组织服务中心、社区基金会建设提出了具体的政策指导;第二个"1"是指一个目录,即《建立上海市承接政府购买服务社会组织推荐目录(试行)》,为政府提供了一份有能力承接服务的社会组织清单。相关

区县也出台了《关于培育发展社会组织参与社区治理的实施意见》等文件，初步形成了一套规范培育发展社会组织参与社区治理的顶层设计和制度安排。

## （五）深化拓展网格化管理

基层城市管理是全球城市社会治理创新的重要内容之一，上海较早建立了网格化管理体系，但由于基层管理队伍的不断增多以及网络化管理出现网络重叠、体制不顺的问题，影响了实际管理的绩效。为此，一号课题从明确边界、整合资源的目的出发，对城乡基层网络化管理架构提出了完善性要求，旨在实现城乡基层网络管理的全覆盖和高效率。主要改革措施包括：

1. 合理设置管理网格和职能边界，深化城市管理体制改革

包括网络管理体系向城市住宅小区和农村地区延伸，明确城市网格化管理的边界主要包括城市管理、市场监管、街面整治等领域，不断推动治安巡逻防控网、武装应急处置网、群防群治守护网与城市综合管理网格的充分结合，减少各类网格的叠加交叉现象。例如，虹口区的川北街道，设置了"32个网格＋6个协作块"，对疑难杂症实施精细化管理，收到了明显成效；黄浦区城管体制全面推进城管进社区改革，在社区设立社区工作室，建立"弄管会、路管会"等社会自治组织，并与绿化、公安、市场监管、居委、物业等部门一起，成立联合巡察督导队，充分借助城市网络化管理平台，不断提升管理和服务水平。

2. 组建街道、乡镇城市网格化综合管理中心，健全完善运作机制

在基层城市管理中，成立统一的管理平台，并实现与多种已有城市管理机制的相互衔接，协调整合各方力量，实行统一无缝隙整治管理。截至目前，全市各区全面建立了区、街镇层面的"城市网格化综合管理中心"，并强调重心下移、权责下沉，做实街镇、乡镇层面的城市网格化综合管理中心。例如，徐汇区"1＋13＋X"（"1"指区级网格中心，"13"指13个街道网格中心，

"X"是若干居民区网格站)实现全覆盖、一体化运行的城区网格化综合管理体系建成并投入运行,网格中心融合 12345 市民服务热线、应急处置、联动联勤等职能,形成"一个组织体系、一张统一网格、一个信息平台、一支综合力量、一个运行机制"的城市网格化综合管理格局,实现全区各街镇、居(村)人、事、物管理和服务全覆盖。在街道层面,形成了发现、立案、派单、处置、核查和结案 6 个环节组成的闭合性处置工作流程,切实提高了城市管理的快速发现、快速反馈、快速处置工作机制,单个部门执法力度受限、多部门联合执法协调等困难问题迎刃而解,更好地回应了群众诉求。

## (六)建立社区工作者职业化体系

如何整合并打造一支专业化的基层工作队伍,是上海基层治理创新的重要内容,也是重要保障之一。为此,一号课题从整合队伍、统一管理的视角出发,提出了社区工作者的具体对象,主要是指在街道、乡镇从事社区服务和管理,并由财政经费保障和统一管理使用的就业年龄段全日制工作人员,并提出如下改革思路。

### 1. 实施社会化招聘

如长宁区在对社区工作者的入职,按照公平、公开、平等竞争的原则,向社会实行公开招聘,对持有社会工作职业证书或社会工作专业毕业的大学生、优秀大学生村官、"大学生服务社区计划"的优秀大学生、市委组织部选派到区社区岗位实习锻炼的优秀大学生、热心社区公益事业的志愿者等应聘人员可优先录用。①

### 2. 职业化发展

主要表现在为社区工作者制定明确的岗位等级、薪酬体系和职业认证制度,促进这支队伍的专业化、职业化水平。一般而言,全市社区工作者划

---

① 《上海长宁探索构建社区工作者统一职业化薪酬体系》,2015 年 6 月 27 日,http://www.vos.com.cn/news/2015 - 06/27/cms859668article.shtml. 2017 年 5 月 15 日。

分为 3 岗 18 级的职业等级序列,薪酬体系由基本工资和绩效工资组成,其中基本工资与本人所处的工作岗位、序列等级相对应,占到基本年收入的 80% 左右,绩效工资主要根据年度考核的情况来确定,占年收入的 20% 左右。[①]

**3. 实施契约化管理**

街镇对正式聘用的社区工作者,通过设立民办非企业单位——"街道(镇)社区工作者事务所",由该事务所与社区工作者签订劳动合同,实行劳动合同管理。

**4. 完善绩效考核机制**

在传统体制下,各级领导干部的考核通常采取的是"上对下"的考核制度,区职能派出机构考核街道、街道考核居委会。在这种体制下,向上级部门或领导负责,成为各级干部工作的主要目的。而一号课题提出在对社区工作者的考评中,加大群众评议,并将考评结果作为其调整岗位、调整等级、薪酬待遇、奖励惩戒、续聘解聘等的重要依据。例如,虹口区曲阳街道建立了"下对上"的双评级机制,即居民考评居委干部、居委干部考评街道,特别是居委会干部对街道的考评中,街道邀请几位资深居委干部组成考评小组,由 170 余位居委干部全体参与打分,对街道机关科室、机关联络员逐一评价打分。尽管考评小组对街道干部的考评仅作街道考评的参考值,但一旦考评小组对某个居委会干部做出差评,就预示着其工作就属于不称职;四平路街道的社区工作者考评,也实现了变"自上而下"为"自下而上",老百姓满意不满意成为社区工作者成绩好坏的重要依据。这一改革策略,有效克服了基层工作单纯"向上负责"的弊端,切实推动了基层干部"向下负责"的转变,让更多居民从基层工作中受益。

---

[①]　《上海长宁探索构建社区工作者统一职业化薪酬体系》,2015 年 6 月 27 日,http：//www.vos.com.cn/news/2015 - 06/27/cms859668article.shtml. 2017 年 5 月 15 日。

## 三、天津：以新区、新市民为导向的集中审批与综合服务治理模式

天津直辖市是我国北方最重要的港口城市，是拱卫京畿的要地和门户，自古以来具有十分重要的战略地位。伴随着我国改革开放进程的深入推进，天津借助自身优势，不断加大体制机制的改革创新，2009 年在三区（原塘沽区、汉沽区、大港区）合并的基础上，成立了滨海新区，2015 年设立中国（天津）自由贸易试验区，使得城市经济和功能保持了同步的转型升级和创新发展。截至 2017 年年底，全市面积 1.2 万平方千米，拥有常住人口 1 556.87 万人，其中，外来人口 498.23 万人，占全市常住人口的 32.0％；全市有 16 个市辖区（其中 1 个副省级区），共有乡镇级区划数 245 个。目前天津正在成为京津冀协同发展中的重要一极，以"五个现代化天津"为目标，以滨海新区和自贸区为依托，现代新型经济发展（聚集经济、开放经济、智能经济）与社会治理创新并重，全方位打造辐射"一带一路"的北方经济中心，追求经济的高质量发展，努力提高民众的生活品质。综观天津社会治理的实践，其最显著的特点在于社会治理的改革创新，从一开始就充分发挥滨海新区这一新型平台的试验与引领功能与作用，以更开放、更包容、更高效的目标出发，在经济监管和社会服务两个方面以及各级层面的治理工作，突出了综合管理、整体服务、多方参与的特点，旨在解决长期以来我国行政管理和服务体系中多部门分割的问题，从而理顺社会治理的体制机制，打造更加安全和谐的社会环境。据此，笔者将天津超大城市的社会治理模式归纳为立足滨海新区、面向新市民的集中审批和综合服务治理模式，其富有特色的主要举措包括以下几个方面。

### (一) 组建行政审批局，实行一颗印章管审批

早在 2004 年，天津市政府就颁布了《天津市人民政府关于集中办理行

政许可和行政审批事项的决定》,按照"建立完善市、区县两级行政许可服务中心,凡具有行政审批职能的市级政府部门原则上都要进驻市行政许可服务中心办公,实行'一站式'审批服务"的要求,开始了入驻市行政许可服务中心的第一批集中审批事项。2006年,为加快滨海新区的发展,又颁布实施了《天津市行政审批管理规定》,第二批313项行政审批及配套服务事项在天津市行政许可服务中心开始集中办理、现场审批,此时进驻天津市行政许可服务中心的部门和单位已达85个,集中办理的审批及配套服务事项共924项。[1] 2014年,天津滨海新区按照"审管分离"的原则,进一步加大审批制度改革,对碎片化的审批权力进行整合,在国内率先组建了专门负责集中审批事项的独立机构——"行政审批局",将全区18个部门的216项审批职责,全部划转到行政审批局,相对集中行政审批权;同时,建立公布权力清单、审管互动信息交流、重大事项会商、专业审查员审核、监管部门派出观察员参与踏勘等工作机制,既实现了审批与监管的无缝对接,又解决了多部门各自为政、政出多门、"九龙"治水、信息孤岛等问题,如今把投资贸易和生活服务事项全部纳入"一个大厅""一个窗口"办理,原来由18个部门近600人掌管的109枚印章,减少到1个部门102人掌握的1枚印章,将重复、交叉的审批事项先从216项减少到173项,再从173项减少到147项,减幅达30%以上,[2]实现了"让材料和数据多跑腿,让群众和企业少跑路"的目标,有效解决了信息不对称、权力碎片化、"最后一千米"的问题。

## (二) 推行部门合并,实行一个部门管市场

食品安全是社会建设领域的重大民生问题,也是社会治理的核心议题之一。但由于受传统体制的影响,食品安全治理工作或市场监管长期以来

---

[1]　郑凯、翟媛:《天津第二批313项行政审批事项开始集中办理》,中国广播网,2006年6月2日。

[2]　张静淇:《天津滨海新区集中行政审批权,成我国法治政府建设破冰之举》,人民网,2016年12月12日。

分散在食药监、工商、质监等多个部门,职能交叉、监管交叉缺位、多头执法成为常态,直接导致"八个大盖帽管不好一头猪""超市买了一包奶喝出问题不知道找谁""有头无脚,看见没法管""有脚无头,想管不便管"等问题,严重制约社会治理创新及其治理效果。根据天津工商局的一项调查表明,在市场监管方面,有143部法律法规交叉于工商部门和其他部门之间,仅食品安全监管至少涉及12个部门。为此,早在2014年7月,天津市率先启动全国省级层面、以强化事中事后监管为主、大市场大监管的大部制新体制改革,由原天津市工商行政管理局、食品药品监督管理局和质量技术监督局三个部门"三合一",整合组建成立了天津市市场和质量监督管理委员会(整合了市卫生局承担的食品安全有关职责),不再保留食药监局、工商局和质监局三个市级部门。整合后实行了"一个窗口办事(整个原来三个部门的行政审批)、一个窗口投诉(整合了'12315''12365''12331'三个受理平台)、一支队伍执法(整合了原工商、质监、食药监的三支执法队伍)"的服务和监管新模式。这一国内政府机构跨部门整体性治理的改革创举,发挥了较好的示范和引领效应,为后来上海浦东新区和深圳的同类改革以及党的十九大以后出台的国家机构改革,提供了良好的改革思路和现实基础。

## (三)基层推行综合执法,实行一支队伍管全部

基层社区作为城市社会的基本空间单元,理应进行以块为主的综合治理。但在中国城市中,由于受体制的影响,基层社区治理普遍面临着资源有限、条块分割的问题,"上面千条线,下面一根针"形象说明了部门分割、科层体制对基层社会治理带来的困惑和压力,表现在市场监管方面,面临着执法资源有限(大部分执法权限集中在市级职能部门,街镇没有执法权)和多个执法队伍多头管理的双重问题,导致出现街道"看得见管不了",而执法部门"管得了看不见",以及多头管理、权责不清、管理缺位等治理难题,尤其是一些城郊接合部地区,问题更加突出。为有效破解基层社会治理中的这些难

题,天津市在 2008 年就在东丽区的华明示范镇,就组建了一支拥有 9 项综合职能的执法队伍,实行"一项大盖帽管全部",对街道综合管理进行了尝试。随后,从 2013 年开始,天津市在 15 个街镇开展行政执法授权试点。2014 年 8 月,颁布实施《天津市街道综合执法暂行办法》,全面推行街镇综合执法改革,推动行政执法重心下移到街镇,全面推行"一支队伍管全部、一支队伍管到底"的新型管理模式。具体而言,一是授权街道办事处和镇政府为独立的执法主体,相对集中行使行政处罚权。除城市管理外,以综合执法事项为基础,授予街镇水务、环境保护、劳动保障、殡葬、房屋安全、公安消防、卫生、食品安全、商务、文广、安监、民政等方面的部分行政处罚权,共 33 类 291 项;除了直接实施的行政处罚权外,改革还赋予街镇一部分"监督检查以及发现违法行为责令整改的权力",这部分权力共分 9 类 27 项,包括有关违反殡葬管理、将住宅改为经营用房、擅自挖掘道路、非法倾倒废弃物和危险品以及各类无证无照经营的违法行为。[①] 二是在市内 6 区的街道和郊区县的街道、重点镇设立综合执法队伍(统一命名为天津市××区(县)××街道综合执法大队)[②],采取"一支队伍管全部""一支队伍管到底"的模式,将行政执法无缝对接,实现快速反应、高效率。这一改革在滨海新区、东丽区等区县取得了显著成效。例如,滨海新区将 13 大类近 300 项行政处罚权,东丽区将 16 大类 310 项行政处罚事项、5 大类 24 项"责令整改"事项的执法权,下沉到街镇一线,街镇设立综合执法大队,统一执法,实现了街镇综合执法"一支队伍管全部"[③],城市管理方面的群众信访投诉率不断下降。[④]

---

① 胡然:《看一支队伍如何管全部、管到底》,《天津日报》2014 年 8 月 8 日,第 9 版。

② 天津市人民政府办公厅:《天津市人民政府关于印发天津市街镇综合执法队伍组建方案的通知》(2014 年 10 月 18 日)。

③ 刘林、张华迎:《天津滨海新区实现街镇综合执法"一支队伍管全部"》,新华社 2014 年 8 月 7 日。

④ 吴蕊:《东丽区实施新型管理模式 "一支队伍"管出和谐》,《今晚报》2015 年 1 月 18 日,第 7 版。

## 四、广州：温情城市引领下以社工为突破口的社会化治理模式

广州地处中国南部，为广东省省会，紧邻我国香港、澳门，是中国的"南大门"，具有 2 000 多年长盛不衰的发展历史，自古就是海上丝绸之路的重要港口和起点之一。截至 2017 年年末，广州市常住人口 1 449.84 万人，城镇化率为 86.14%；年末户籍人口 897.87 万人，户籍人口城镇化率为79.69%，总面积 7 434.4 平方千米，下辖 11 个区。2017 年 GDP 总量突破 2 万亿元。近年来，广州加速建设国际航运、航空、科技创新枢纽，夯实信息基础设施网络，辐射半径迅速扩大，正在成为全球重要的产业集聚地、创新策源地和枢纽型网络城市。根据全球最权威的世界城市研究机构 GaWC 发布的 2016 年世界级城市名册显示，广州首次入围 Alpha -级，成为全球 49 个世界一线城市之一，在国内仅次于北京和上海。① 伴随着继美国纽约湾区、美国旧金山湾区、日本东京湾区之后世界第四大湾区——《粤港澳大湾区发展规划纲要》的实施，广州的窗口作用将会进一步放大，必将成为粤港澳大湾区的核心枢纽城市和中国更具竞争力的全球城市。近年来，广州以创建"干净整洁平安有序"、有温度的"文明广州"作为社会治理创新的突破口，激发基层治理要素活力，形成了政府主动作为、社会协同参与、政民良性互动的社会共建共治共享新格局，城市有了更多温情，群众幸福感、获得感快速增长。② 尤其需指出的是，广州作为一个开放度和市场化程度高、外来人口多元、国际移民增多的全球现代化超大城市，在社会治理领域，学习引进中国香港、新加坡等地较为成熟的社工理

---

① 佚名：《世界一线城市广州已"富可敌国"，预测 2035 年将排全球 GDP 第 8 位》，《广州日报》2017 年 12 月 19 日，第 12 版。
② 徐金鹏、马晓澄：《广州创新社会治理 建设"温情城市"更宜居》，新华社 2016 年 10 月 13 日。

念,在全国率先形成了政府主导、社会协同、项目运作、专业服务的社工发展
"广州模式"①,从而使广州社会治理的社区化、专业化、社会化、项目化特色
明显,形成社区社会组织、专业社工队伍、社区空间载体(如家庭综合服务中
心、社会组织培育基地等)为一体(或三社联动)、政府购买服务的项目化、社
会化治理新模式,更好地满足了社会多样化、差异化、个性化的社会服务需
求,提升了市民生活质量。综观其丰富多彩的治理实践,广州以社工为突破
口的社会化治理模式,重大举措主要包括以下几个方面。

## (一) 创新完善社工发展的政策体系,打造社工人才成才成长的良好生态环境

专业化的社工,被称为社会工程师或社会医师,他们在帮助弱势群
体解决困难和渡过难关、为需求者提供专业的社会服务、帮助解决社会
问题等方面具有十分重要的作用。为加大政策创新力度,2009—2016
年,广州出台了 20 多份政策文件,包括:将社会工作经费纳入常态化财
政预算;市级层面设立社会工作人才队伍建设领导小组,统筹领导社会
工作发展;市民政局增设专门的社会工作处,指导成立全市社会工作协
会;出台《关于加快推进社会工作及其人才队伍发展的意见》《广州市财
政支持社会工作发展的实施办法》《广州市民办社会工作服务机构公共
财政基本支持实施办法》等;制定社会工作专业人才教育培训规划,建
立社会工作高端人才培育基金,建立教育培训长效机制;将助理社会工
作师和社会工作师纳入《广州市积分职业资格或急需工种目录》,持证
社工通过审核验证可在积分入户申请时获得 20 分的加分资格;推进
《广州市社会工作服务条例》《广州市政府资金支持社会工作发展实施
办法》《广州市家庭综合服务中心管理办法》《广州市社会工作服务标

---

① 张培国:《社工发展"广州模式"为社会治理创新添彩》,南方网,2016 年 11 月 7 日。

准》等制度建设；①开展社会工作行业十佳评选（涵盖"十佳家综""十佳专
项""十佳社工"和"十佳案例"四大类别）等，建立一整套有利于社工发展的
政策法规体系、人才培育机制和专业人才激励机制，营造良好的人才成长环
境，培养一批本土化的社工队伍，推动社工发展的正规化、职业化，成为广州
社会治理创新的首选和突破口。目前，广州全市拥有持证社工1.8万名，有
2名被评为全国社会工作领军人才，54名社工获国家、省市级先进个人、劳
动模范等荣誉称号，②到2020年，广州各类专业社工人才总量达2万人，确
保社会工作专业人才队伍建设、政府购买服务项目和社会工作服务成效继
续走在全国前列。③

## （二）搭建载体、政府购买、项目化运作，构建"综合＋专项"的社工专业服务矩阵

广州是我国专业社工服务发展的先行地之一。从2008年开始，政府年
均投入财政资金3.3亿元④购买社工服务。经过多年实践，建立健全了包括
财政支持、流程规范、项目招投标、项目评估、项目监督等在内的项目化、市
场化的政府购买社会工作服务制度。从2011年开始，广州在每个街道设立
了政府出资建设的"街道家庭综合服务中心"，实行严格的招投标制度，委托
专业化的社工机构进行运营管理，通过政府购买社工机构服务，实行项目化
方式运作。每个家庭综合服务中心，发挥"全科社工"的作用，重点向家庭、
青少年、长者等提供服务，并根据社区实际情况，构建包括社工、心理咨询
师、康复师、护士等在内的跨专业服务团队，围绕居民多元化服务需求，为居

---

① 广州市民政局：《牢记社工心，建功新时代——2018年广州社工宣传周活动正式启动》，
广州市民政局网站，2018年3月21日。
② 黄艳：《广州市社工机构数量全国第一》，《信息时报》2018年12月18日，第11版。
③ 李强：《广州社工专业人才，2020年力争达2万人》，《南方日报》2016年11月8日，第
9版。
④ 李强：《"全科＋专科"形成穗社工服务矩阵》，《南方日报》2016年10月19日，第6版。

民提供专业化的社工服务。与此同时,广州市以政府购买社工机构服务的方式,在全市推出包括失独家庭、空巢老人、逆境的青少年、外来务工人员、在穗外国人、社区矫正和安置帮教人员、流浪乞讨人员等 15 个社会工作专项服务项目,①每个项目推行"社工义工联动"模式(通过发挥专业服务的引领作用,推广"展业社工、全民义工",全市社工服务团队培育发展义工队伍 2 000 多支,义工 65 万人,参与社区服务的义工超过 300 万人次),发挥"专科社工"的作用,专注于一个领域,为有特殊需求的群体提供个性化的专业服务。② 目前,全市民办社会工作服务机构 417 家(数量位居全国第一),家庭综合服务中心 188 个,提升每年合计服务超过 290 万人次,既推动了社会治理方式的转型,又让广大市民的获得感得到了显著提升。

## (三) 强化规划引领,创新推动"社工＋"发展新模式

发挥社工队伍优势,广州大力实施"社工＋"发展模式,成为其创新社会治理的独特路径和模式选择。为此,2017 年,广州市将"社工＋"发展议题设立为市级推进项目,由民政局制定相关工作落实方案,从三个层面推行"社工＋"发展新模式。一是"社工＋服务机制",即在市民政部门的指导下,与相关职能部门、群团组织之间高度配合,"资源共享、平台共用、优势互补、工作互动",建立联动机制,在不同系统、不同服务领域共同推进社会工作,引入社会组织或社工机构承接社会服务,全面推动社会服务的社会化进程。二是"社工＋服务领域",即全市政府相关职能部门,围绕各自的服务种类,在流浪救助、禁毒、精神康复、慈善、公益创投等领域,积极引进社工力量,扩大社工服务的参与和覆盖面,提高服务的专业化水平。例如,市司法局有253 名司法社工在岗提供服务;团市委青少年事务社工约 1 300 名;市禁毒办配备 262 名禁毒专业社工,为全市 5 000 余名社区戒毒社区康复人员提供

---

① 李强:《15 个专项服务项目深度服务居民》,《南方日报》2016 年 11 月 7 日,第 7 版。
② 李强:《"全科＋专科"形成穗社工服务矩阵》,《南方日报》2016 年 10 月 19 日,第 6 版。

帮扶救助服务。市来穗人员服务管理局以积分制入户为切入点,明确"社会工作者"为急需职业工种,为社会工作者入户广州提供政策倾斜,更精准地吸纳广州紧缺人才;同时,联合社会工作部门开展来穗人员服务关爱活动,加强来穗人员的归属感与融入感。三是"社工＋城际合作"。目前,广州与贵州省黔南州、肇庆市、江西省等省、市建立结对帮扶工作,通过指导、培训、结对支持、帮扶共建等方式,加快推进当地社会工作发展,扩大"政府主导、社会协同、项目运作、专业服务"①。

## 五、深圳:以织网工程为抓手的政府数据集中共享与大数据治理模式

深圳是我国改革开放之初设立的经济特区,经过 40 年的改革开放,以一流的创新环境和营商环境,培育了华为、平安、腾讯、比亚迪、大疆等一批世界知名企业,现已经成为一座最具创新活力的全球超大城市。截至 2017年年末,全市 GDP 达 22 438.39 亿元(首次超过香港的 GDP,第二、第三产业比例为 41.5∶58.4,先进制造业占规模以上工业比重约 70％,新兴产业增加值占 GDP 比重超过 40％,现代服务业占服务业比重超过 70％,科技进步贡献率达到 61％),位列全国第三;财政总收入 8 600 多亿元;常住人口 1 252.83 万,其中户籍人口 404.8 万人、外来常住人口 848.03 万人(人口倒挂现象非常显著),常住人口平均年龄为 33 岁,②是一座年轻化、移民为主的现代化国际大都市。对这样一个具有特殊人口结构的超大城市而言,创新社会治理面临的首要问题,就是如何打破以户籍为依据来提供公共服务的传统治理模式,探求以实有人口为依据进行公共服务递送和社会治理的新模式,让外来

---

① 广州市民政局:《牢记社工心,建功新时代——2018 年广州社工宣传周活动正式启动》,广州市民政局网站,2018 年 3 月 21 日。
② 张小玲:《你拉低了平均年龄? 深圳人口平均年龄约 33 岁!》,《南方都市报》2018 年 1 月22 日,第 11 版。

的城市建设者与户籍人口同等地享有公共服务,解决他们及其子女教育、就业、社会保障等后顾之忧,进而促进城市的公平、包容、创新发展。而要实现这一治理目标,首先要打破不同部门之间的人口信息壁垒或信息孤岛,构筑统一的人口综合信息服务平台,精准化地掌握城市实有房屋、企业法人、实有人口等方面的信息和数据。正是为了解决这一治理难题,深圳市委、市政府在 2012 年 7 月,设计制定《深圳市社会建设"织网工程"综合信息系统建设工作方案》;在街道和区试点的基础上,2013 年 11 月 5 日,印发《关于全面推进社会建设"织网工程"的实施方案》,提出到 2014 年年末完成建设并试运行,促成信息资源跨区域、跨层级、跨部门联通共享;2015 年,推动市、区、街道、社区四级"织网工程"综合信息系统正式运行。[1] 目前,"织网工程"公共信息资源库已联通全市 10 个区(新区)和 23 家市直部门,导入公安、教育、卫生计生、劳动社保、民政、住建、统计等部门的业务数据达 38 亿条。通过自动清洗比对,已关联 1 000 多万人口,200 多万商事主体,79 万栋楼 1 000 多万间(套)房的信息。这些大数据在社会服务管理、城市规划、经济布局、交通管理等领域的决策分析以及基本公共服务资源配置等方面的应用逐步增多,[2]在积分入学、敬老优待证办理、高龄老人津贴、居住证办理、房屋租赁合同登记备案、健康进社区等领域,形成了业务数据的大集中和大共享,实现了"让数据多跑路、让老百姓少跑腿",成为全国超大城市社会治理创新的一个新标杆,让深圳成为全国首个"政务信息共享国家示范市",使深圳的社会治理智能化、构筑共建共治共享社会治理新格局走在了全国前列。具体而言,这一治理模式的重大举措包括如下几方面。[3]

---

[1] 李秀峰、韩亚栋、崔兴硕:《深圳"织网工程":创新社会治理的新标本》,《行政管理改革》2014 年第 10 期。

[2] 刘姝媚:《深圳推进"织网工程"探索城市治理新路径》,《深圳晚报》2017 年 9 月 11 日,第 13 版。

[3] 胡小明、李苏:《深圳"织网工程"数据共享新探索》,《中国信息化》2014 年第 7 期。

## (一) 实行集中、统一的基础数据采集

众所周知,数据、信息是社会治理智能化、精准化的核心资源和重要基础。在现实城市社会治理中,受传统管理体制的影响,治理或服务对象的大量信息通常分散在不同的政府职能部门当中,而其数据的采集也是借助各自条线的采集系统,这必然造成同一数据重复采集、各部门数据标准不统一、不准确、不完整,更难以整合、共享,最终导致对城市社会治理的一些要素(如外来人口、租住房屋等),没有任何一个政府职能部门说得清楚,也给公共服务带来巨大的不便甚至不公平。为此,深圳首先从流动人口数据入手,规范整合数据收集渠道,整合各自条线的数据采集队伍,变分散的数据采集模式为全市统一的数据采集,即整合流动人口、出租屋、综治、计生、民政、公安、劳动、城管、安监计生、城管等领域从事基础信息采集工作的队伍力量,组建形成一支强有力的网格信息员队伍,同时把这项工作与城市网格化管理相结合,将全市划分为1.6万网格,每个网格一个数据采集员,其在社区综合党委、居委会、工作站、物业管理公司、社区民警、楼栋长和志愿者的协助下,采用安装、使用全市统一的社区综合信息采集系统终端软件的移动智能采集终端,动态采集网格内的实有人口、法人(机构)、房屋、城市部件等基础信息以及市(区)相关单位的业务信息、矛盾纠纷和问题隐患等信息,及时核实居民、法人(机构)主动申报的信息,统一上传到市社区综合信息采集系统(库)。① 这种做法有效克服了数据采集扰民、效率低下的问题,大大提高了数据采集的规范化、及时性和整合度,为大数据社会治理打下了坚实的基础。

## (二) 实行数据整合,构建全市公共信息数据库

规范化的数据收集,为数据的交换共享创造了条件。将实地采集到的

---

① 中共广东省深圳市委办公厅:《中共深圳市委办公厅、深圳市人民政府办公厅关于印发〈关于全面推进社会建设"织网工程"的实施方案(试行)〉的通知》(2013年12月16日)。

数据和已经存在于各相关职能部门中的数据进行集中与整合,建成一个由各种基础数据构成的大数据公共信息资源库,是真正实现数据联通与共享的关键所在。为此,一方面,深圳在实际操作中,基层信息收集员把规范化的数据统一上传到市社区综合信息采集系统(库)以后,通过全市政务信息资源共享交换平台,把所有的基础数据导入全市公共信息资源库,构成社会治理智能化的重要数据源泉。另一方面,除了专业数据以外,将分散在公安、民政等36个职能部门中的基础数据,通过规范的统一编码、数据清洗等方式,也整合进全市公共信息资源库,通过系统内部,对信息员收集的基础数据与业务数据进行相互连接、比对,实现了数据的整合。与此同时,要求相关职能部门保留的各自专业数据库,必须开放对外的查询接口,以便实现跨部门之间的信息查询和连接共享。根据社会治理专业化、高效的需要,这一公共信息数据库包括人口、法人(机构)、房屋、城市部件等基础数据库,矛盾纠纷问题和隐患事件、社会信用、市场监管等主题数据库,以及市区相关单位的业务数据库。这一统一的公共信息数据库及其内部的数据连接共享,成为深圳在为民服务和企业办证等领域实现"减少重复填报""让数据多跑路、让企业少跑路"等大数据治理格局的重要依托。

## (三) 服务导向,加大数据系统的深度开发应用

在依托大数据进行社会治理的过程中,数据及数据库是核心资源和基础,但关键是要充分发挥数据库对政府决策和民生改善中的服务功能,全面提高社会治理的效率,降低社会治理的成本。为此,深圳在建设全市统一公共信息数据库的基础上,以服务为导向,针对优化政府决策和改善民生服务两个领域,对数据库进行二次深度开发应用,全面提升政府的服务效率。其主要做法:一是强调开放共享,开发决策分析支持系统。在加大数据开放与共享的基础上,全市所有市级职能部门,依托公共信息数据库,对各自管理的相关部件或要素数据进行可查询、统计和分析,为提高决策服务水平提

供支撑。允许市直相关部门和区政府根据服务需求，依托公共信息数据库，可自行开发相关决策服务系统，全面满足市政机关对精准化治理的需求，提高大数据在基层社会管理和服务中的应用，加强社会形势的整体研判和动态预警，以便实现社会治理的整体规划和统筹安排。与此同时，强调数据资源的基层服务导向，将数据向区县、街镇等实务操作部门开放，为基层一线管理者的精细化管理提供数据支持。二是注重联动协作，建设社会管理工作网。在市、区两个层面，依托公共信息数据库，开发建设市、区级社会管理工作网，实现多部门之间对所有社会矛盾纠纷和隐患事件的受理、分流、调处、整治、指挥、监督和考核等业务，完善分级网络化处置机制，实现了部门联动工作，快速及时地发现并解决社会问题，旨在提升社会事件的网络化应急治理能力和水平。三是以改善民生和社会参与为目的，开发为民服务的市、区、社区三级专门数据网络平台，即社区家园网。目前，全市每个社区均建立了社区家园网，这是一个集行政性服务、公益性服务和市场化服务于一体的特色化综合信息服务平台，通过与手机网站、微信等平台的对接，一方面给居民提供各类生活服务信息，另一方面也是引导广大居民积极参与社会治理、参政议政的重要信息互动平台。

## 六、重庆：统筹城乡协调战略引领下的"三社联动"治理模式

重庆是我国西部地区唯一的一个超大城市，是长江上游地区的综合经济中心和"一带一路"的重要连接点。总面积8.24万平方千米，2017年常住人口3 075.16万，其中城镇人口1 970.68万人，乡村人口1 104.48万人，城镇化率64.08％，外来人口167.65万人，地区生产总值19 500.27亿元，全市共辖26个区，8个自治县，204个街道、611个镇、193个乡、14个民族乡，其中9个城区面积5 472平方千米，人口800多万，是一个集大城市、大农村、

大山区、大库区特征于一体的直辖市。目前全市 60 岁以上的老年人口总数达到 621.76 万人,老龄化程度达到 20.2%,已进入老龄化社会的行列。2009 年,重庆被国务院批准为"国家统筹城乡综合配套改革试验区",围绕城乡户籍制度、农村集体资产改革、一二三产业融合发展、城乡公共服务均等化、城乡生态补偿等议题,破解一体化发展面临的难题,实现城乡统筹发展,成为近年来重庆全面深化经济体制改革和社会治理创新的重大指导思想和重要战略任务。综观重庆市的社会治理,其最突出的亮点在于从统筹城乡发展的视野出发,为了有效应对流动人口增加、老龄化加剧以及深化政府职能转变的治理挑战,在城乡社区全面推进社工、社区、社会组织"三社联动"的治理模式,成为重庆创新基层社会治理的一个突破口,取得了显著成效,值得总结。具体而言,其主要举措包括以下几方面。

## (一) 着力建设"三社联动"的基本要素体系

要实现社工、社区、社会组织之间的"三社联动",首先要具备专业化的社工队伍、健全的社区体系、强有力的社会组织这三个基本要素或"三驾马车",其中社工是重要人力支撑、社区是共治平台、社会组织是实施载体。因此,全力构筑这三大要素体系,成为重庆实施三社联动、创新社会治理的首要战略举措。

### 1. 出台相关政策,培育专业社会工作人才队伍建设

目前重庆的社工人才队伍已达 4.4 万人,其中持社会工作者职业水平证书的社工人才达 12 291 人,已经覆盖所有区县和 18 个社会管理服务领域。针对社工人才队伍的培养,主要举措包括:(1) 10 所高校设有社工专业,每年培养社工本专科和研究生人才近 1 000 名,为社会输送专业人才;同时,高校与社区合作,设立社会工作"校地合作"基地,为在校社工专业学生提供基层社会实践的机会和场所。(2) 完善社工发展政策体系。先后出台《重庆市社会工作人才队伍建设中长期规划(2010—2020 年)》《关于加强

社会工作人才队伍建设的实施意见》等文件,全方位扶持社工队伍的发展壮大。(3)开设社会工作知识普及培训、考前公益培训、督导高级研修培训、社会工作行政能力提升培训等 7 大类教育培训,初步形成完整的社会工作继续教育体系,①努力提升社工人才素质。(4)建立完善社会工作师、助理社会工作师、社会工作员等职业水平评价制度,建立健全社会工作人才薪酬保障机制、表彰奖励制度(评选年度十佳最美社工),促进社会工作职业化发展。(5)实施"万名社工专才培养计划"。为了满足不断增加的多元化社会服务需求,从 2012 年开始,重庆启动了重点人才培养计划——"万名社工专才培养计划",到 2020 年,全市将培养社会工作领军型人才 50 人、高层次社会工作人才 1 000 人、社会工作骨干人才 3 000 人、社会工作管理人才 3 000 人、基础性社会工作服务专才 20 000 人,全市社会工作人才总量增加到13.3万人,其中社会工作专业人才达到 2.7 万人。②(6)吸纳社工人才参政议政。在 2018 年重庆两会上,一名 85 后的年轻人、有 10 余年工龄的社工李长洪成为首个以社会工作者身份进入市政协组织的委员③,为吸纳社工人才进入国家治理和参政议政打开了新的通道,也为促进社会工作职业化发展提供了利益表达的机会和渠道。

2. 加大去行政化改革,构筑自治型社区体系

社区作为超大城市基层治理的基础单元,依法剥离社区居委会所承担的大量行政事务,让其变成专门履行和增强社区自治功能的自治组织,更多发动居民开展自治工作进而化解基层社会问题与矛盾,是实现超大城市社会治理现代化的重要基础。为此,重庆市在培养社工专业人才队伍的同时,全面推动基层社区的去行政化改革,旨在淡化社区的行政化功能,让其回归

---

① 陈波:《"三社联动":重庆社会工作及社工组织迅速崛起》,《重庆日报》2015 年 10 月 21 日,第 8 版。

② 张莎:《重庆:万名社工专才培养计划启动》,《重庆日报》2012 年 12 月 19 日,第 11 版。

③ 戴娟、杨铌紫:《市政协委员李长洪:愿推动社工职业化促社会和谐发展》,《重庆日报》2018 年 1 月 25 日,第 7 版。

自治的本色,具体措施包括[1]:(1)全市层面编制印发《重庆市市级部门延伸到村、社区工作事项目录》,全面清理市、区县、街道等相关职能部门延伸到村、社区的行政事务工作,建立公共服务事物的准入制度,为村、社区减负,优化社区自治的外部环境。市级层面延伸到村社区工作事项由原来的121项减少到62项,37个区县延伸到村、社区的工作事项平均由164项减少到64项,减少比例达61%。(2)全面清理和减少对村、社区的各类考核、评比、创建等活动,实行年度目标综合考核,年底进行一次,减少考核项目。(3)全市所有社区统一挂牌,规范、清理和精简各类工作台账和报表材料,整合相近业务,实现一次采集、多方共享,全市各社区工作台账平均由53项减少到17项。(4)在赋予村、居委会自治功能的同时,集纳和整合社区原来承担的大量行政服务事务,制定出台《关于加强区县(自治县)、乡镇(街道)、村(社区)三级服务中心建设,健全服务群众工作体系的意见》《村(社区)便民服务中心建设指导规范》,在区县、乡镇(街道)、村(社区)构筑三级行政服务中心,主要承担整合、高效的行政服务,让社区干部腾出更多的时间、精力开展走访居民、社区自治等自我服务和自我管理工作。有些区县通过在街道层面设立纯行政的"社区公共事务中心",主要负责辖区党群服务、人口与计划生育、城镇低保、社会事务、居民医保、养老保险、就业再就业、户籍咨询8大类142小项的直接服务群众工作,重塑了"区级政府—街道办—社区公共事务中心"新的社区管理体制,[2]让村居委会回归了自治组织的角色,理顺了街道办事处与居委会之间的关系,强化了社区的自治功能。

3. 推行政府购买社工服务,培育社会组织或社工机构不断成长

正是由于政府在社区层面开展的简政放权改革,从根本上打破了行政

---

① 重庆市民政局:《重庆市推进村、社区减负增效成效明显》,重庆市人民政府网站,2014年11月20日。

② 杨和平:《重庆市南坪社区"去行政化"案例分析》,《中共合肥市委党校学报》2013年第3期。

社区"统管一切"的传统治理模式,为社会成长让渡了应有的发展空间,为社会组织、社会工作进入社区,提供专业化、社会化的服务创造了条件,再加上登记管理制度改革、人才队伍建设(对各类社会组织秘书长及负责人和财务人员进行专题培训)、政府购买服务(将未列入社区公共行政事务的事务性、服务性工作列入政府购买服务的范围)、社会组织孵化等措施的配合,促发了重庆社会组织的蓬勃发展。截至 2016 年上半年,全市登记在册社会组织共有 15 705 家,其中社会团体 7 337 家、民办非企业单位 8 298 家、基金会 70 家;区县备案的社区社会组织 2 000 余家。①

## (二) 畅通运行机制,促进三社联动发展

在创造社会成长的社区空间、培育社会组织和社工人才队伍的前提下,以社区为平台,让社会组织或社工服务机构顺利进驻社区,畅通社工、社会组织、社区之间三位一体的运作机制,实现三社联动,开创了重庆超大城市创新社会治理的特色路径。

### 1. 物理空间上实现联动综合布局与综合社会服务

重庆市在全市城乡社区中加大社会组织培育的基础上,全面设立社区社会工作服务站或社区社会工作室(社区社工站、社区公益站等),高标准配置硬件设施,每个社区社会工作室配置 2 名专职化的本地社工、若干志愿者,为社区居民近距离提供社区照顾、社区融入、社区康复等"全科式"社会工作服务。尤其值得肯定的是,重庆在一些乡村社区中,通过枢纽型社工服务机构派驻专业社工进驻村里,开展帮助成立村民议事会等促进居民自治为核心的社会工作专业服务,取得了良好的效果。例如,重庆南坪镇培育形成了由街镇枢纽型社会组织——绿荫社会工作服务中心,以及社区社工站、社区公益站和若干社区社会组织构成的"1 + 2 + N"模式,既孵化培育了 100

---

① 重庆市民政局:《重庆市大力发展社会组织激发社会活力》,中华人民共和国民政部网站,2016 年 8 月 11 日。

多个社区社会组织,又通过三社联动,为居民提供了志愿服务、社区建设、文化娱乐、居民自治等各种类型服务,①满足了居民多层次、多样化的服务需求。与此同时,在事业单位、社区居委会(社区服务组织)、民办社会服务组织中加大开发社会工作岗位,为社工融入社区、促进社区工作的专业化发展创造基础和条件。

2. 构筑以社区协商为基础的需求引导联动跟进服务

三社联动的核心在于在整个社区工作和服务中,融入社会工作的理念和方法,发挥社工专业化特长,提供专业化的服务,满足居民多元化的需求。为了更好地体现这一点,重庆市在基层社区治理中,除了加大社会工作"三社联动"宣传外,还建立了居民服务需求引导服务供给的机制,即在村居社区中搭建议事会、网络议事等多种协商自治平台,社区居民通过协商形成社区服务需求,社区需要什么样的服务,相关社工服务机构就会实施和开展相应的服务项目,通过政府购买机构服务项目的形式,让进驻在社区的社工机构为当地居民提供专业化的服务。

3. 推行三社联动的社工服务项目化、品牌化运作

在居民自治产生服务需求的基础上,市财政加大政府购买服务的投资力度,在市、区层面通过从社工机构购买服务项目(进驻社区的社工机构创制的服务项目,也称"机构购买")和社区购买(居委会申报项目,获批后政府出资拨款,居委会委托社工机构来提供服务)的方式,每年推进实施政府购买社会工作服务项目,如:2013 年市民政局首次以政府购买服务的形式立项实施 66 个社会工作专业服务项目,覆盖 18 个区县;2014 年立项社会工作服务项目 115 个,服务人口达到 300 万,其中社区社会工作服务项目 39 个,涉及 18 个区县、43 个街道(乡镇),覆盖 200 余个社区(村)、100 余万

---

① 杨雪婷:《"1+2+N"模式 助推社区社会组织孵化培育》,南岸网,2018 年 2 月 27 日。

人。<sup>①</sup> 有些城区每年购买社会工作服务项目上百项,如:渝中区在 77 个社区全面实施社区社会工作整体推进市级项目,各社区共实施重点项目 296 个、特色项目 162 个;<sup>②</sup>有些郊县结合精准扶贫,借助专门的社工人员,开展"三留守"人员、重点优抚对象、特殊人群的人文关怀、心理慰藉、纠纷调解等专业社会工作服务项目,收效明显。在此基础上,全市围绕社会救助、优抚安置、社区建设、矫治帮教等社会服务领域推出社会工作示范品牌,实现"三社联动"社会工作服务项目品牌化,形成特色,扩大示范效应,满足居民需求,带动居民参与社区自治。

① 骆伟:《当前民办社工机构亟需突破的瓶颈和对策思考——以重庆市为例》,《理论观察》2015 年第 6 期。
② 佚名:《重庆:实施"三社联动" 创新社会治理》,《重庆日报》2017 年 5 月 22 日,第 9 版。

# 第六章　中国超大城市社会治理的基本经验与主要问题

中国是一个具有灿烂文化的文明古国，具有丰富的社会治理思想和实践经验。改革开放以来，尤其是党的十八大以来，伴随着城市化进程的不断加快，超大城市的社会建设与社会治理，逐渐成为中央和地方政府高度关注的一项重大议题，城市政府也进行了全方位的改革创新，取得了显著成效。本章在全面审视北京、上海等6个超大城市社会治理实践模式的基础上，结合中国政治体制、经济发展、文化心理等特点，系统归纳和提炼总结我国超大城市创新社会治理的基本经验，同时分析新时代超大城市加大社会治理创新面临的主要问题，为深化社会体制改革，构建与超大城市经济社会发展水平相适应的共建共治共享社会治理新格局提供依据。

## 一、中国超大城市社会治理的基本经验

众所周知，社会治理是一个中国话语体系的产物，关系着国家与社会、国家与个人、个人与群体、个人与个人之间等多重关系，旨在顺应经济发展方式的转变，不断创新社会体制，重构社会关系和秩序，化解社会矛盾，促进社会和谐。而在西方国家所谓民主体系或新自由主义思想主导下，个人与政府之间是一种相互对立的冲突关系，这一点中国完全不同于西方。当今中国超大城市的社会治理格局，具有沿袭国家改革开放以来城市政治体制、

经济体制的渐进式改革进程与发展脉络的特点,是自上而下和自下而上互动改革创新的结果,尤其作为深度参与全球竞争、全国重要的经济财富与人口集聚地,超大城市社会治理创新既有全球化发展的外在压力和国家意志的体现,也有自身经济基础、历史发展、现实需求等因素的反映。从这个意义上说,中国超大城市社会治理的经验总结,不能照搬西方国家的治理模式及话语体系,必须放在中国特有的政治经济体制、社会文化心理等背景下,遵循国家不断全面深化改革的逻辑进程,得出符合中国语境和话语体系特点的治理经验。据此,我国超大城市社会治理的成功经验,可以总结为以下几个方面。

## (一)顺势而为,创新理念

我国超大城市的社会治理创新离不开整个国家治理体制变革的大格局和总趋势,而将自身置于全球化和本土化的历史方位中,呼应中央,顺势而为,不断更新治理理念,积极探索符合超大城市特点和规律的社会治理新路径,正是我国超大城市不断加强和创新社会治理的首要经验。改革开放以来,随着中国以市场化为方向的经济体制改革,带动了全社会领域的巨大变革和转型,尤其是随着深度全球化、快速城市化、群体利益分化、多元组织的兴起、网络社会的崛起、思想观念的多元等趋势的不断发展,中国社会开始形成一个开放、流动的多元复杂社会。同时,经济改革过程中积累的诸如公共服务过度市场化、群体性矛盾事件、公共安全危机、信任危机等社会矛盾开始集中凸显出来,尤其是 2008 年全球金融危机的爆发,充分表明了在高度复杂和不确定性的全球社会体系之中,国家治理能力和治理水平对一个国家的经济发展、社会稳定具有极端重要性作用,而以政府纵向命令和控制为主的传统治理模式,已经难以有效应对深度全球化背景下社会发展的现实需要。鉴于此,我国中央政府自党的十八大以来,在强调现代社会管理的基础上,首次将西方国家倡导的"治理"理念引入党的最高文献之中,明确提出了实现国家治理体系和治理能力现代化这一核心总目标,按照政治、经济、社会、文化、生态"五位一体"的思路,正式提出了创新社会治理体系、构筑共建共治共享社会治理新格局等新思想、新理念,确保我国如期全面建成小康社会和实现中华民族伟大复兴的中国梦。而超大城市社会治理是国家治理能力和治理体系现代化的重要组成部分。习近平总书记明确提出要求:上海、北京等要走出一条中国特色大城市治理的新路子。党的十九大报告进一步指出,中国特色社会主义发展进入新时代,我国主要社会矛盾是人们日益增长的美好生活需要和不平衡不充分的发展之间的矛盾;打造共建共治共享的社会治理格局,提高社会治理社会化、法治化、智能化、专业化水平,为 2035 年基本实现社会主义现代化和 2050 年全面建成中国特色社会主义现代化强国目标提供有力保障。这表明,在全球化、市场化、城市化、信息化的全球发展趋势面前,中国的国家治理范式已经发生了明显的转变,从传统的国家管理、社会管理开始走向了多元参与、协同共治、利益共享的国家治理、社会治理新模式,这成为各行政层级政府、各行各业进行有效治理的基本行动指南。

　　超大城市不断创新社会治理体系,正是应付自身社会发展危机和贯彻落实中央有关治国理政方针与精神的产物。我国的超大城市作为全国人口、资源、财富高度集聚之地,承担着引领国家经济社会繁荣稳定发展、参与全球经济竞争的历史重任;21 世纪以来,因中国"行政区经济"运行格局下大量资源向具有最高行政级别城市的资源过度集聚本身,也造成了诸多制约城市经济高质量发展和影响社会稳定的诸多社会问题,包括外来人口的公共服务争夺共享与社会融入问题、低端产业吸纳流动人口造成的大量群租及安全隐患问题、公共服务体系不充分不平衡问题、交通拥堵与无序化问题、日趋加重的雾霾环境污染问题、收入差距引发的社会空间极化问题、城市生活成本增加导致人才流失问题、基层治理人才缺乏引发基层治理能力问题、网络社会崛起的社会信任危机与社会诈骗问题、共享单车引发的城市空间争夺与无序化问题,等等,这些因素已经严重制约了超大城市经济创新转型发展与高质量发展的进程,也影响着和谐社会的建设和高品质生活的实现。如何破解这些自身面临的发展型问题或"大城市病",呼应中央推动社会治理创新的政策要求,顺势而为,不断更新治理理念,探寻新时代符合超大城市经济社会发展规律和特点的社会治理新路,就成为超大城市政府主动、全面创新社会治理的内在动力和战略选择,促发了超大城市政府纷纷开展富有特色、富有实效的社会治理创新活动。

具体而言,在中央"创新、协调、开放、绿色、共享"的新发展理念指导下,超大城市在创新社会治理过程中,突出强调了以下几个基本理念:

### 1. 强调以人民为中心的治理理念

例如北京、上海、广州、深圳等超大城市,不管是现实社会的治理,还是网络社会治理,都突出强调了以人民为中心的初衷和宗旨,树立"人民的事情无小事"理念,切实解决人民群众在现实生活中碰到的急事、愁事和难事,不断改善民生服务水平,让人民过上更好的生活,旨在让人民群众的获得感、幸福感、安全感得到稳步的增加。这一点从上海第十一次党代会上时任市委书记韩正指出的"我们将坚持以人民为中心的发展思想,把人民放在心中最高位置,牢记群众观点须臾不能忘记,着力解决人民群众最关心最直接最现实的利益问题"①中可见一斑。

### 2. 开放包容的治理理念

超大城市作为全国的经济中心城市,是改革开放的最前沿,开放始终是经济发展、社会治理的最大优势和主线。在社会治理方面,这些超大城市不仅注重养老、教育、医疗等公共服务领域向外资开放,而且以更加开放的姿态,向社会资本开发,努力形成政府、市场、社会多元参与的公共服务供给格局。同时,超大城市的多样化特性,也迫使政府在社会治理创新中不断注重

---

① 黄力之:《坚持"以人民为中心"是美好未来的保证》,《文汇报》2017 年 5 月 22 日,第 5 版。

社会的包容性治理,这集中体现在对外来人口的包容(新市民等)、对城市历史文化空间的包容、对新型共享经济形态的包容审慎监管上。

3. 协同共治理念

信息技术和互联网经济的兴起,促发了整个社会经济的跨界融合发展,社会更需实施系统治理、综合治理,尤其是大数据技术、人工智能的广泛应用,引发了数据资源在社会治理中的重要作用,这直接导致政府治理必须注重各部门之间的数据共享与工作联动,在共治共享中解决相关社会问题。诸多实践表明,整合相关资源,实施跨部门协同、多主体合作共治,开展系统性、整体性、协同性治理,已经成为超大城市有效治理复杂社会的共同理念。

## (二) 科学决策,规划先行

在全球化、市场化、城市化、信息化等新的发展背景下,超大城市社会的复杂性、系统性、多样性、不确定性等特征更加明显,能否科学分析超大城市社会运行的基本特点和规律,群策群力,集思广益,制定一份具有明确目标的社会治理规划方案和实施路径,提高政府的统筹协调能力和科学决策能力,直接关系着超大城市社会治理的成败。6 个超大城市社会治理实践表明,保持政策制定的社会开放性,积极发挥智库作用,全方位听取社会诉求和建言,科学合理地制定社会治理的专项规划方案,明确社会治理工作需要完成的主要任务和达到的具体目标,并将此作为整个社会治理工作的行动指南,是超大城市提高社会治理的决策水平、提升治理有效性的重要保障,也是社会治理创新的一个重要经验。例如,北京在 2016 年发布了全国首个社会治理五年规划——《北京市"十三五"时期社会治理规划》,2018 年又发布了《北京市基层社会治理规范化建设三年行动计划(2018—2020 年)》;上海在 2017 年发布了《上海社会治理"十三五"规划》。本章以上海为例,将其主要过程和经验总结如下:

1. 领导重视，注重过程性

前文已述，2014 年上海为贯彻落实中央要求，实施了"创新社会治理、加强基层建设"的市委一号课题，2015 完成发布了"1＋6"的基层社会创新政策成果。与此同时，在市级层面，开创性地制定一份符合上海特点的社会治理"十三五"规划，成为市委市政府领导高度关注的一项重大议题，明确由上海市社会建设办公室牵头负责，成立规划编制领导小组，社会治理规划正式启动。经过两年多的研制，2017 年 3 月由中共上海市委办公厅、上海市人民政府办公厅正式印发《上海市社会治理"十三五"规划》。历时两年多的规划过程，充分表明超大城市社会治理的复杂性以及当地政府对社会治理工作抱有的创新性、严谨性和责任性。在这一总体规划的指导下，相关区县也相继制定了社会治理"十三五"规划，作为区县创新社会治理的行动指南。凡事预则立，一份高质量的规划，成为超大城市努力在社会治理创新上有新作为的重要基础和保障。

2. 开展参与式规划，提高民主性

整个规划的制定过程，是一个向社会民众开放、广泛听取民意和社会各界看法建议、集思广益的过程，充分体现了参与式规划的特点，而不是闭门造车或长官意志的结果。具体参与方式上，首先，采用科学的社会调查方法，收集需求数据，倾听民意。编制组与国家统计局上海调查总队合作，采用抽样调查方式，面向全市 148 个社区、3 700 户家庭开展入户调查，就"十三五"期间市民群众关心的问题和需求广泛采集了相关数据。[①] 其次，召开面向市级单位、区县基层单位、社会组织、专家学者等群体的工作座谈会，开展实地调研，征求相关意见。在规划初期，编制组总共召开了由 21 家市级单位、6 家区县基层单位、6 家枢纽型社会组织、10 多位专家学者分别参加

---

① 童潇：《上海首个社会治理五年规划如何诞生》，《文汇报》2017 年 4 月 7 日，第 8 版。

的多场座谈会,①以便科学确定总体规划的基本内容和方向。再次,通过互联网平台,充分听取广大民众的呼声和意见,对很多合理的建议进行了采纳。最后,听取人大代表、政协委员的意见。这种开放式、参与式的规划过程,既体现了规划的民主化,更是一种社会治理的新方式。

3. 充分发挥高校和智库的研究决策咨询服务功能,提高规划的科学性

充分发挥城市的智力资源优势,让高校和智库机构的专家学者全面参与与社会治理规划有关的专题研究,确保规划的科学性,是上海编制社会治理"十三五"规划的一个鲜明特色。例如,一方面邀请上海市委党校、复旦大学、上海社会科学院、华东政法大学等学术和智库机构的中青年学者组成专家组,为整个规划的专业性、科学性提供指导;另一方面针对关键性议题,先期委托复旦大学进行"社会治理体系和治理能力提升"前期论证,委托上海市委党校、上海社会科学院、华东政法大学,分别就"社会治理成效及挑战""枢纽型社会组织组建""社会组织参与社会治理""群团组织参与社区治理"等议题展开专题研究,②为规划编制组提供了专业化的思路、对策和建议,确保了社会治理规划的科学性。

4. 统筹制定规划的内容体系,注重协调性和前瞻性

超大城市的社会治理,既要符合城市的战略功能定位,还要满足中央对超大城市社会治理的要求,更要体现城市特点和未来发展的趋势。因此,确保规划方案的现实性、针对性、前瞻性、统筹性和可操作性,就显得非常重要和关键。对此,上海在确立社会治理规划内容时,与按照体现中央精神、贯彻落实市委"1+6"文件、体现卓越全球城市特色的原则,最终确立了"5+2"(党委领导、政府主导、社会协同、公众参与、法治保障;加强基层社会治理和推动信息化支撑)为主的总体规划思路和框架,紧扣"秩序"和"活力"这一难

---

① 顾一琼:《上海市社会治理"十三五"规划编制工作取得阶段性成果》,《文汇报》2015年4月24日,第8版。

② 童潇:《上海首个社会治理五年规划如何诞生》,《文汇报》2017年4月7日,第8版。

点,明确提出了"五个更加"(基层社会治理更加有活力、社会组织发展更加健康、社会治安综合治理体系更加完善、城市运行体系更加安全、社会工作人才成长环境更加优化)、"一个领先""一个前列"(确保群众获得感和满意度全国领先、社会治理能力和水平走在全国前列)的战略目标。同时,为了与其他规划的相衔接,编制组与全市五十几个与规划有关的政府职能部门采取书面意见征询、召开规划对接座谈会等形式,就规划内容进行了及时的调整、修改与完善,全面实现了与国家、上海"十三五"社会经济发展规划等的有机衔接。

## (三) 突出三个导向,民生为本

综观几座超大城市的社会治理实践发现,城市政府坚持以人民为中心、让所有民众共享经济发展成果为导向,注重需求导向、问题导向、效果导向,从市民最关切的现实利益需求出发,尽力而为、量力而行,最大程度地提供较高质量的公共服务,满足市民群体的多样化、多层次需求,不断改善民生水平,不断提升人民群众的获得感、幸福感、安全感,是近年来超大城市创新社会治理的又一重要经验。具体体现在以下两个方面:

1. 坚持问题导向、需求导向、效果导向,探索社会治理新举措、新路子

社会治理本身是一个系统过程,但是要走出一条符合超大城市社会发展规律和特点的新路子,首要问题就是要找准社会治理创新的突破口或寻找社会治理中的短板,这是提高社会治理成效的重要环节和基础所在。对此,6个超大城市都强调了从社会问题入手、从老百姓的需求入手、以最终治理效果为检验的原则,即问题导向、需求导向、效果导向的治理创新逻辑,这集中体现在城市发展战略规划、社会治理专项规划以及各自的社会治理创新实践案例之中。例如,上海为有效解决城市交通混乱的问题,全面开展了旨在制止交通违法、实现文明出行的"交通大整治",有效改善了上海的人居环境,挖掘重塑了城市魅力;为了满足人民群众对美好生活环境的需求,

全面开展了禁止燃放烟花爆竹、"五违四必"区域环境综合整治等工作,根除了一些城中村、居民小区、小河道等空间单元面临的环境顽疾,城市生态环境和生活环境得到了极大的改善;北京为了解决市民反映强烈的居民楼"开墙打洞"问题,进行了以背街小巷大整治为主的"疏解整治促提升"专项行动,基层社区的城市生活环境发生了明显的优化和改观;等等。

2. 以公共服务为核心,将改善民生水平作为社会治理的出发点和落脚点

针对人口高度集聚的超大城市而言,公共服务的短缺、不平衡、质量不高,始终是一个制约城市生活质量与社会和谐的短板问题。一个具有高品质生活的城市,必须要为各类人群提供相对均等化、多样化、高质量的教育、医疗、交通、文化、住房等公共服务体系。因此,按照党的十九大报告提出的"幼有所育、学有所教、劳有所得、病有所医、老有所养、住有所居、弱有所扶"的要求,如何有效满足多元市民的多样化需求,创新公共服务的供给模式,增加公共服务数量供给和共享程度,提高服务质量,全面改善民生服务水平,成为我国几个超大城市社会治理创新实践的出发点和落脚点。

首先,政府持续加大对教育、养老、社保、医疗卫生、文化体育、保障性住房等民生保障服务的投入力度,不断扩大公共服务的供给规模和数量,让市民群众有更多的获得感,不断提高市民群众的幸福感。例如,2016 年北京对民生领域的投入达 280 余亿元,民生投入占财政收入的比重始终保持在八成以上,①对弱势群体的社会保障待遇标准稳步提升(图 6.1);上海按照托底性、普惠性、导向性、协同性的要求,连续几年实施市政府民生事实项目计划,如 2016 年推行 10 件 27 项、2017 年推行 10 件 29 项、2018 年推行 10 件 31 项,分别为最迫切的民生难题。与此同时,2017 年公布了《上海市基本公共服务项目清单》,包括教育、就业和社会保险、社会服务、卫生、养老、

---

① 孙杰:《北京财政收入首破五千亿元 民生支出占比超 8 成》,《北京日报》2017 年 1 月 6 日,第 9 版。

住房保障、文化、体育和残疾人服务 9 大类最迫切、最基本的 96 个公共服务，应保尽保，让最大范围的群体均等地享有城市基本公共服务。其他几个超大城市也采取了基本类似的相关举措，努力改善市民群众的民生状况，在此不赘述。

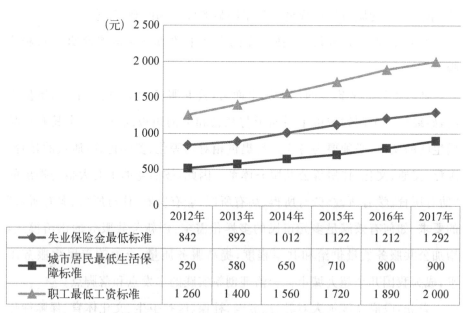

| (元) | 2012年 | 2013年 | 2014年 | 2015年 | 2016年 | 2017年 |
|---|---|---|---|---|---|---|
| ◆ 失业保险金最低标准 | 842 | 892 | 1 012 | 1 122 | 1 212 | 1 292 |
| ■ 城市居民最低生活保障标准 | 520 | 580 | 650 | 710 | 800 | 900 |
| ▲ 职工最低工资标准 | 1 260 | 1 400 | 1 560 | 1 720 | 1 890 | 2 000 |

**图 6.1　北京社会保障标准待遇的支出水平**

其次，全方位推行政府购买服务，提升公共服务的供给效率和质量。政府购买服务最早发源于上海浦东新区，如今已经成为全国和超大城市构建多层次、多方式、多元化的公共服务供给新体系，进一步创新社会治理的一项重要机制。例如，上海相继出台实施了《上海市人民政府关于进一步建立健全本市政府购买服务制度的实施意见》《上海市政府购买服务管理办法》《上海市市本级政府购买服务实施目录》等文件，初步形成了包括明确购买范围、搭建购买信息平台（上海市政府购买服务管理平台）、实施合同管理、规范购买流程、综合监管评估等内在的一整套运作体系，开创了诸如"公益创投大赛"等新型购买形式，逐步理顺了政府与市场、政府与社会之间的关系,政府购买服务已经成为扩大公共服务供给、提高公共服务质量的重要方式之一。2016 年,全市政府购买社会组织服务的资金达 113 亿元。2018 年,上海在《全力打响"上海服务"品牌 加快构筑新时代上海发展战略优势三年行动计划(2018—2020 年)》中进一步强调通过政府购买服务的方式,提升城市的服务质量和品牌效应。北京市财政局在推进政府购买服务改革的过程中,在原有公共服务领域和政府辅助性服务领域的基础上,不断扩展购买的服务范围,共计涉及 6 大类 60 项。近 4 年来,北京市政府购买服务项目支出规模已达 600 多亿元。① 深圳市 2015 年出台了《关于政府购买服务的实施意见》和配套文件《深圳市政府购买服务目录(试行)》(240 项服务)、《深圳市政府购买服务负面清单(试行)》,建立市、区统一的政府购买服务平台和机制,主要购买面向社会公众的服务和政府履职所需的专业性辅助性服务两类,旨在以更低的成本、更高的资金使用效益向社会提供更优质的服务。

## (四) 党建引领,多元共治

自中华人民共和国成立以来,在整个国家的治理中,始终强调中国共产党的核心领导地位和作用,是中国治国理政的最大实践和特色,也是符合社会主义发展中大国谋求社会和谐稳定的一项重要制度保障。党的十八大明确提出要建立健全"党委领导、政府主导、社会协同、公众参与、法治保障"的社会治理体制;党的十九大报告重新强调了"党政军民学,东西南北中,党是领导一切的"的战略重要性,搭建共建共治共享的社会治理格局,提高社会治理社会化、法治化、智能化、专业化水平。因此,顺应城市传统"单位制"解体以后经济市场化、组织多元化、城乡社会流动化的发展大趋势,全面延伸和强化党组织在社会治理中的领导核心地位,强化社会的整合力度,成为坚决走中国特色社会主义道路、实现国家治理体系和治理能力现代化的重要

---

① 赵鹏:《北京市政府购买服务四年累计 600 亿》,《北京日报》2018 年 3 月 27 日,第 8 版。

路径选择。正是在中央的这一核心指导思想下,我国的超大城市在加强和创新社会治理过程中,始终强调党组织的建设,充分发挥党组织、党员在各级各类社会治理中的核心领导与先锋模范作用,进而带动整合群团组织、社会组织、市民自治组织等多元力量,在协商基础上实施共同治理。概括来说,"党建引领,多元共治",是我国超大城市社会治理的主要特色,也是取得成效的一项重大经验,主要体现在如下几个方面。

1. 全面建立健全体制内外的党组织工作网络体系

除了加强党政机关、事业单位、国有企业、群团组织等体制内的党建外,同步强化两新组织、社会组织、非公有制企业、现代楼宇、居民区、园区商圈、网络媒体等体制外的党建工作,全面构筑覆盖更广范围的党组织工作网络体系,是超大城市实施党建引领社会自治共治的首要基础和基本前提。

首先,构筑纵向一体化的城市基层党建四级联动体系。例如,上海市构筑了市委(总揽全局)—区委(一线指挥部)—街道党工委(龙头)—居民区党组织(战斗堡垒)为一体的四级工作组织体系、责任体系、制度体系,[①]为实现全市社会治理的统筹协调、上下联动提供了坚实的组织保障;北京在全市141个街道、182个乡镇成立社会工作党委,探索实施"大党委制",在社区层面,探索设立"席位制委员",吸纳辖区党内、"两新"组织党组织负责人等兼任社区党组织委员;天津在街道层面构筑了"社区大党委—网络党支部—邻里党小组—党员中心户"四级组织机构,让党组织的神经末梢连接到千家万户,做到零距离为民服务。

其次,以"党支部+"为思路,嵌入式建立健全社会经济最具活力的非公有组织或空间单元的基层党组织,创新性地开展各类党建服务和凝聚社会工作。尤其是近年来,超大超市结合城市创新转型发展的趋势,在非公有制企业、社会组织、产业园区、现代商务楼宇、互联网创业企业等组织或载体

---

① 周志军:《上海以党建引领社会治理创新的实践与启示》,《上海观察》2018年第2期。

中,按照人在哪里、党员在哪里、党的建设(党支部)就推进到哪里的思路,创新性地开展多领域的党建全覆盖工作。例如,上海全市各类商务楼宇近2 000栋,白领超过百万人,已经建立商务楼宇党建服务站点620多个,①静安的"白领驿家"、浦东陆家嘴的"金领驿站"等,开创了社会化党建的金字招牌,凝聚了一大批白领党员群体;在外卖订餐平台"饿了吗"的党支部在册党员120余名,90%以上为"85后"。北京在商务楼宇中,积极构筑"五站合一"(社会服务站、党建工作站、工会工作站、共青团工作站和妇联工作站)的党建服务站(发挥党建孵化器功能),吸引更多的党员和非党员年轻群体参与社会治理活动。据统计,北京目前共有商务楼宇1 297座,建立了"五站合一"的工作站1 138个,成立了2 370个党组织,覆盖了4.9万余名党员、7.7万多个"两新"组织和93万余名从业人员。② 天津文化中心16家成员单位组建成立党建联盟,增强成员单位建设园区、服务园区理念,逐步形成"共驻、共建、共享"的强大合力。

2. 构建区域化党建引领下的社会共治新机制

在全面建立健全体制内外各类组织党建工作的基础上,主动调整有利于整合流动型社会的执政党运作方式,在一定区域范围内(基层为主)打破单位党建、行业党建之间的界限,组建跨界性的区域化党建联席会议,将区域内关系互不隶属、层级高低不同、领域多元多样的各类党组织连接、整合起来,盘活各种资源,实现各类党组织的共驻共建共享与联动发展,成为超大城市充分发挥党建引领社会多元共治的重要抓手。这一经验在上海治理实践中得到了最直接的应用和体现。早在2011年上海出台的《关于进一步推进本市区域化党建工作的若干意见》和2014年出台的《关于进一步创新社会治理加强基层建设的意见》中明确提出:"建立多层次的区域化党建平

---

① 姜微、季明等:《构建社会治理新生态——上海加强城市基层党建纪实》,新华社,2017年7月16日。

② 邓凯、张景华等:《北京:创新社会治理 引领美好生活》,《光明日报》2017年2月17日,第1版。

台,在区县、街镇、村居层面进一步健全区域化党建组织网络",旨在形成以区域化党建为平台、充满活力的社区共治机制,提升社会共治水平。在治理实践中,各区县、街镇积极探索,形成了区域化党建引领社会共治的诸多成功案例。其具体做法包括:

首先,构筑区县、街镇、居民区三级区域化党建平台,即区党建工作领导小组和党建联席会议、街道党建工作领导小组和党建联席会议(包括诸多实体运作平台,如长宁区曹杨新村街道的"筑梦曹杨"党建联盟、长征镇的"红色力量联盟"、长风新村街道的"同心圆"区域化党建联席会议等)、居民区党建联席会议或区域化党建工作协调委员会等(名称不一),在不同区域层面上,改变了传统的单兵作战的局面,实行党建联建共建,共同商议和解决社会治理面临的诸多跨界性问题。

其次,建立驻区单位党建资源整合与共建共治共享的有效机制,包括公益服务"三份清单"机制(居民区、驻区单位、企业的"需求清单",驻地企业能够参与和提供实施的"项目清单",党政职能部门可提供的"资源清单");驻区单位整合共建项目及供需匹配对接机制(根据三分清单,区和街镇区域化党建平台上进行资源对接、事务对接和项目对接,完成供需匹配);驻区单位、在职党员的"双报到、双报告"制度等,建立了议题形成、需求对接、项目认领、责任约束、考核评价、反馈激励、利益共享与合作共赢的一系列实施机制。[1] 在此基础上,一些区县和街镇,衍生出"党建+"的多元联动治理新模式,如"党建+志愿服务""党建+环境综合整治"等,走出了一条在区域化党建引领下,充分调动驻区单位、社会组织、志愿者队伍、居民群众等多组织共商、共建、共治、共享的社会治理创新之路。北京经济技术开发区成立了"经济开发区企业区域化党建红色e联盟",实施双向服务、结对共建、民主协商、资源共享等工作机制,并设立区域化党建创新基金、年度评优推荐等激

---

[1] 金桥、金理明:《社会治理创新背景下的上海区域化党建》,《上海党史与党建》2017年第2期。

励保障措施。

## (五) 转变职能，培育社会

面对社会公共事务的治理中，政府、市场、社会是提高治理体系和治理能力现代化的"三驾马车"，而明晰政府的职能边界，该归市场、社会的事务，赋权市场与社会自行解决，减少政府的大包大揽或直接干预，重塑政府与社会之间的合作关系，是创新社会治理的真谛和核心所在。中国特殊的政治制度和社会文化，决定了长期以来在所有城市治理中都呈现出"强政府、弱社会"的特征，社会力量的发育不良或能力不足，成为实现真正的所谓社会治理的一个软肋。综观我国 6 个超大城市的社会治理实践发现，结合近年来国家政府体制创新（行政审批制度改革、放管服改革、营商环境建设等）和事业单位改革的总要求，遵循"强政府、小政府、大社会"的基本逻辑，深化政府职能转变，加大对社会、民众和个人的赋权力度，厘清政府与社会的治理边界，为社会力量提供应有的成长空间，培育社会组织或社会力量积极参与社会治理进程，进而构筑政府与社会合作治理的新态势，既是超大城市政府创新社会治理的一个趋势性特征，也是一个基本经验。主要体现在如下几个方面：

1. 将转变政府职能作为深化社会领域改革、创新社会治理体制的第一要务

理论和实践都表明，清晰政府与市场、社会之间的边界，深度转变政府职能，改变政府对社会"管办合一"的旧体制，已经成为全国各级政府和超大城市创新社会治理、实现治理体系和治理能力现代化的思想共识，并作为创新社会治理的一个切入点和突破口，从顶层设计和相关战略规划上给予了高度重视和积极倡导。例如，北京在《关于深化北京市社会治理体制改革的意见》和《北京市"十三五"时期社会治理规划》中，将转变政府职能作为创新社会治理的首要基本任务之一，明确提出了"加快推动政府职能转变，进一

步向社会转移事务性的管理职能和公共服务供给职能,充分发挥社会主体在社会治理和公共服务中的作用;将社会能够自主解决、市场机制能够自行调节、行业组织能够自律解决的事项,将通过政府购买服务等形式委托社会力量办理"。上海、深圳、天津、广州、重庆等,也突出强调了转变政府职能在创新社会治理中的战略地位和作用。例如,上海结合浦东国家自贸试验区、全球科创中心、卓越全球城市等功能定位,深化系统集成改革,相继实行了负面清单、证照分离、事中事后监管、"双自联动"、"三合一大部制"(工商、质监、食药监"三合一"改革,挂牌成立浦东新区市场监管局)、"三全"工程(即企业市场准入"全网通办"、个人社区事务"全区通办"、政府政务事项"全域共享",实现从"一门式"受理向"一窗式"受理转变)等,不仅深度转移了政府职能,而且积极重塑和再造了公共服务型政府职能,形成了一大批可复制、可推广、可借鉴的政府职能转变模式与经验。

2. 编制旨在促进政府职能转移、明晰边界、促进社会力量发育的相关清单或目录

为了更加清晰地界定和显示政府与社会的职能边界,超大城市政府通过编制政府职能转移目录、承接政府购买服务社会组织的目录、购买服务清单等形式,对政府职能转变做出了更加明确的规范和约束。具体体现在以下两个方面:

首先,积极推行政府职能转变和公共服务相关的清单制度。例如,上海在充分吸收借鉴和复制推广自贸区负面清单管理经验的基础上,在社会治理实践尤其是在基层社会治理中,普遍实行了街镇行政权力清单和行政责任清单、社区事务准入清单、居村委会协助行政事务清单、居委会证明类印章使用清单(包括22条"可盖章清单"和20条"不盖章清单")等制度,对政府及相关机构的职能边界做出了清晰的界定。以此为依据,不同区县、街镇根据自己的实际情况,规定并执行大致类似的清单管理模式,如:黄浦区在所有街道中重点推广和完善街道办事处权力清单、街道工作职责清单和街

道办事处行政权力负面清单"三张清单"[①];闵行区重点推广权力清单、任务清单、责任清单、成效清单、问题清单"五张清单"[②];崇明区在乡村治理中推行问题清单、民生清单、服务清单、责任清单、项目清单"五份清单"。[③] 深圳为了促进政府职能转变,根据《深圳市政府购买服务目录(试行)》规定,向社会购买 240 项服务,同时制定《深圳市政府购买服务负面清单(试行)》,明确列举了不得实施政府购买服务的项目清单,既防止政府"大包大揽",又防止向市场"卸包袱";而深圳个别城区如福田区更进一步制定了《深圳市福田区社区公共服务清单》,全国首创性地推行社区公共服务清单管理模式,内容包括《福田区社区基本公共服务清单》《福田区增益性公共服务清单》,其中《社区基本公共服务清单》包括医疗健康、文化体育、社区教育、计划生育、就业帮扶、社会福利、社会救助、社会安全、社会自治、法律服务、流动人口服务、建设民意表达和网络便民平台等在内的 13 大类、46 中项和 87 小项服务内容;《增益性公共服务清单》包括文化体育、社区教育、社区关系、医疗健康、环境保护、基础设施等 7 大类、13 中项、23 小项服务,满足社区成员更高需求的公共服务。[④]

其次,编制具备承接政府转移职能的社会组织名录,引导社会组织参与社会治理。例如,北京制定《政府向社会组织转移公共服务目录》《政府购买公共服务项目目录》;深圳市编制《深圳市市直部门转变政府职能事项目录》《深圳市政府职能部门购买服务目录》,并经社会组织自行申报、业务主管单位同意、登记管理机关审核,形成了一份包括 568 家社会组织(社会团体 351 家、民办非企业单位 205 家、基金会 12 家)在内的"深圳市承接政府职能转移和购买服务社会组织推荐目录"[⑤];上海 2017 年发布了《上海市承接

① 刘轶琳:《创新特大城市社会治理 上海加强基层建设为民谋福》,东方网,2015 年 7 月 16 日。
② 李成东:《"五张清单"79 条要点做实社会治理》,《闵行报》2017 年 4 月 28 日,第 6 版。
③ 卢燕:《创新治理 "五份清单"引导自治,社会治理配"显微镜"》,《青年报》2016 年 3 月 2 日,第 4 版。
④ 汪仕林:《深圳福田区率先出台社区公共服务清单》,《深圳晚报》2015 年 7 月 28 日,第 7 版。
⑤ 深圳市民政局:《深圳市民政局关于深圳市承接政府职能转移和购买服务社会组织推荐目录的公示》,政府在线网站,2016 年 12 月 8 日。

政府购买服务社会组织推荐目录》，包括 189 家优秀社会组织，推进社会组织和社会服务向高质量、品牌化方向发展。

3. 全面深化街道体制改革，重塑以公共服务、公共管理、公共安全等为主的公共职能体系

深化街道体制的改革，让区政府的派出机构——街道回归公共服务的职能，在基层社会为社会组织创造更大的生长发育空间，成为超大城市深化政府职能转变的共同选择。例如，上海市在 2014 年根据一号课题的研究成果和改革方案，全面剥离了街道原有的招商引资职能和经济考核指标，让街道完全承担公共服务、公共管理、公共安全三大职能，增加了"统筹社区发展"的新职能，并赋予街道在规划以及重大决策和重大项目上的建议权、街道党工委对职能部门派出机构负责人的人事考核权和征得同意权；北京根据《关于深化街道、社区管理体制改革的意见》，剥离不适合街道办事处承担的经济职能和专业管理职能，强化街道办事处的"加强区域党建、落实公共服务、统筹辖区治理、组织联合执法、指导社区建设、促进社会和谐"职能，区县政府职能部门不再组织对街道办事处的专项工作考评。[①] 这些改革，为超大城市正确处理社会治理中的条块关系，让基层党政组织全身心面向民众需求、扩大公共服务供给、指导社区自治共治等打下了坚实的制度基础和组织保障。

4. 制定专门的扶持政策，依法培育和扶持社会组织发展壮大

例如，北京市在 2017 年 10 月发布了《关于通过政府购买服务支持社会组织培育发展的实施意见》，从构筑政府购买服务公开公示平台、建立政府购买社会组织服务管理体系、加强对社会组织承接政府购买服务的培训、推进社会组织培育孵化体系建设、推进品牌社会组织建设等方面提出了培育社会组织的具体政策和路径；广州市在 2015 年出台了《广州市福利彩票公益金扶持社会组织发展资金管理办法》、2018 年制定了《广州市激发社会组

---

① 《北京市关于深化街道、社区管理体制改革的意见》，中华人民共和国民政部网站，2016 年 3 月 11 日。

织创新能力暂行办法》等,通过举办社会组织公益创投活动(已经连续开展了五届,扶持资金近亿元),开展社会组织评级(截至 2017 年 12 月底,广州市共有 442 家社会组织获得 3A 及以上评估等级,其中 5A 等级 70 家)、创建市、区、街镇三级社会组织培育基地(截至 2017 年年底,总共有 54 家基地,入驻社会组织 1 336 个)等方式,持续加大对社会组织的投入,社会组织数量自 2012 年以来保持了年均 9.7% 的增长率,截至 2017 年年底,全市登记注册的社会组织达到 7 549 家,成为社会组织最多的城市之一。与此同时,超大城市加大实施了行业协会商会等社会组织与政府机构之间的脱钩以及取缔非法社会组织工作,进一步增强社会组织的独立性和规范性,形成政社分开、权责明确、依法自治的现代社会组织体制,激发社会组织活力(表 6.1)。

**表 6.1　我国超大城市社会组织数量(截至 2018 年 5 月 7 日)**

| 城　　市 | 社会组织数量(家) |
|---|---|
| 北　京 | 6 167 |
| 上　海 | 15 845 |
| 深　圳 | 10 106 |
| 广　州 | 8 250 |
| 天　津 | 4 202 |
| 重　庆 | 11 049 |

资料来源:中国社会组织网"大数据展示栏目",2018 年 5 月 7 日。

## (六) 基层导向,微观自治

在现有行政区划体制下,街镇、居(村)委会是超大城市的最基层政区类型,也是社会治理的基础空间单元。由城乡居民构成的基层治理的能力和水平,决定着整个社会治理现代化的程度和水平。对此,习近平总书记用"基层不牢,地动山摇"来强调基层治理在整个国家治理中的地位和作用。

在传统的科层制和街居制治理下,区县、街镇、社区之间的权责不匹配问题,往往形成基层社区承担着大量的事务而缺乏应有的权力和财力资源的格局,缺权、缺资源、缺人才成为制约基层提升治理能力的最大体制障碍。因此,在充分发挥党建引领的前提下,面向基层社区、面向市民的家门口服务需求,创新基层社会的体制,市区职能部门赋予基层各种权力、资源和人力,积极搭建多样化的共治自治载体,构筑适应超大城市社会多元化发展的现代基层社会共治自治新体系,成为我国超大城市创新社会治理体系、构筑共建共治共享治理格局的重要经验。具体体现在以下几个方面:

1. 权力资源下沉,强化基层治理能力建设

在全面减负的同时,赋予街镇、居村等基层治理主体应有的权力和资源,实现"有权有责有钱有人",优化权责合理配置,社会治理职能下沉,全面调动基层社会治理主体的积极性、主动性,提升基层治理能力,成为超大城市加强基层体制改革的首要举措。例如,上海在 2014 年街道体制改革中,在实行经济职权上收的同时,首先,强调对基层的权力下沉与确权,赋予了街道四项权力,即区职能部门派出机构负责人的人事考核权和征得同意权、规划参与权和综合管理权、对区域内事关群众利益的重大决策和重大项目的建议权(同步制定了《关于落实街道对区域内重大决策和重大项目建议权的实施办法》),有效解决了条块之间权责不清、职能交叉、权责不匹配等治理体制问题;其次,强调管理资源和人力的下沉,如将与老百姓密切相关、涉及城市综合管理难点问题的城管、市容等派出机构,实行街道层面的"区属、街管、街用"和镇级的"镇属、镇管、镇用"(16 个区房管办事处人力、财力、物力已全部下沉街镇,实现了"街(镇)属、街(镇)管、街(镇)用"),提升街镇的综合管理能力;同时城管力量全面进驻居委会,在全市所有居委会都建立了城管社区工作室,第一时间发现并处置违章搭建、毁绿拆绿等小区内的违法行为。北京明确将城市管理和城市服务的职能下沉街镇,由街道统筹管理交通、城管、计生等领域的协管力量。深圳则在下放权力的同时,通过内部

挖潜、压缩市级机关及新增部分公务员编制,共下放 2 114 名公务员编制充实基层,其中公安与市场监管系统占据半数以上名额。[①]

2. 搭建多领域、多形式的基层共治平台或载体

除了积极发挥区域化党建(社区党工委、驻区单位党建联席会议)这一普遍化共治平台外,几个超大城市根据各自实际情况,在社区层面创建了多领域、多形式、多样化的共治载体,促进实现多领域整合资源、多元共治、提升服务的目的。例如,北京构建了"街道管理委员会"、社区代表会议、行政事务管理中心、社区议事厅、网格化指挥中心、网格化"全响应"社会服务管理体系、"一刻钟社区服务圈"(已建成 1 452 个,覆盖率达 87.5%)、"社区之家"示范点(已建成 208 个,惠及 409 万名社区居民)、[②]社会组织综合服务中心、社会志愿者公益储蓄中心、公益项目研发和管理中心、社会资源整合中心、枢纽型社会组织、社会组织综合服务基地和社区公益空间等治理平台和载体。上海在街镇层面设立的社区共治平台主要包括社区委员会、社区代表会议、社区公益基金会、网格化综合管理中心、镇管"社区"、社区物业党建联席会议、空港社区党建联建文明共治委员会、楼宇委员会、党建服务中心、"家门口"服务体系建设、同心家园、睦邻中心等。深圳有社区共治议事会、街道共治问政会、社区工作评议会、居民议事厅、共治专项资金、社区基金会、社区服务中心、社区工作站、社区邻里节、社区信息网络平台、社区服务联盟、"一千米"法律服务圈、"一千米文化圈"等。

3. 探索基层社会治理规范和评价标准

例如,深圳蛇口在基层社区治理中,全面实行社区治理和服务质量标准化体系,通过质量标准的制定,对各项工作开展、过程记录和结果评价予以明确。评价体系中,社区民意占 55%(居民满意度调查占 25%、居民评议考

---

① 佚名:《公务员下沉为基层善治奠定基础》,《深圳晚报》2016 年 10 月 27 日,第 9 版。
② 骆倩雯:《北京市全面启动基层社会治理规范化建设》,《北京日报》2018 年 1 月 21 日,第 7 版。

核占30%)、街道科室考核占45%,上级部门考核仅作为加减分因素,[1]真正实现了社区治理和服务质量好不好,由社区居民说了算;福田区沙头街道在推行党建工作清单、服务清单、政务清单的基础上,制定了《社区党建标准化体系》《社区居务标准化体系》《社区政务标准化体系》,全面开展社区治理标准化建设,促进了社会治理向精细化、流程化、规范化、质量化方向发展。上海浦东新区依托自贸区先行先试的改革优势,为了提升家门口服务质量以及检测社会治理成效的好坏,2018年5月率先发布了两个基层社会治理的区级标准:一个是《社会治理指数评价体系》,包括普遍性指标(对标卓越全球城市)和个性化指标(浦东特色),从客观(如"每千人配置全科医生人数""居民人均可支配收入"等可量化指标)和主观(市民对浦东新区社会治理的认知度、支持率及满意度等)两个方面加以检测,这一标准体系的评价结果将成为浦东社会治理效果和质量的"晴雨表";另一个是《"家门口"服务规范》,对与普通居民紧密相关的民生服务,从服务内容、功能区域、导向标识、服务要求、服务评价等方面均明确了流程制度,划定了工作边界,[2]大大增强了服务的稳定性、连续性,也保障了服务的高效率和高品质。重庆在永川区开展了基层社会治理的标准化试点,相继制定出台了《物业小区流动人口服务点建设要求》《综合治理办公室人员工作规范》《永川区初信初访四级管理规范》《监地共建帮教工作规范》《群众满意度调查与管理规定》《服务质量改进规范》等,[3]有效提升了全区社会综合治理的水平。

4. 实行多样化、特色化的新型微观自治模式

居民委员会、业委会、物业是超大城市的基层自治组织,按照社会协商、基层民主的要求,全面加强以居委会、居民区、小区等为主的微观自治,尤其

① 王慧琼:《蛇口深圳湾社区"一平台两中心"运营两年 居民纷纷点赞》,《深圳特区报》2015年8月25日,第5版。
② 霍一夫:《上海自贸区首批区级标准先行先试指导推进社会治理和社会服务制度创新》,《中国质量报》2018年5月8日,第6版。
③ 《重庆:以标准化为突破口,构筑社会治理新模式》,人民网,2015年7月2日。

是加大力气给居委会减负，推动居委会去行政化、去机关化，让居委会回归居民自治的功能，让市民通过协商解决自己家门口的公共事务，从而提升社会的自治能力，成为我国超大加强和创新社会治理的重要战略选择。对此，不同城市的做法不尽一致，自治形式非常丰富多元，各具特色。一些有特色的微观自治形式如表 6.2 所示。

表 6.2　我国超大城市基层微观自治的特色模式

| 城　市 | 微　观　自　治　形　式 |
| --- | --- |
| 北　京 | 到 2020 年，50％居委会"直选"；老旧小区自我服务管理试点；村规民约；街巷理事会；小巷管家；街巷长；居民自治停车；楼管会；小区自管委员会等 |
| 上　海 | 100％居委会直选；听证会、协调会、评议会"三会制度"；《住户守则》；楼组公约；居民公约；自治章程；居村协商自治联席会议；社区空间微更新计划；自治家园理事会；弄管会；小区综合治理；"绿主妇"；戴老师议事厅；"五众"自治法（众人走出来，众人说出来，众人议起来，众人动起来，众人聚起来）；"群英荟"；老娘舅；乡贤工作室等 |
| 天　津 | 社区物业自治管理（物业管理委员会）；社区听证会、协商会、议事会等 |
| 深　圳 | 党居联合议事会；居民议事会（罗伯特议事制度）；和事佬调解协会；恳谈亭；出租屋楼长协会；"居委会＋社区综合服务中心"模式；志愿服务"爱心银行"；门前三包商户自治联盟；小区物业管理促进会；社区基金会等 |
| 广　州 | 小区建设管理委员会；设立社区工作站，居站分设；居民议事厅；无物业小区设立居民自治小组；社区平安促进会；"微改造"、共治议事会、融合学堂、融合社区工作服务站等 |
| 重　庆 | 所有村居社区普遍实施"大事、小事、私事"三事分流的基层民主议事机制；小区实行由社区＋业委会＋群众自治的联合代管模式；社区民情恳谈会、事务协调会、工作听证会和成效评议会；小区自管会；网上议事厅；老住宅小区的"物业自治管理"；居民自治院坝会；楼栋居民自治研究工作会等 |

## （七）整合碎片，综合治理

按照现代科层制的运行逻辑，在处理公共事务中，强调的是专业的人员依靠专业技术做专门的事情，即专业化分工和功能专业化，成为现代科层制治理的基本特征。其表现形式通常是依靠纵向的职能部门和块状的行政区域单元来执行具体的任务，习惯用语即"条条"与"块块"。超大城市作为全国纵向政治体系中的一个重要层级和横向区域中的一个重要政治单元，依靠市、区（县）、街镇、社区自上而下兼具部门化、行政区化的治理，自然成为促进经济发展和创新社会治理的自然选择。体制特有的性质和相对封闭化、利益导向的运行过程，势必造成整个治理机制的"碎片化"问题，即突出表现为政府职能部门之间、职能部门派出机构与基层行政主体之间、基层政区单元之间在经济发展、社会治理、生态建设、公共服务等方面的各自为政、相互隔离、信息割据等，这些问题已成为严重制约政府治理能力的一大体制瓶颈。21世纪以来，整体性治理、协同治理、跨部门治理、无缝衔接、政策网络治理等新理念和新理论在西方学术界的兴起，充分说明政府治理机制的碎片化，逐渐成为新时期城市、国家乃至全球治理面临的一个共同问题。随着全球化、信息化、城市化、现代化等多重力量相叠加，面对极具流动性、异质性、复杂化的社会结构以及跨界融合发展的现代经济体系，超大城市如何从传统的碎片化治理走向整体性、系统性、协同性、综合性治理，既是当下超大城市政府管理和社会治理的一个挑战，同时也是我国几个超大城市创新社会治理获得的一个趋势性经验。综观我国6个超大城市社会治理的实践，这一经验主要体现在以下几个方面。

1. 区县层面实行大部门治理体制

针对连续化的社会公共事务，政府职能的职能分割与分段管理，是当前政府治理碎片化的集中体现，因此，通过刚性的职能部门合并，采取大部门治理体制，就成为综合管理或整体性治理的首选有效手段。这一点，在我国超大城市社会治理中，天津和上海浦东新区的做法最具代表性。前文中已经专门论述了天津在行政审批方面富有特色的综合治理模式，在此主要分析上海浦东新区市场监管体制改革的经验。为破解市场监管领域面临的"九龙治水"和"几个大盖帽管不好一头猪"的体制瓶颈，浦东新区充分发挥综合配套改革试点与自贸试验区建设联动的优势，早在2014年率先启动市场监管体制"三合一"改革,将工商、质监、食药监三局合一,成立新的浦东新区市场监管局,之后又将物价局的价格监督检查职能并入,实现了"四合一"。新成立的市场监管局内部机构只有 18 个(原来有 30 个,减少了 12 个),编制减少 32％,80％的人员在基层一线,[①]整合解决了市场检查领域中存在的多头执法、分割检查问题,降低了成本,提高了效率。这一成功的综合治理模式,已经在上海全市各区得到了复制和推广,其为 2018—2019 年全国层面的国家机构改革提供了十分宝贵的经验借鉴。

2. 分层分类搭建各种综合治理平台或载体

除了体制整合以外,在不同层级、不同领域搭建综合治理的多个平台或载体,成为我国超大城市社会综合治理的重要选择。从超大城市社会综合治理的实践看,市、区、街镇层面搭建的各类主要平台包括:北京有北京市社会综合治理办公室、首都社会治安综合治理委员会、北京政务服务中心、社会管理综合治理委员会(区级)、网格化中心(区、街镇)、综治中心、社区服务综合体等;上海有上海市综治办、上海市社会治安综合治理委员会、上海市事中事后综合监管平台(市—区)、浦东新区城市运行综合管理中心、上海大数据城市管理和社会治理试验区(静安区)、网格化综合管理中心(市—区—街镇三级)、大联动中心和大联动办公室(区、街镇和社区三级)、行政服务中心(区)等;广州有广州市维稳及社会综合治理委员会、镇街综治信访维稳中心、广州市反恐怖指挥中心、城乡社区综治网格、综合管理信息平台;深圳有综治中心(市、区、街道、社区四级)、社区服务综合体、社区组织综治服务室等;重庆有社会管理综合治理委员会、街道综治办公室、乡村综治工作站等。

3. 实行事实项目化的大联动、大整治工作机制

典型案例包括上海的群租整治(上海市综治办、市高级法院、市房管局

---

① 孙云:《浦东先行先试市场监管体制改革"四局合一"》,《新民晚报》2016 年 7 月 15 日,第 9 版。

站式城市公共服务平台,整合了文化教育、休闲旅游、社会保障、交通出行、医疗卫生、政府办事、生活服务、助老养老、婚育婴幼等服务事项,已拥有1 000万注册用户,每位用户实名认证后直接使用30多项由政府提供的民生政务服务,未来在此平台上市民还会获得更多的市场化服务)、上海网上政务大厅、上海政务"一网通办"总门户、上海大数据中心、网格化综合管理中心(行政服务中心)、城市运行综合管理中心(浦东新区)、社区管理服务云(徐汇区)、"社区通"网上平台(宝山区)、居民区综合治理信息平台等。北京有北京市网上政务服务大厅、北京市统一新政审批管理平台、北京政务服务资源数据库、北京西城区的"数字红墙"①、大数据中心(西长安街)等。深圳市有政务服务事项管理系统(线下为市行政服务大厅),是一个集GIS地图、基础信息、特殊事件、关注人群等子系统的综合管理信息平台,人、房、事、网等实现了相关联,彻底解决城市治理中人户分离的难题。广州针对预防精神障碍患者肇事肇祸,搭建了预防精神障碍患者肇事肇祸多部门联动信息平台;针对吸毒人员管理面临的"底数不清、情况不明、信息不畅"等难题,全市范围内设立了"广州吸毒人员社会化管控系统"平台,多部门实现信息共享,无缝衔接、合力作战。天津有大数据平台"津云"、天津市信用信息共享交换中心、天津市政务服务网、"互联网＋新市民综合服务平台"(天津开发区)、大数据服务中心(南开区)、网格化信息指挥中心(区级)、城市大脑IOC中心(天津开发区)等。重庆有"重庆市网上办事大厅"、智慧城管系统(由一个大数据中心、数字化城市管理监督指挥中心组成,江北区)、网格化服务管理智能信息中心(合川区)等。

**4. 大力推动政府数据开放和大数据共享**

依靠大数据开展社会的精准化、智能化治理,其前提和基础是政府数据

① 打通辖区40多个部门17大类22项服务的后台管理,通过数据共享最大限度实现了居民办事的"一窗受理";通过大数据分析变"等民上门"为"送政上门"。参见佚名:《三维大数据社会治理和民生服务平台在京津冀地区"遍地开花"》,微信公众号"全世界的头条新闻",2018年2月13日。

的开放与共享。我国的超大城市之所以能够形成上述社会大数据治理的有效平台,关键是在国家《促进大数据发展行动纲要》《国务院办公厅关于运用大数据加强对市场主体服务和监管的若干意见》《关于推进公共信息资源开放若干意见》等政策的指引下,超大城市政府采取了促进数据开放、多部门数据共享的政策支持与数据开放平台建设行动(表 6.4),全面确立了"政务数据开放为常态、不开放为例外"的共享理念,积极推进政府内部数据交换共享,打破信息的地区封锁和部门分割。例如,北京制定出台了《北京市政务信息资源共享开放管理办法》《北京市大数据和云计算发展行动计划(2016—2020 年)》,要求至 2020 年,北京市将实现公共数据开放单位超过90%,数据开放部门的数据开放率要达到 60%,[1]成为我国最早开放政府数据的城市之一。上海制定出台的核心政策包括《政务数据资源共享和开放2016 年度工作计划》《市民体质监测数据开放管理办法》《上海市政务数据资源共享管理办法》《关于推进政府信息资源向社会开放利用工作实施意见》;[2]重庆有《重庆市政务信息资源共享开放管理办法》《重庆市政务信息系统整合共享工作方案》。上述这些政策为政府数据开放与共享提供了有力的法治保障。根据《2017 中国地方政府数据开放平台报告》,上海的数据开放指数名列第一位,北京位于第五位。

表 6.4 我国超大城市政府数据开放或共享平台

| 城市 | 政务数据开放平台名称 | 开放数据情况(截至 2018 年 5 月 13 日) |
|------|---------------------|----------------------------------------|
| 北京 | 北京市政务数据资源网(http://www.bjdata.gov.cn/) | 47 家单位、20 个领域,996 项数据集 |
| 上海 | 上海政府数据服务网(http://www.datashanghai.gov.cn/) | 42 家单位、12 个领域,1 611 项数据集 |

---

① 任笑元:《北京市九成以上单位 2020 年公共数据开放》,《北京青年报》2016 年 8 月 20 日,第 7 版。

② 黄如花、苗淼:《北京和上海政府数据开放政策的异同》,《图书馆》2017 年第 8 期。

续　表

| 城市 | 政务数据开放平台名称 | 开放数据情况(截至 2018 年 5 月 13 日) |
|---|---|---|
| 天津 | 天津市政务信息资源共享平台(网站没有查到) | 全市 47 个市级政府部门共梳理出信息类总量为 1 431 类,信息项 35 594 项,可共享 695 类,共享率为 48.57%① |
| 深圳 | 深圳市政府数据开放平台(http://opendata.sz.gov.cn/) | 14 个领域,1 076 个数据目录,65 475 548 条数据量 |
| 广州 | 广州市政府数据统一开放平台(试运行)(http://www.datagz.gov.cn/) | 66 个部门、16 个领域,1 007 个数据集,31 357 467 条数据量 |
| 重庆 | 重庆数据 (http://www.cqdata.gov.cn/) | 12 个部门,17 个领域 |

资料来源:作者整理。

## (九) 法治引领,德法并重

依靠法律调节社会各类组织以及人与人之间的关系,维护社会权利关系的公平正义,是社会关系稳定和谐、社会体系有序运行的基本前提和基础。党的十八大以来,国家制定发布《关于全面推进依法治国重大问题的决定》《慈善法》《反恐怖主义法》等,并修订《宪法》,突出强调法律规范在社会治理中的作用,全面实现社会治理法治化,成为中国全面创新社会治理的一个重大趋势和基本要求。在我国全面走向依法治国的新背景下,超大城市在强调培育和践行社会主义核心价值观的同时,树立依法治理的新理念,加快社会治理领域的立法进程,②实施"法治引领、德法并重"的治理方式,市民自律和社会强制约束紧密结合,有效保障了超大城市极具流动性、复杂性、多元化社会的安全、稳定与和谐发展。这一经验主要体现在以下几个

---

① 张玺:《天津力推政府部门数据共享》,《工人日报》2018 年 4 月 27 日,第 11 版。

② 截至目前,深圳市人大及其常委会共制定法规 220 多项,现行有效法规 162 项,其中特区法规 123 项、设区的市(较大的市)法规 39 项;截至 2017 年 9 月,上海市人大及其常委会共制定地方性法规 251 件,其中现行有效法规 176 件;作出法规解释和法律性问题的决定 28 件,现行有效 13 件。

方面。

1.针对突出的现实社会问题,加快立法进程,实行依法治理

我国的超大城市政府是一级具有立法权的行政单位,围绕违法犯罪、人口问题、社会组织、社会矛盾、基层社会等领域的现实需求和发展趋势,一方面加大立法进程,另一方面将已经取得的有效改革创新成果以法律的形式固定下来,不断完善现实社会领域的法制体系,健全法律规范,依法进行相关公共事务的规范化治理。例如,上海在2016年开展禁止燃放烟花爆竹的治理活动之前,实施了新修订的《上海市烟花爆竹安全管理条例》,对协调机制、禁放区域范围、相关职能部门职责、法律责任、媒体宣传等做出了明确的法律规定,并在全市范围内发动基层治理力量,开展了"全覆盖、无死角"的法律政策宣传,做到了家喻户晓,最终实现了"零燃放"的目标。上海比较典型的社会立法还有交通大整治过程中形成的《上海市道路交通管理条例》、巩固基层社会治理创新成果而形成的新版《上海市街道办事处条例》《上海市居民委员会工作条例》《上海市食品安全信息追溯管理办法》《公共场所控制吸烟条例》等,既保障了社会治理的法治化,又对全国社会治理的立法产生了显著的示范和引领作用。与此同时,几个超大城市普遍实行了"法律顾问进社区"的制度,为基层市民及居民区依法自治共治提供零距离的法律指导和服务。

2.针对网络社会、共享经济等新业态,积极立法,进行依法审慎治理

这主要是指针对近年来兴起的社会自媒体空间乱象、网络共享经济(共享单车、共享汽车)、个人信息泄露等新业态和新问题,围绕国家新近出台的相关法律规范(如《互联网群组信息服务管理规定》《互联网用户公众账号信息服务管理规定》《网络预约出租汽车经营服务管理暂行办法》等),超大城市及时出台了规范网络经济发展的地方性法规,如上海的《上海市网络预约出租汽车经营服务管理若干规定》《关于规范本市私人小客车合乘出行的实施意见》《上海市鼓励和规范互联网租赁自行车发展的指导意见(试行)》《上

海市网络餐饮服务监督管理办法》《上海市社会信用条例》,广州的《广州市网络预约出租汽车经营服务管理暂行办法》,北京的《网络预约出租汽车经营服务管理暂行办法》《北京非机动车管理条例》《北京市关于查处非法运营客运的若干规定》《北京市机动车停车条例》《北京市公共信用信息管理办法》等,深圳的《深圳市网络预约出租车经营服务管理暂行办法(征求意见稿)》《深圳市公共信用信息管理办法》等,旨在构筑新型的网络平台法治体系,明确多元利益主体的权力和责任,保障网络社会经济的安全、有序运行。

3. 以社会主义核心价值观为引领,发挥道德在社会治理中的内在约束作用

处于全球网络体系之中的中国超大城市,在顺应现代化市场经济体系和城市化发展而不断完善法制、加强法治的同时,根据中央全面加强党员干部党性党规教育、社会成员家风家教家庭建设的总体要求,继承和发扬党的优良作风和中华传统美德,采取多种措施积极培育和践行中国特色社会主义核心价值观,形成了法治、德治、自治、共治等四位一体、各具特色的社会治理格局,既保障了社会的活力,又构建了井然有序的社会公共秩序。例如,上海连续开展"感动上海"年度人物评选活动,为社会注入强大正能量,努力建设一座有温度的全球城市;宝山区开展了选贤、聚贤、育贤的社会德治模式,编制形成由 153 名乡贤组成的乡贤人才库,为基层社会的共治、自治和协商治理,搭建了坚实的群众基础。北京推出"北京榜样"的做法,发挥先进人物在社会道德重塑中的示范引领作用。重庆以家风建设为切入点,全市范围内开展"家风润万家"行动,采取创建家风教育基地、打造家文化小区、建设家文化楼栋、编制《家礼十循》、评选最美家庭等措施,为城市社会和谐、国家繁荣昌盛提供了强大的家庭正能量。

# 二、中国超大城市创新社会治理面临的问题

前文阐述了我国超大城市在各自实践中,形成了一些富有特色的社会

治理模式,基本保持了社会和谐稳定,也积累了一定的经验,但超大城市作为国家乃至世界的全球性经济中心,本身具有人口规模大、社会流动性强、人群聚集密度高、社会构成异质性强、社会群体的分化及贫富分化突出、文化观念和利益诉求更加多元化等特点,再加上超大城市治理受到国际、国内、区域、城乡等诸多因素的影响,使得社会呈现高度的复杂性和不确定性,治理难度很大,因而超大城市的治理往往也是一个世界级难题。尤其是党的十九大以来,我国全面进入谋求高质量发展、打造高品质生活的新时代,社会主要矛盾也发生了显著变化,如何以人民为中心、积极回应群众利益诉求为本位,进一步加强和创新社会治理体制机制,提高社会管理的精细化专业化水平,破解社会发展中面临的大城市病,稳步提升人民群众的获得感、安全感和幸福感,增强超大城市的持续性、宜居性、包容性、公平性,是超大城市社会治理的一项迫切任务。从现实和未来相结合的视角来看,当今我国超大城市创新社会治理主要面临以下几个方面的问题。

## (一) 社会治理的思想观念存在一定误区

社会治理作为超大城市治理的重要内容,当政者能否准确地理解治理的内涵和要求、树立科学的治理理念,从而积极推动良政的格局,是从根本上解决社会问题的首要基础和前提。对此,美国学者尼古拉斯·伯格鲁恩等指出,治理是指如何将一个社会的文化习惯、政治制度和经济系统结合起来,为民众提供他们所渴求的美好生活。当这些结构要素平衡地结合在一起,有效地、可持续地增进公共利益时,这就是良政;当根本条件发生变化时,一旦有效的实践出现障碍,就会产生劣政;或者当有组织的特殊利益集团摄取主导地位,出现政治衰败时,也会产生劣政;甚至两者会同时发生[①]。据我们的调研和从一些政府治理举措中发现,在我国超大城市社会治理中,

---

① 〔美〕尼古拉斯·伯格鲁恩、〔美〕内森·加德尔斯:《智慧治理——21世纪东西方之间的中庸之道》,朱新伟译,上海:格致出版社/上海人民出版社,2013年,第6页。

一些地方政府并未深刻理解治理的精髓内涵,对超大城市存在的社会难题以及如何破解方面存在认识上的偏颇或误区,这是造成许多社会问题无法从根本上得以解决的重要思想根源。这主要表现在以下两个方面:

1. 将许多社会难题归结于人口过多上面

例如,一些超大城市近年来把限制外来人口进入、锁定较长时期的城市人口规模作为解决社会难题的办法。对此,中国城市和小城镇改革发展中心首席经济学家李铁指出,城市的人口发展战略,应该站在城镇化的大格局下来认识,要尊重城市发展的规律,尊重人口的流动。关于北京等城市的"大城市病"问题,关键在于城市的治理方式,而不是人口过多。[①] 笔者同意这一看法。实际上,与首尔、东京等全球城市的比较中发现,人口过多并不是造成社会问题的根源,如北京的主城区五环以内 667 平方千米,人口 1 000万左右,这和韩国的首尔核心区以及东京的都市区人口相当,它们并没有出现对于人口的恐惧或采取人口排斥政策。从这一点来看,在中国城市化势头依然强劲的格局下,用硬性控制人口规模的政策来缓解我国超大城市社会问题的做法有待商榷,更不能成为超大城市创新社会治理的挡箭牌。

2. 借助高端化发展路径来克服社会治理的困局

产业转型是城市发展的客观规律之一,但产业的低端并不是导致超大城市社会矛盾爆发的主因。近年来,一些大城市政府将城市拥堵、环境污染、住房紧张等社会问题的产生,归结为外来人口和所谓的低端产业(这个命题本身是个伪命题),于是陷入了通过限制"低端产业"、刻意发展高端产业的做法来治理社会的误区。一些城市通过确立旨在实现高端化的经济转型发展战略,对分布在城郊接合部乃至郊区的低端劳动密集型市场进行了关停并转,迫使一些低端人口离开大城市,并且为了维护城市形象,在城市

---

① 朱弢:《李铁:"大城市病"的问题出在城市治理方式而不是人口》,《财经杂志》2017 年第 11 期。

管理中对低端服务业采取更加严厉的管控措施。实际上,全球城市的发展经验表明,一座成功的大都市,不仅需要高端化的产业和人口,也同样需要家政、快递、清洁等所谓的低端服务,为城市高级经济和社会活动提供必要的服务,这也是超大城市正常运转的基础和保障。如数据显示,东京和纽约在 2009 年时,其所谓低端服务业就业比重分别占到 73.6％和 67.4％。

## (二) 公共服务供给不充分、不平衡问题突出

从实质上看,发挥政府、社会、市场等多元力量的共同作用,以需求为导向,多渠道有效供给适合市民需要、有质量的各类公共服务,让市民过上幸福美好的生活,这才是社会治理的核心目标,也是根本和实质。党的十九大报告指出,新时代我国社会主要矛盾是人民日益增长的美好生活需要和不平衡不充分的发展之间的矛盾,就超大城市而言,这种不平衡不充分主要体现在公共服务方面,表现在两个方面:

### 1. 公共服务供给不充分,数量短缺和质量不高并存

公共服务的有效足量供给,是社会治理的基本要求和核心内容,也是决定城市可持续发展和综合竞争力的重要方面。在现实中,面对大量的人口规模及其多元化需求,公共服务的短缺往往成为超大城市社会治理的难点所在。众所周知,目前,我国上海、北京、广州等一线超大城市,普遍面临着土地、资源、水、环境等方面的巨大压力或"难以为继",一方面,在行政化资源配置体系下过度集聚了全国的一些优质资源(例如,全国共 116 所"211"大学中,有 26 所集中在北京,10 所集中在上海),吸引了过多的农村人口涌向超大城市;另一方面,超大城市公共服务资源配置是以城市户籍人口为依据的,面对巨大的人口总规模以及近 1/3 的外来人口格局(表 6.5),首当其冲的就是给教育、医疗、养老、住房、道路、水电煤和垃圾处理等公共服务设施带来巨大压力(表 6.6),政府公共服务的供给速度无法满足不断增长的人口需求,增加了治理难度。在公共服务数量短缺的同时,超大城市也面临着

公共服务质量不高、参差不齐的问题。中国社会科学院 2018 年《公共服务蓝皮书》指出,2018 年中国 38 个主要城市基本公共服务满意度排名中,处于前三位的是拉萨、厦门、宁波,第四位到第十位的是杭州、珠海、青岛、上海、深圳、银川、福州。[①] 可见,进入前十的城市中,只有上海和深圳,超大城市没有一个进入前三行列。可见,超大城市公共服务配置和能力存在显著的滞后性,也表明超大城市公共服务供给的难度。

表 6.5　我国四个超大城市常住人口及户籍、非户籍人口情况

| 城市 | 2016 年人口(万) | 2015 年人口(万) | 净增(万) | 户籍(万) | 占比(%) | 非户籍(万) | 占比(%) |
|---|---|---|---|---|---|---|---|
| 北京 | 2 172.9 | 2 170.5 | 2.4 | 1 362.9 | 62.80 | 807.5 | 37.20 |
| 上海 | 2 419.7 | 2 415.27 | 4.43 | 1 439.5 | 59.49 | 980.2 | 40.51 |
| 广州 | 1 404.35 | 1 350.11 | 54.24 | 870.49 | 61.99 | 533.86 | 38.01 |
| 深圳 | 1 190.84 | 1 137.89 | 52.95 | 384.52 | 32.30 | 806.32 | 67.70 |

资料来源:骆云飞:《一线城市外来人口解析:上海数量最多　深圳占比最高》,《第一财经》2017 年 11 月 28 日。

表 6.6　我国部分超大城市公共服务资源状况

| 城　市 | 常住人口千人医生数(名) | 常住人口千人床位数(张) | 学前或基础教育学位缺口数 | 养老服务人员或床位缺口数 |
|---|---|---|---|---|
| 北京(2017) | 4.8 | 5.5 | 到 2020 年,北京仍面临约 17 万个学位缺口[②],目前北京幼儿专业教师缺口 1.4 万人 | 养老护理员只有 7 000 人,缺口约 2.3 万人[③] |
| 上海(2017) | 4.1 | 5.3 | 幼师资源非常紧张,200 家幼儿园抢 200 名毕业生 | 照顾老人保姆缺口大约有 8 万人 |

① 周建亮:《中国城市公共服务排行榜:九项数据青岛八项排进前十》,《青岛日报》2019 年 1 月 24 日,第 6 版。
② 《北京增幼儿园学位应对"入园难"2 年后有 17 万个缺口》,新华网,2018 年 8 月 25 日。
③ 蒋若静:《北京养老护理员目前缺口 2.3 万》,《北京青年报》2017 年 11 月 13 日,第 9 版。

| 城　市 | 常住人口千人医生数（名） | 常住人口千人床位数（张） | 学前或基础教育学位缺口数 | 养老服务人员或床位缺口数 |
|---|---|---|---|---|
| 深圳（2017） | 2.7 | 3.5 | 预计到 2020 年,深圳小一学位缺口将达到 4.95 万个,初一学位缺口 1.06 万个 | 深圳养老床位缺口近 1.2 万张,仅能满足户籍老人需求 |
| 广州（2016） | 2.6 | 3.4 | 全市幼儿园招生平均 3.5 个人争 1 个学位 | 广州专业养老护理员缺口达 15% |

资料来源：笔者根据一线超大城市经济社会年度公告、权威媒体报道等资料整理。

### 2. 公共服务供给的不均衡问题

在此所说的不均衡问题主要是指公共服务资源的空间配置问题。对超大城市而言,根据城市实有人口的空间布局格局,在整个城市范围内对公共服务资源进行科学合理的均衡化配置,实现公共服务资源的空间相对均衡化,不仅是促进城市可持续、高效率发展的重要基础和保障,更是缓解各类社会拥挤和利益冲突问题的关键所在。但在当前中国特有的行政管理和制度背景下,超大城市的城市化发展路径走的是一条"先中心、后郊区"的中心区优先发展战略。从市域范围看,随着城市旧区改造、新区建设、城市更新、轨道交通建设、行政区划等因素,尽管城区空间范围不断扩大,人口也逐渐从中心城区向城郊接合部不断集中(即所谓人口的郊区化),但在此过程中,原先配置的基础教育、公共医疗、就业发展机会、文化服务等一些优质公共服务资源依然集中在中心城区,并没有随着居住区的扩展而同步向周边地区扩散,更无法与人口空间分布的实际需求相匹配。以北京市为例,三环以内的重点小学占到所有重点小学的 70% 左右,但 2010 年人口普查数据显示,三环内的常住人口占比只有约 30%。这就形成了优质公共服务资源供给(好学校所在的区位)和需求(人口所在的区位)在空间上出现了明显的失配现象。研究表明,北京市早高峰 10%—15% 的额外交通拥堵来源于家长接送孩子上下学出行,造成这一现象的背后就是优质教育资源过度集中而大量出现的跨学区就学。优质医疗资源也是如此。仍以北京市为例。据报道,2014 年三级医院总诊疗人次超过 1.1 亿人次,而全市 80% 的三甲医院都分布在四环以内,三甲医院集中之处已成为北京高峰时段的堵点之一。[①] 这种资源配置格局,直接引发了超大城市"职住不平衡、学区房、择校热、看病难、交通拥堵、环境污染、公共安全压力大"等诸多社会问题。

## (三)社会治理主体结构力量不平衡

面对极具开放性、流动性、复杂性、多样性的超大城市而言,要想真正实现社会的"善治"目标,就需要一个由政府、市场、社会三方主体组成的平衡治理结构,且积极构建政府与市场、政府与社会、社会与市场之间的三者关系,任何一方力量的缺失或弱小,都将对城市社会的安全稳定与和谐运行带来显著的影响。综观我国超大城市社会治理的实践,尽管近年来党政部门在社会治理创新中发挥了重要的主导作用,尤其是在基层社会治理中,初步建立了党建引领为主的多元共建共治格局,同时也通过转变政府职能、政府购买服务、三社联动等方式,引导社会组织积极参与社会治理进程,社工人才的作用也开始显现,社会治理的社会化趋势日渐显现。但与国际上著名的全球城市社会治理的普遍做法相比较,我国超大城市的社会治理主体结构中,"强政府、弱社会"的总体格局还是没有发生实质性的改变,在强大的党政力量推动下,社会力量尚未成为真正推动社会治理社会化的主导力量,社会的自主性治理程度较弱,诸多社会问题的解决,仍然离不开政府资源和政府力量,社会活力明显不足。因此,对一个拥有上千万人口的超级城市而言,近年来一味强调和依靠以政府或国家财政投入、国家管控为主的治理模式,是否符合超大城市社会发展的趋势和规律以及是否具有治理的持续性、

---

① 郑思齐:《公共服务资源短缺与空间失衡:房价问题与城市效率损失》,《探索与争鸣》2016 年第 5 期。

实效性和活力性,引发了广大学者的质疑。具体而言,我国超大城市社会治理主体结构不平衡、社会活力不足的问题,主要表现在社会组织数量的有限性方面。一个经济繁荣、秩序规范的健康社会,无法离开大量社会组织的存在和发展,社会组织的发展有利于分担政府转移出来的相关职能,促进社会个体的行为规范,缓和社会矛盾。这已经是西方发达国家社会治理经验已经被证明了的。尽管随着经济体制的改革与发展,我国的社会组织数量获得了快速增长,但与发达国家相比较,我国会组织仍存在数量规模有限的问题。如从每万人拥有社会组织的数量看,发达国家一般超过 50 个,法国110 个,日本 97 个,发展中国家平均 10 个,根据中国社会组织公共服务平台截至 2018 年 9 月 16 日我国的社会组织数 80.4 万个和 2017 年全国总人口 139 008 万人计算,当前我国每万人拥有社会组织的数量仅 5.7 个。可见,从全国层面来看,我国的社会组织数量及其就业容量(一般发达发达国家的社会组织就业占到全国的 10%,我国仅占 1%)非常有限,尚未形成充分参与社会治理的对等性、有力量的治理主体。而在我国超大城市的治理主体格局中,根据中国社会组织公共服务平台的数据表明,截至 2018 年 9月 16 日,北京、上海、深圳、广州、重庆、天津 6 个超大城市拥有的社会组织数量见表 6.7,从总体上看,我国超大城市社会组织的数量规模、吸纳就业人数,与发达国家及纽约、伦敦、东京等世界城市存在较大差距。更为重要的是,除了数量上的欠缺外,参与型、治理型、功能型社会组织尤其匮乏,能力不足。可见,超大城市的"大城市、强政府、弱社会"形态基本没有改观。

**表 6.7　超大城市社会组织成长情况**

| 城　　市 | 社会组织数量 | 每万人拥有社会组织量 |
|---|---|---|
| 北　京 | 12 374 | 5.7 个(按 2 170 万人计算) |
| 上　海 | 15 631 | 6.5 个(按 2 418 万人计算) |
| 广　州 | 7 711 | 5.7 个(按 1 350 万人计算) |

续　表

| 城　　市 | 社会组织数量 | 每万人拥有社会组织量 |
|---|---|---|
| 深　圳 | 12 612 | 10 个(按 1 252 万人计算) |
| 天　津 | 5 052 | 3.2 个(按 1 556 万人计算) |
| 重　庆 | 17 293 | 5.6 个(按 3 075 万人计算) |

数据来源：中国社会组织公共服务平台、各城市最新经济社会公报数据。

## (四) 社会治理的法律体系不够完善

法治化是社会治理的内在逻辑和基本要求,良好的法治与德治相互配合,是实现一个城市或国家有效社会治理格局的必然要求。近年来,尽管我国超大城市在社会治理领域中,立足自身特点,围绕交通、居住、环境、基层治理等方面不断推动法治化进程,出台了一系列相关法律规范,如上海针对交通综合整理出台了《上海市道路交通管理条例》;针对禁止烟花爆竹燃放,出台了《上海烟花爆竹安全管理条例》;针对基层治理修订,出台了《上海市街道办事处条例》《上海市实施〈中华人民共和国村民委员会组织法〉办法》等。北京相继出台了《北京市人民政府关于加强政府法律顾问的意见》《关于开展刑事案件律师辩护全覆盖试点工作的办法》《北京市民政局关于社会组织培育孵化体系建设的指导意见》等。深圳针对社会组织出台了《深圳经济特区行业协会条例》等,社会治理的法治化能力明显提升。特别是上海发布了立法 5 年规划,有效应对未来超大城市法治化治理的巨大需求。但是总体来看,目前的法律体系建设与这些超大城市的功能定位与党的十九大提出的社会治理法治化要求还有一定差距,难以适应高质量发展、高品质生活等的基本要求。因市情存在差异,几个超大城市立法进程存在不平衡的特点,各有侧重,这也是情理之中的事情,但一个共同的问题,就是根据城市社会的未来发展趋势来看,现有的立法进程仍然滞后于社会发展进程,一些领域存在法律上的空白,如就社会养老、社会公平、共享经济发展、个人信息保护、人工智能裁判、大数据运用、互联网电子证据、互联网空间安全、网络犯罪、区域一体化发展等极具现实性和前瞻性的问题,尚未制定出台专门的法律规范,这与经济最发达的超大城市地位不相适应,也制约了社会治理体系和治理能力现代化进程。除此之外,在社会治理实践中,还存在已有的一些法律规定明显不适应社会发展的最新情况。因此,除了适应社会发展形势和需求加快立法外,如何及时清理或更新过时的法律规定,也是超大城市社会治理法治化的一个重要任务。

## (五) 社会共建共治共享的体制机制不够健全

社会治理是一项系统工程,需要多方面参与,为此党的十九大报告指出要打造共建共治共享的社会治理格局。笔者调研发现,这方面的体制机制建设取得了显著成效,但仍然存在诸多不足,主要体现在以下几方面。

### 1. 社会组织参与社会治理的范围和能力有限

充分发挥社会组织在社会治理中的参与功能,是最能体现共建共治的重要方面,也是重要抓手,但调研发现,尽管几个超大城市近年来在社会组织培育以及引导其社会治理参与方面,采取了诸多办法,也取得了一定的成效,但在特殊的政治体制下党建作用对社会组织的引领作用有限(尽管超大城市也开展了"两新组织"的党建工作,但在实践过程中,由于这一工作存在重视非公企业、轻视社会组织的问题,使得基层党建对社会组织的引领作用尚不明显)、政府购买服务缺乏相应的法律制度保障、购买资金的非制度化、信息公开不足以及购买流程不规范以及社会组织本身的专业化建设欠缺、人才流失率高等原因,致使我国超大城市的社会组织参与社会治理的范围和能力还是非常有限,目前参与领域主要集中在基层社区服务当中,在公共政策制定、政治重大决策、城市规划、社会矛盾化解、危机风险应对、环境保护、促进社会包容连接、公共利益维护、公共问题解决等领域中的参与不多,无法有效发挥社会组织的社会重构功能,更无法对城市政治决策和政治生活带来实质性的作用和影响。

2. 社会民众参与社会治理的程度有限

除了专业的社会组织参与社会治理外,搭建广大市民群体参与的有效平台和机制,形成全民参与的格局,也是打造共建共治共享社会治理新格局的重要内容。其中,除了一般的市民参与体系(包括市民热线、市民听证会、市民参与基层活动等)外,广大民众的公益性志愿服务参与和社会捐赠情况,在一定程度上最能代表社会公众参与的水平。近年来,根据《慈善法》的相关规定,我国超大城市的志愿服务体系建设取得了一定的进步。例如,根据上海市民政局发布的"2018 年上海年度公益数据"显示,全市注册志愿者共 362.3 万名,注册志愿团体 21 634 个,老年志愿服务团队 10 146 个,全市首批依法登记的志愿服务组织 193 家;[1]截至 2017 年年底,北京市登记注册志愿者人数已突破 411 万人,注册志愿服务家庭 2.2 余万个,志愿服务组织 6.1 万个,累计发布志愿服务项 16.7 万个,年度服务工时达 1 165 余万小时。[2] 但与西方发达国家的全球城市公民参与情况相比较,我国超大城市社会治理的民众参与在机制建设、参与规模等方面,仍然存在显著的差距。例如,纽约国际大都市在社会治理中具有较为完善的民众参与渠道和机制,其政府工作体系中有一个专门负责辅助收集公众意见和建议的机构——公众利益倡导人的办公室,由 40 余位全日制工作人员组成,确保民众在平时对城市社会治理过程提出意见或建议;与此同时,纽约还具有非常成熟的市民志愿服务,近 10 年来,纽约年均志愿者总数约 290 万人,志愿者占总人口的比例达 19.2%。[3] 很明显,这一比例比我国几个超大城市的志愿服比例要高(表 6.8)。总之,与全国范围内存在的情况基本相似,我国超大城市的公众参与同样面临着

---

① 李一能:《上海注册志愿者达 362.3 万名》,《新民晚报》2018 年 10 月 10 日,第 5 版。
② 方非:《全市注册志愿者突破 411 万人》,《北京日报》2017 年 12 月 6 日,第 7 版。
③ 古明明:《国际大都市社会治理的做法与经验——以美国纽约市为例》,《社会治理》2017 年第 4 期。

缺乏规范制度的有效支撑、公众参与社会治理的制度化渠道不畅、公众参与意识和能力不强、参与的组织化程度较低等问题和困难,使得公众参与成为当前超大城市社会治理创新中最为薄弱也最需要加强的一个环节。

表 6.8　我国部分超大城市志愿服务情况

| 城　　市 | 志愿者数量规模<br>（万人） | 志愿者比例（志愿者总数占<br>总人口的比重）（%） |
| --- | --- | --- |
| 北　京 | 411（2017 年） | 18.9 |
| 上　海 | 362（2018 年） | 14.7 |
| 深　圳 | 158（2018 年） | 13 |
| 天　津 | 100（2016 年） | 6.4 |
| 广　州 | 220（2018 年） | 16.3 |
| 重　庆 | 500（2017 年） | 16.3 |

资料来源：笔者根据相关城市最新公告统计汇总。

3. 多主体共建共治体制不甚健全,碎片化问题依然较为突出,社会治理的系统性、协同性、整体性不够

超大城市作为经济发达、要素密集的特殊空间单元,因高集聚要素分布、高关联人类活动导致的不确定性、复杂性、风险性程度要比一般城市更加严重,这就决定了超大城市社会治理更需要多元主体共建共治,强调社会治理的系统性、协同性、整体性。近年来我国几个超大城市,充分结合现代信息技术和"互联网 + 政务服务"的优势,围绕公共服务和基层治理,开展了诸如"区域化党建""城市管理网格中心""综合审批""一网通办"等协同性治理的改革举措,明显提升了社会治理的效率。但在我国特殊的体制背景下,超大城市作为一个政府多层级、多重利益错综复杂的政治单元,在实际社会治理过程中,依然无法摆脱"条块分割""职责同构"的传统体制性瓶颈和矛盾,既在政府职能部门之间难以实现跨部

门协同治理,①又在街镇、市域、区域等空间层面,普遍存在双重碎片化的问题。这主要体现在以下几个方面:

其一,政策与服务的碎片化。在传统科层制、部门化、专业化行政管理体制的运行逻辑下,往往形成同一类公共事务的政出多门,带来政策上的分散化、不统一和碎片化,典型体现在社会保障、社会救助、政府购买服务、社会组织扶持政策等方面,如:社会保障政策长期以来呈现以城乡分割、人群分割、地区分割、管理分割为特点的体系多元分割和制度"碎片化"状态(表6.9),对促进超大城市与周边地区的高质量一体化发展带来显著的影响;社会救助政策也是分散在多个部门之中,存在多头供给,服务分割的局面(表6.10);还有些超大城市针对社会组织的相关扶持政策,市、区政府及有关职能部门都在制定不同的扶持政策和措施,缺乏统一性,不配套、不成体系,分散在不同的政策文件中。因此,以党的十九大以来新一轮国家机构改革为契机,如何有效整合分散化的社会政策,推动跨部门整体性治理,是超大城市创新社会治理体制的一项重要任务,也是一个难得的发展机遇。

表 6.9　社会保障事务及多头管理部门

| 社会保障事务 | 管 理 部 门 |
| --- | --- |
| 社会保险体系 | 人力资源与社会保障部门 |
| 企业年金 | 人社部、保监会、证监会、银监会 |
| 社会救济、社会福利和优抚安置体系 | 民政部门 |
| 住房公积金和保障性住房体系 | 住房和城乡建设部门 |
| 农村合作医疗体系 | 卫生部 |
| 人社部、财政部、发改委、审计署等其他职能 | |

资料来源:何艳玲、钱蕾:《"部门代表性竞争":对公共服务供给碎片化的一种解释》,《中国行政管理》2018年第10期。

———————————

① 李友梅:《特大城市社会治理问题的再认识》,《城市与环境研究》2015年第2期。

表 6.10 某市社会救助服务的分割

| 服务对象 | 服务名称 | 提供部门 |
|---|---|---|
| 低收入困难人群 | 城乡居民养老保险 | 市社会保险基金管理中心 |
| | 医疗救助 | 市民政局 |
| 最低生活保障人员 | 城乡居民养老保险 | 市社会保险基金管理中心 |
| | 医疗救助 | 市民政局 |
| | 就业困难人员援助服务 | 市劳动就业服务管理中心 |
| "五保"对象 | 城乡居民养老保险 | 市社会保险基金管理中心 |
| | 医疗救助 | 市民政局 |
| 离退休人员 | 城乡最低生活保障管理 | 市民政局 |
| | 社会化管理退休人员特殊困难救助资金发放 | 市退休职工管理委员会办公室 |
| 失业人员 | 城乡最低生活保障管理 | 市民政局 |
| 重度残疾人 | 城乡居民养老保险 | 市社会保险基金管理中心 |
| | 医疗救助 | 市民政局 |
| | 广州市困难残疾人专项补助金申报审批 | 市残疾人联合会 |
| | 就业困难人员援助服务 | 市劳动就业服务管理中心 |
| 优抚对象 | 医疗救助 | 市民政局 |
| 计生家庭 | 申领广东省计划生育家庭特别扶助金 | 市劳动就业服务管理中心 |
| 学生 | 城乡最低生活保障管理 | 市民政局 |
| | 医疗救助 | 市民政局 |
| | 就业困难人员援助服务 | 市劳动就业服务管理中心 |

资料来源:何艳玲、钱蕾:《"部门代表性竞争":对公共服务供给碎片化的一种解释》,《中国行政管理》2018 年第 10 期。

其二,政务信息的割据与碎片化。在互联网大数据时代,数据已经成为社会治理科学化的核心资源和重要依托,唯有实现跨部门的信息互联互通、数据整合共享,才会真正推动社会治理的智能化、精细化。近年来,尽管超大城市积极推动政府数据开放、数据共享的改革,"互联网＋政务服务"成效比较显著,但由于受法律、体制等方面的影响,我国几个超大城市在政务数据开放、共享方面仍存在一些瓶颈性问题,"条""块"分割的体制架构,对部门和机构间数据的有效共享与整合带来一定程度的影响。

4. 社会共享机制还不够健全

遏制过大的收入差距,推动公共服务均等化,改善传统的城乡二元结构,让所有城市居民平等地享有城市经的增长的成果,形成"人人有责、人人享有"的共享城市,既是超大城市社会治理的基本要求,也是促进社会公平、正义的重要抓手和载体。这主要体现在两个方面:

其一,城乡收入差距依然较大,如以北京为例,有研究表明,2004—2013 年10 年间,北京城镇居民的基尼系数除了在 2004 年为 0.47 以外,其余所有年份都大于 0.5(表 6.11),根据联合国的相关标准,北京处于收入差距悬殊的状态。① 数据也表明,近年来北京城乡居民可支配收入呈现不断扩大的趋势(图 6.2),从2012 的 19 993 元扩大到 2016 年的 34 965 元,年均扩大 3 000 元(图 6.3)。可见,缩小城乡居民收入差距,促进城乡社会发展成果的共享,是我国超大城市构筑共建共治共享社会治理新格局,尤其是形成共享格局需要解决的一个重要任务。

表 6.11　北京市城镇居民人均收入基尼系数(2004—2013)

| 年　　份 | 2004 | 2005 | 2006 | 2007 | 2008 | 2009 | 2010 | 2011 | 2012 | 2013 |
|---|---|---|---|---|---|---|---|---|---|---|
| 基尼系数 | 0.47 | 0.54 | 0.54 | 0.54 | 0.55 | 0.55 | 0.54 | 0.55 | 0.55 | 0.55 |

资料来源:张慧文:《北京市经济增长与居民收入差距关系研究》,《商业经济研究》2017 年第 12 期。

其二,外来人口无法与拥有户籍的当地城市居民公平地享有超大城市经济增长和改革开放的成果。由于超大城市凭借自己的行政和规模优势,

---

① 张慧文:《北京市经济增长与居民收入差距关系研究》,《商业经济研究》2017 年第 12 期。

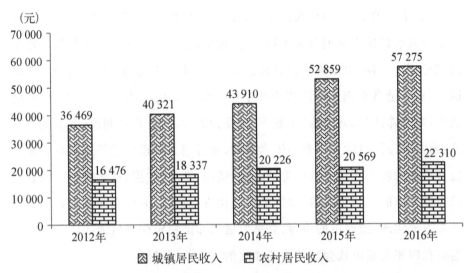

**图 6.2　北京市居民人均收入（2012—2016 年）**

资料来源：《北京统计年鉴 2017》。

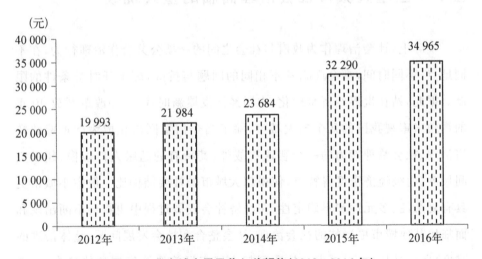

**图 6.3　北京城乡居民收入差额值（2012—2016 年）**

资料来源：《北京统计年鉴 2017》。

集聚了过多的优质公共资源，再加上整个国家经济的不平衡发展，使得我国
超大城市成为周边区域乃至全国欠发达地区人口不断集聚的首选地，而在
公共服务资源有限和传统户籍体制的影响下，这直接导致了超大城市较为

敏感的"土客关系"。如何按照开放、公平、包容的理念,让外来人口,尤其让对城市发展做出贡献的外来人口,与当地居民一样,公平地享有各类城市公共服务,并参与城市治理决策和社会治理,推动外来流动人口与当地社会的融入,这才是真正创建共建共治共享社会治理新格局的关键所在。但实践表明,在特殊的"二元结构"体制下,因受到方针政策、户籍制度、资源配置方式、公共服务供给能力等多种因素制约,使得超大城市中的外来人口无法与拥有户籍的就业人员享有同等的就业、就医、就学、住房、社会管理以及社会保障等方面的权利和待遇,农民工市民化进程缓慢,群体之间的公共服务均等化尚未实现,给城市的包容、公平发展与和谐稳定带来巨大的压力。这是当前我国超大城市社会治理普遍面临的一个共同难题。

# 三、中国超大城市社会治理面临的重大挑战

实际上,社会治理作为政府与社会之间的一项公共合作治理行为,在不同地点、不同时间,都会面临各不相同的问题与挑战,离不开时空条件的限制。据此,站在世界经济全球化、中国经济发展新时代、中国改革开放40年的视角来审视我国的几个超大城市,除了当今信息网络化成为严重威胁政府治理、社会治理能力的一个普遍挑战外,其特有的超级人口规模、超级空间尺度、超级经济密度等特点,使得超大城市的社会结构比一般中小城市更具有复杂性、多元性和不确定性,在经济社会发展过程中也将会不断出现和面临比其他城市更严峻的社会治理、社会整合和社会发展问题,整体治理的难度更大,挑战更多、更大。从我国超大城市经济经济发展的趋势来看,未来我国超大城市的社会治理主要面临以下三个方面的挑战。

## (一)人口变化带来的挑战

人口发展及其结构的变化,始终是社会治理首先需要考虑的核心因素,

也是一切社会治理政策调整、改革、创新的主要依据。根据当前我国超大城市的人口发展趋势来看,将对社会治理带来显著影响的挑战主要体现在两个方面:

1. 在政府设定超大城市有限人口容量的情况下,人口的快速老龄化发展将带来养老负担加重、劳动力短缺、生产率下降等潜在挑战

根据国务院批复的《上海市城市总体规划(2017—2035 年)》,明确指出到 2035 年,上海市常住人口控制在 2 500 万左右;类似地,《北京城市总体规划(2016—2035 年)》提出"到 2020 年,常住人口规模控制在 2 300 万人以内,2020 年以后长期稳定在这一水平"。如表 6.12 所示,除了深圳以外,全球超大城市都普面临着老龄化的问题。就我国而言,不管是按照 65 岁以上常住人口老龄化率,还是从 60 岁上户籍人口老龄化率来看,超大城市(除深圳外)都已经进入老龄化甚至中度老龄化社会。并且,这一进程正处于加速发展时期。根据上海统计局的预测数据,到 2030 年,上海常住老年人口规模将达到 480 万人,常住人口老龄化率达到 19.2%,必将对城市养老服务供给、城市竞争力、中产阶层家庭生活等带来诸多新的挑战和压力。实际上,这已经是一个众所周知的问题。如何加大制度、政策的创新,切实扩大养老服务供给,满足巨大的市场需求,妥善解决大规模老年人的养老问题,同时要努力保持城市强有力的竞争力和能级,是未来超大城市社会治理、经济发展面临的一个棘手挑战。

表 6.12　我国超大城市老龄化率及其与国际城市的比较

| 城市(年份) | 常住人口老龄化率(%)<br>(指 65 岁及以上常住人口<br>占全部常住人口的比重) | 户籍人口老龄化率(%)<br>(户籍 60 岁以上老年人口<br>占户籍总人口的比重) |
|---|---|---|
| 上海(2017) | 14.3 | 33.2 |
| 北京(2017) | 10.9 | 23.40 |
| 天津(2017) | 10.13 | 23.35 |

| 城市(年份) | 常住人口老龄化率(%)<br>(指65岁及以上常住人口<br>占全部常住人口的比重) | 户籍人口老龄化率(%)<br>(户籍60岁以上老年人口<br>占户籍总人口的比重) |
| --- | --- | --- |
| 广州(2017) | 7.9 | 18.03 |
| 深圳(2017) | 3.4 | 6.6 |
| 重庆(2017) | 13.2 | 20.83 |
| 香港(2016) | 15.9 | — |
| 东京(2016) | 22.2 | — |
| 纽约(2016) | 12.1 | — |
| 伦敦(2016) | 11.1 | — |

资料来源：（1）上海统计局：上海人口老龄化现状和预判，http://www.stats-sh.gov.cn/html/fxbg/201805/1002033.html。（2）相关城市的最新人口统计报道。

2. 不同族群之间可能产生新的利益冲突

超大城市既是中国的经济中心城市，更是代表中国参与全球经济竞争的全球资源配置中心，除了不断吸引国内人口不断集聚外，随着我国实施"一带一路"倡议、深度参与全球化发展，上海、北京、广州等超大城市必将成为外国户籍人才来中国创业集聚的首选地，中国超大城市的族群类型将会更加丰富多元，各种类型的国际化社区将不断增多。例如近年来，在我国广州已经出现了一定规模、合法或非法并存的非洲人士，并在城市空间中形成了大分散、小集聚的现象，主要集中在越秀区小北、矿泉街道、下塘西以及白云区三元里一带；而在上海，形成了以欧美人为主的碧云社区，日本、韩国人为主的古北仙霞地区等；北京有以韩国人为主的望京社区等。毫无疑问，随着中国经济实力的不断增强，将有更多外国籍人才或人口进驻我国超大城市之中就业、居住和生活，这是全球经济发展和人类活动的客观规律。但需要指出的是，城市群体异质性和文化多样性的增加，既为城市的多文化交流与创新创造提供了重要机会，同时也为城市多族群之间发生文化差异及矛盾冲突埋下了潜在隐患。这个时候,如何真正树立多元包容的理念,实施有助于本地人与外国人、多族群和谐共处的政策与策略,构筑安全、稳定、和谐的社会环境,是促进超大城市永续发展的关键性因素。伦敦、纽约、巴黎等顶尖全球超大城市的发展历程已经证明了这一点。对我国超大城市而言,这既是城市创新转型发展的机遇,更是创新社会治理、保持社会稳定可能会遇到的重大挑战。

## (二) 超大城市社会风险不断增加的挑战

在任何时候,努力保持社会安全,是超大城市社会治理的第一要务,也是经济发展的根本基础。但超大城市作为一个拥有上千万人口、超高要素密度的特殊空间,受城市生命周期规律以及内在结构的异常复杂性,决定了超大城市在不断发展过程中,不断累积多样化的结构性、传统性社会风险(秩序失衡、就业减少、贫困增加、设施老化、冲突增加,火灾、水患、流行疾病等)和新兴系统风险(医疗卫生系统、交通运输系统、能源供应系统、食品和水供应系统、信息和通信系统),尤其是当城市发展处于停滞、衰落时期,这些风险将会系统性地爆发,并在其高度开放性、流动性的环境下,一些传统风险事故造成的破坏性更大。[①] 如果根据这一规律来审视的话,我国北京、上海、广州、深圳等超大城市在巨大的人口规模和经济密度下,城市公共安全存在大量的高风险领域,包括城市基础设施和公共服务处于超负荷运转或临界点状态(如严寒酷暑时期的超负荷用电、上下班高度拥挤的公共交通、城市内涝等)、城市消防安全(如 2010 年上海静安大火、2015 年 8·12 天津滨海新区爆炸事故等)、城郊接合部或城中村公共安全、城市公共治安、食品安全、大型群众性活动安全(2004 年北京密云踩踏事件、2014 年上海外滩踩踏事件等)、系统性金融风险、信息网络安全、恐怖威胁、失衡的社会心态

---

① 李友梅:《特大城市风险如何避免》,《光明日报》2015 年 4 月 20 日,第 11 版。

引发的公共安全事件(2018 年 10 月 28 日重庆万州一大巴坠江、2018 年 6 月 28 日上海一小学门口男子砍人致 2 死 2 伤)等。因此,在全球化、地方化、网络化并行的新时代,我国超大城市在加快建设"全球城市"的进程中,与流动性、开放性相联系的传统风险和非传统风险也将不断累积,并且相互叠加聚合,给维护城市安全带来十分严峻的挑战。

## (三) 互联网或新技术给治理能力带来新挑战

根据最新数据表明,中国的网民数量已经突破 9 亿,网络社会已经开始崛起。在创新转型发展战略的指引下,我国几个超大城市在互联网基础设施、数字经济、人工智能、大数据产业、现代科技深度应用等方面,走在了全国前列,政治、经济、社会的网络化、信息化、智能化发育和发展程度更高、受众面更大、影响更深远,这为利用现代科技谋求城市的精细化管理、智能化运转等提供了前所未有的机遇。

技术改变着世界,也改变着社会和政治权力结构,从政府治理、社会治理的角度来看,现代新技术应用程度更深入、更广泛的超大城市,相应地在网络化社会治理领域面临更大的挑战。这是因为,移动互联网、大数据、物联网、人工智能、区块链等新技术的发明应用,直接改变了社会信息的传播方式,民众掌握信息的渠道更加多元,民众的民主意识不断增强、参与政治的手段不断进步,这些将深刻改变国家和公民、政府和民众、民众之间的关系,给党和政府的执政带来政府权威(威信)被削弱乃至下降、网络凝聚民意并给政府带来巨大压力、突发性群体性事件频发、社会价值多元化、主流意识形态难以占据主导地位等潜在压力和重大挑战。总之,面对现代科技和网络社会日益崛起的当下及未来,我国超大城市在社会治理的法律法规、技术、经验等方面,仍无法有效应对网络社会的多重风险,网络社会治理的现代化能力面临新的挑战。

# 第七章　中国超大城市社会治理创新的
## 基本思路与战略选择

　　本章从全球城市社会治理经验、教训以及我国超大城市社会治理面临的问题挑战出发,结合中国经济高质量发展、打造高品质生活的新趋势,围绕党的十九大报告提出的全面打造共建共治共享社会治理新格局的要求,对我国超大城市创新社会治理进行总体谋划和战略研究,分析了新时代超大城市创新社会治理的基本思路和战略选择,最后提出了超大城市社会治理的相关保障政策,旨在形成超大城市社会治理的顶层框架和战略方案。

## 一、中国超大城市创新社会治理的基本思路

　　与世界上著名的全球城市东京、伦敦、纽约、巴黎等相比较,我国以北京、上海为代表的超大城市面临的各种社会问题以及所谓的"大城市病",是改革开放 40 年"先经济、后社会"的传统发展思路、快速城市化、经济全球化、社会信息化等多种因素综合作用的产物,冰冻三尺非一日之寒。相应地,要破解当前我国超大城市碰到的社会治理难题,就要从中国的国情和实际情况出发,不能采取头疼医头、脚疼医脚的短期行为,要走出社会治理的误区,要从更宽广的视野和思维出发,走源头治理、综合治理、系统治理、长期治理的路线,在经济创新发展中不断解决社会问题,直至建成公平、包容、

和谐、宜居的超级人类居所。据此,笔者以为,新时代中国超大城市的社会治理,需要采取如下基本思路。

## (一) 以城市战略规划为引导,实施公平包容性治理

众所周知,进入 21 世纪以来,纽约、伦敦、巴黎等一些全球超大城市发生了许多影响巨大的社会骚乱事件,如纽约的占领华尔街、伦敦骚乱、巴黎《查理周刊》袭击事件及黄马甲事件等,当然,2008 年金融危机以后的高失业率、政府财务危机、经济复苏缓慢、种族和文化冲突等都是促发这些事件的主要原因,但笔者以为,在贸易保护主义、逆全球化思潮抬头、民粹主义盛行的大背景下,国内巨大的贫富差距导致的发展机会、公共服务、税收福利等方面的社会不公平和人们社会心理的失衡,才是导致这些社会群体事件的根本原因所在。为此,强调城市战略规划的作用,强调城市社会的公平正义和包容,满足所有群体的多元化利益诉求,成为近年来西方全球超大城市政府的共同策略,如纽约提出"建设一个富强而公正的纽约",伦敦提出"给所有人提供平等的生活机会",东京提出"建设成为一个福祉先进、福利完善的城市"的发展目标。尽管我国超大城市没有发生过类似的社会群体性事件,但在今天我们同样面临巨大贫富差距的格局下,西方全球城市的前车之鉴和沉痛教训及有益经验,值得我国超大城市政府认真思考和吸取借鉴。随着超大城市群体更加多元化、利益分化、国际化、信息化等趋势的发展,我国超大城市社会将更趋复杂化,不确定性和风险程度将明显上升。因此,如何高度重视多元群体、多元文化、多元利益之间的公平和包容,尤其是发挥城市战略规划的政策工具属性,除了继续注重城市经济发展外,更要注重城市社会发展议题,强调以所有群体和每个居民为导向,全面优化城市公共服务设施、发展机会、公共空间等领域的均衡配置,推动社会公平公正和包容,进而从总体上维护超大城市社会的和谐稳定,理应成为我国超大城市社会治理创新的首要任务。

## （二）正确认识超大城市社会发展规律，实行科学化治理

与一般中小城市相比，全球超大城市是一座充分参与经济全球化的世界枢纽型城市，整个社会呈现人口规模巨大、经济要素密集、权利结构复杂、文化丰富多样、社会分化突出、生活方式多样、社会互动模式复杂、社会环境瞬息万变等显著特征，并且在不同的经济发展阶段（集聚、扩散抑或转型、衰退等），具有不同的经济结构、社会结构、空间结构和需求结构。例如，最直观的一点，超大城市往往就是国内流动人口或世界移民高度集聚的地方；国内超大城市在高房价下城郊接合部逐渐成为人口不断集聚的新空间等。可见，超大城市经济社会的运行具有内在的规律和特点，这就要求政府在制定社会治理的相关政策时，须懂得和尊重超大城市经济社会发展的内在规律和特点，进行科学化治理。对此，早在 2017 年两会上，习近平总书记要求上海率先走出一条符合超大城市特点和规律的社会治理新路子；在 2018 年 11 月参加首届中国国际进口博览会以后对上海进行考察时提出，"一流的城市要有一流治理，要注重在科学化、精细化、智能化上下功夫"。笔者以为，在当前和未来一段时期，超大城市社会的科学化治理，需要突破三点：一是在国家层面，加大改革传统的以行政级别、户籍人口为依据的资源配置模式，按照超大城市实际拥有的常住人口数量、实际服务人口数量等为依据配置社会服务设施和社会管理资源，帮助超大城市解决棘手的"公共服务短缺或民生短板"问题，促进城市包容和谐发展。二是就单个超大城市而言，要从全城实有人口的空间分布格局出发，合理配置城市教育、医疗、文化、交通等公共服务设施以及社会执法、社会服务等人力资源，破解优质资源过度集中在中心城区、人口分布与空间资源不匹配的问题，为社会公平、均衡发展、高效治理提供条件和基础。三是要科学地使用社会治理的手段，即针对不同的社会治理议题，科学合理地选择行政、法律、科技、教育、道德、自治等不同的治理手段加以解决，以期实现治理效果最大化。这里需要指出的是，

当今我国超大城市针对外来人口,采用总体规划进行行政定额控制的治理模式,有违超大城市和区域经济发展的客观规律,政府应更多采取市场化的调节手段,而不应该强调行政控制。

## (三) 正确处理党组织、政府与社会的关系,实行社会化治理

实际上,创新社会治理的实质,就是处理好政府与社会的关系和市场与社会的关系,形成自上而下的政府治理和自下而上的社会自治相互衔接,在有效发挥党的领导和政府主导作用的基础上,需要更多动员、整合、依靠和发挥社会力量的参与。一方面,需要推动公众参与的制度化、规范化、程序化,让民众有序参与社会公共政策的制定和公共服务的供给,不断改善和优化社会政策的有效性、科学性,不断培养民众的公共精神和参与能力,确保社会民众在社会治理中的主体地位;另一方面,通过社会自治、邻里互助的非正式参与方式,让民众自我解决日常生活中面临的一些问题或难题。也就是说,真正理想型的社会治理格局,正如党的十八大指出的"党委领导,政府负责,社会协同,公众参与、法制保障",形成多元主体共建共治共享的社会治理格局。因此,如何进一步明确界定政府的职能边界、权力边界,深度重塑政府与社会之间的关系,加大政府对社会的赋权、赋能,激发社会活力,提高社会的自治共治水平,是任何一个国家或城市实现社会治理现代化的核心议题。

根据党的十九大报告提出的"党政军民学,东西南北中,党是领导一切的"精神,近年来我国超大城市普遍建立了党建引领下的社会治理新格局,各级党组织在社会治理工作中切实发挥了强有力的领导核心和战斗堡垒作用,这对扩大民生服务供给、化解社会矛盾、解决社会难题等方面显示了独特的组织优势和制度优势,为增强人民群众对党的认同感、凝聚力以及夯实党的执政地位打下了坚实的基础。在充分肯定这一符合中国国情的社会治理新模式的同时,我们也要看到,超大城市作为全球化、网络化、多元化发展

的高地,社会群体利益高度分化,巨型社会呈现更大的流动性、不确定性、风险性,不管政府和党组织的渗透力量再如何强大,也无法阻挡各种社会力量不断快速发育、成长的大趋势,尤其是在新时代更高质量、更大范围的社会发展需求面前,完全依靠党和政府的力量,永远无法有效满足社会发展的多元需求。这表明,超大城市的社会治理,既要将创新社会治理与加强党建工作、全面夯实党的执政基础紧密结合起来,更要从政治、经济、社会发展的趋势和规律出发,尊重和认可社会快速发育的现实,进一步理顺党政关系、政社关系,要依法赋予社会组织、社区自治组织、社会团体等进行自组织的权力和资源,通过政府购买服务的方式,政府与社会组织之间形成紧密的合作伙伴关系,注重培养社工专业人才,培育社会主体的自治能力和水平,增强社会的自我调节功能,依此来降低社会治理的成本,维护社会的内在和谐与长期稳定。更为重要的是,要充分发挥党组织的整合统领功能,尤其是在超大城市的区县、街镇等基层治理中,通过党建联建抑或区域化党建,积极打造多层次、扁平化、融合式的发展平台,连接、吸纳、整合隶属不同层次、不同部门、不同行业的党组织、行政组织、市场组织、社会组织等多元资源,实现基层社区各类组织之间开展跨层级、跨行业、跨领域、跨所有制的共商共建共治共享,不断提高为民服务的能力和水平。

## (四) 正确处理政府职能部门之间的关系,实行跨部门治理

现代化的社会治理体系,既要通过政社合作,扩大公共服务的供给渠道和能力,提高公共服务的质量,满足民众日趋多样化、品质化的公共服务需求,又要当面对涉及多个管理部门的复杂性跨界社会公共事务时,需要政府部门之间的相互配合和协同行动,对相关问题做出快速反应和有效解决。例如群体性事件、食品安全、网约车、城市应急管理等事宜,尤其是人口众多、要素高度集聚的超大城市,在以互联网应用为核心支撑而表现出的经济社会日趋强劲的跨界融合发展趋势下,更多社会治理事项牵涉到更多的领

域,单靠某一个职能部门,可能无法得到有效解决,需要更多部门一起参与,协商共治才能找出解决问题的有效办法。全球政府体制改革的理论和实践也表明,除了不断优化调整政府职能部门的机构设置(如实行大部制来整合分散、重复、交叉的职能等)外,充分借助大数据、信息化等现代科技手段,健全跨部门合作治理机制,构筑无缝隙的整体性政府和数码服务政府,提高为民服务的透明度、便捷度、满意度,是全球政府体制改革的主要趋势。从这一点来看,在传统的科层制和专业化治理运行逻辑下,利益部门化、部门利益化倾向以及各自为政、政出多门、多头管理等问题,是长期困扰我国政府高效运转的一大难题。对此,我国从 20 世纪 90 年代就开始了政府体制的改革,尤其是党的十八大以来,中央相继发布实施了《关于建立完善守信联合激励和失信联合惩戒制度加快推进社会诚信建设的指导意见》《进一步深化"互联网 + 政务服务"推进政务服务"一网、一门、一次"改革实施方案》等跨部门治理改革的相关举措,特别是 2018 年国家的机构改革方案,是在原有大部制改革基础上进行的一次党政军全覆盖的深度改革,通过自然资源部、生态环境部、应急管理部等新机构的设立,从顶层上试图解决职能分散的问题,随着全国各地政府机构改革方案的落地,传统的政出多门、分头管理的格局将会得到根本性改观。也正是在这种背景下,近年来我国上海、北京、天津、深圳等超大城市,按照优化营商环境的要求,开展了诸如"一网通办""街乡吹哨、部门报到""智网工程"等跨部门治理改革的新举措,取得了显著成效。笔者以为,伴随着超大城市社会复杂性、不确定性日趋增加,未来的社会治理创新更要树立"跨部门整体治理"的理念,在推动政府机构职能整合与调整的基础上,按照"互联网 + 政务服务"的基本思路,加大跨部门治理的数据开放、责任清单、成本分担、利益共享、激励约束等政策与制度的建设,依法根除政府部门间在公共服务和公共事务处置中职能交叉、责任推诿、相互扯皮等现象,提高城市社会治理的多部门协同力度和响应速度,为民提供无缝隙、整体性的公共服务或公共产品。

## （五）置超大城市于大都市圈之中，实行跨区域治理

综观全球超大城市发现，超大城市不仅是一座具有行政区划边界的政治空间单元，更是一个与周边区域紧密结合在一起的跨边界经济功能区域，经济社会的发展往往超越了城市的行政区边界，形成一体化发展的超级城市群、大都市圈或巨型城市区域，经济高度融合，社会高度互动，如跨城高强度的人口流、资金流、物质流、信息流以及跨界公共犯罪、传染病、空气污染、公共服务等问题，依靠行政区划边界的分割型治理，已经无法满足超大城市社会要素流动的实际需求。在这种情况下，跳出传统的"行政区治理"思维，打破城市行政区划边界对城市发展的限制，甚至重组城市群地区的政府结构体系，构筑适应同城化、一体化发展要求的跨区域治理新模式，包括重建集权统一的大都市政府、成立松散型的协调机构等，及时有效解决跨行政边界的社会公共问题，共同打造共治共享、包容公平的大都市圈社会体系。在这方面，由于高度的城市化发展水平，西方发达国家的超大城市，在理论和实践上，已经形成了较为成熟的经验和模式。在我国，随着京津冀协同发展、长三角高质量一体化发展、粤港澳大湾区等国家战略的实施，北京、上海、广州、深圳等超大城市，围绕突破自身行政区划分割、实现与周边省市的融合与一体化发展，在制度和政策上做了大量工作，也取得了显著的成效。例如，超大城市上海根据中央要求，联合浙江、江苏、安徽等省市，组建了长三角区域合作办公室，专门协调推动长三角区域的一体化发展工作，与此同时，在沪苏浙省际交接地区的相邻基层政府之间，建立了"毗邻党建"这一社会跨界治理新模式，对化解跨界污染、社会矛盾等开辟了新的治理路径。但需要指出的是，由于受政治体制、地方政府运作逻辑、资源配置方式等因素的影响，当前超大城市的社会治理主要针对的还是自身辖区的治理，即"市域社会治理"，还没有跨出行政区划边界实行跨区域社会共建共治和共享，在公共服务、人口管理、市场监管、环境保护、社会保障、应急管理等领域，依

然面临着各自为政、地区分割的困境,这与大都市圈经济高度融合发展、社会流动加速的现实治理需求不相适应。

从我国城市化和城市区域发展的趋势来看,在高铁、互联网、物联网、大数据等现代科技的促动下,以超大城市为核心的几个大都市圈地区,未来将会出现更高程度的区域融合发展趋势,人口跨城居住、异地上班的同城化将会成为常态。与此同时,区际利益冲突等将会增加,社会发展趋向流动化、多元化和复杂化,因此除了强调经济一体化发展外,如何在公共服务、社会保障、人才管理、公共安全、社会执法、市场监管等领域,同样打破行政区划的边界限制,建立健全超大城市区域社会的一体化治理体制机制,创建跨区域社会共建共治共享格局,协同解决超大城市及其周边腹地整个区域的社会问题,是新时代超大城市创新社会治理的一个新任务,也是从根本上治理好超大城市社会的必要条件。为此,超大城市的社会治理创新,必须将自己放置于整个大都市圈流动、跨界的社会体系之中,树立跨区域协同治理、系统治理、一体化治理新理念,积极开展跨区域社会治理战略协同研究,围绕公共服务、市场监管、人口管理服务、公共安全、社会矛盾化解、环境保护、应急管理等,建立健全大都市圈一体化社会治理的联席会议工作机制、信息联通互传与数据共享机制、行政联动执法机制、治理成本分摊与利益共享机制等,通过共商、共议、共建、共治和共享,有效解决超大城市及整个大都市圈面临的社会服务短缺、社会不平等、社会包容、社会参与等挑战和问题,促进城市区域社会的包容、和谐、公平发展,不断满足大都市圈地区群众对美好生活的需求。

## (六) 顺应现代科技发展趋势,实行智能化治理

综观城市发展演变史,实际上也是一部人类不断创新、运用现代科学技术的科技进步发展史,科技是城市规划建设、空间发展、组织管理以及政府治道变革的重要驱动力。尤其是自人类发展进入 21 世纪以来,移动

互联网、物联网、大数据、云计算、区块链、人工智能等现代科技得到快速发展、深度应用,互联网与各行各业深度融合,对国家政治、经济、社会、文化等带来全方位改变和影响,人类社会正在进入数据驱动发展的新时代,谁拥有了数据,谁就拥有了主导权、话语权和竞争力。相应地,在社会治理领域当中,面对我国近 10 亿网民数量,如何破除传统的主观主义、经验主义,积极开发利用大数据和人工智能等新技术,依靠科学公平的算法治理,实施以全样本数据为依据的数据化治理、智能化治理、精准化治理,成为社会治理创新的大趋势和基本要求。为此,党的十九大报告提出,提高社会治理社会化、法治化、智能化、专业化水平;2018 年 11 月习近平总书记在上海考察时强调,一流城市要有一流治理,要善于运用现代科技手段实现智能化,提高社会治理社会化、法治化、智能化、专业化水平,更加注重在细微处下功夫、见成效。① 因此,顺应社会信息化、智能化发展的现实需要,不断深化现代信息技术在社会治理领域中的应用,全面推行社会治理智能化,不仅有助于全面提高政府为民服务的能级和水平,更是创造共建共治共享社会治理格局的重要依托和有力抓手。超大城市社会治理智能化是一项需要多部门协同配合的系统工程,重点需要从以下几个方面加以创新和实施②:一是树立智能化、大数据治理思维,主动学习、深刻把握大数据、移动互联、云计算和人工智能等现代科技发展大势,在社会治理中学会用事实说话、用数据说话,准确预判社会发展趋势,采取精准、科学的治理举措。二是全面加强 5G、物联网、人工智能等新一代智能化基础设施体系,为数据采集、快速运算、服务获取等提供基础。三是围绕民生服务,深入推进“互联网 + 政务服务”,让科技为打造最安全城市、最便利城市的有力支撑。四是建立健全政府部门各类数据开放、整合、共享机制,切实提高城市社会治理的效率。

---

① 王子晖:《习近平上海考察,强调的这些事极具深意》,新华网,2018 年 11 月 9 日。
② 陶希东:《推动社会治理智能化的策略》,《中国国情国力》2019 年第 1 期。

## （七）从民众家门口小事出发，实行精细化治理

精细化管理是在 20 世纪 50 年代从日本企业管理中产生的一种现代管理学说，其核心思想是管理过程要注重细节、规范、科学、效率。后来，这一思想被不断引入政府的科层治理之中，产生了政府治理精细化的议题。社会治理作为政府治理的重要延伸活动和主要领域，当面对社会结构分层化、社会形态异质化、社会成员个体意识增强、公共需求多样化、社会利益关系复杂化、社会矛盾冲突化、社会风险常态化等发展大趋势的情况下，改变政府传统的粗放型、模糊式、突击式、运动式管理方式，进而走向规范性、针对性和精准性的精细化社会治理，就成为治道变革的必然趋势和重要选择。[①] 为此，党的十八届五中全会提出"加强和创新社会治理，推进社会治理精细化，构建全民共建共治共享的社会治理格局"，为新时代我国社会治理创新指明了努力方向。何谓社会治理精细化？国内学术界有不同看法，如：有学者认为社会治理精细化以科学、理性、精准为基本特征，主要是指在绩效目标引导下，通过科学设置机构部门、优化管理流程，推动社会治理思维和方式转变，实现社会治理的标准化、具体化、人性化；[②]有学者认为，精细化管理是通过规则的系统化和具体化，运用程序化、标准化和数据化的手段，使组织管理各单元精确、高效、协作和持续运行的管理方式。[③] 笔者以为，社会治理精细化是一种与现代网络社会发展特点和趋势相结合、以社会为本位、以人民为中心的政府治理新理念，是根据社会差异化、多元化、复杂化、信息化的趋势特点，依靠社会计算或大数据等方法的支撑和应用，合理高效地配置社会治理资源，准确掌握社会运行规律和民众需求，最大程度地满足社会民众的多元化服务需求、降低总体社会治理成本、提高治理绩效

---

① 柯尊清、崔运武：《社会治理精细化的生成机理与运行逻辑研究》，《理论月刊》2018 年第 5 期。

② 梁海燕：《努力提高社会治理精细化水平》，《人民日报》2017 年 10 月 11 日，第 11 版。

③ 汤兆云：《社会治理精细化的实现路径》，《光明日报》2016 年 1 月 13 日，第 13 版。

的现代社会治理方式。科学化、精准化、细节化、标准化,是社会精细化治理的基本特征和条件,①尤其是要高度重视广大企业和市民群体在生产、生活中遇到的小事,注重细节,采取精准、周到、细致的政策、方法和手段,给予支持、处置和解决,满足超大城市社会的多元化、个性化需求,这才是精细化治理的真谛。很显然,由于受体制机制、人财物等资源的约束和限制,对拥有数千万人口、上千平方千米地域空间的超大城市而言,真正做到社会的精细化治理是一件十分困难的事情,也是一项需要政府、市场、社会、民众多元主体紧密配合、共治共享的动态化、系统性工程,重点需要做好以下几项工作:②

1. 统计分析精准化的城市社会治理要素

城市社会治理既有围绕人群而开展的社会管理任务,更有社会服务的功能和作用。因此,政府管理部门对各自管理要素的精准化掌握,是实现精细化治理的基础。尤其是掌握人口,以及房屋类型、属性、空间分布等信息,显得非常重要。例如对人口而言,实时掌握人口规模、年龄、性别、职业、分布、居住方式等方面的动态变化,是真正实现城市精细化治理的第一要务。因此,超大城市的社会治理部门对各自的管理对象进行全面、准确、精准的统计分析,对管理对象的总体状况、结构属性、空间分布及其动态变化做到心中有数,为精细化治理打下坚实的数据基础。

2. 调查评估市民对社会服务需求

超大城市政府应针对全市不同年龄、不同收入水平、不同区域、不同职业人群,开展综合性(城乡公共设施建设、教育、科技、文化、卫生、体育、养老、娱乐等)和专业性相结合的公共服务需求调查,通过调查数据的分析和评估,可以掌握公共服务供给中的不平衡、不充分问题,为精细化治理和公

---

① 陶希东:《社会治理精细化的方法与策略》,《浦东开发》2016 年第 9 期。
② 陶希东:《增强城市精细化管理水平 让人民群众生活更美好》,人民日报海外版海外网,2018 年 1 月 7 日。

共服务的有效供给提供条件。

3. 均衡科学化的城市资源配置

超大城市如果不能妥善解决人口与服务资源在空间上的错配问题,城市社会的精细化治理也就无从谈起。因此,推行按常住人口为依据的资源配置新模式,推动相关服务资源向人口密集的城郊接合部或郊区倾斜,缩小中心城区与城郊接合部、远郊区之间在教育、医疗、文化、体育、城管、市场监管等方面的资源差距、服务差距,提高资源配置效率。这是实现超大城市社会治理精细化的必要条件。

4. 制定规范化的城市社会治理标准

管理标准的制定和实施,将有助于推动粗放式、人为化评价走向集约化、定量化评价的精细化管理。制定科学有效的社会精细化治理标准,是超大城市社会治理创新的大势所趋。按照全覆盖、全时空、全流程的思路,制定城市社会治理领域的规范和标准,是超大城市提升精细化治理能力和水平的关键。

5. 建立跨界整体性治理新体制

在全面理顺市、区、街道、社区纵向职能及事权财权的基础上,进一步深化开展政府体制改革行动,加快跨界整体性治理新体制的重建再造,打破行政壁垒、弱化利益部门化倾向,为全面满足人民日益增长的美好生活需要搭建更加有效的整体性管理新体制。

6. 有机整合与共享网络数据信息

要加大政府管理部门信息系统的无缝对接,构筑城市数据交换中心或"城市大脑"系统,实现多部门数据在后台的互联互通、有机整合与共享,消除信息孤岛,让普通百姓和市场主体通过一个窗口实现全城通办、全程办理,真正实现"让数据多跑路、让人少跑路"的目标。

7. 以基层为导向,做实做细社区治理和居民小区微治理

对此,我国几个超大城市已经积累了一些经验,例如,上海的"15分钟

生活服务圈"、家门口服务体系,北京的"街巷吹哨、部门报到"等。但因社区类型的多元化、社会结构及需求的复杂性,采取一区一策,实施有针对性、差异性、有效果的精细化治理本身具有相当的挑战性。要健全街镇、居民区两个层面的共治、自治体系,吸纳大量的社区社会组织参与进来,理顺居委会、业务会、物业公司等小区治理主体之间的关系,激发社区居民参与社区公共事务治理活动的主动性、积极性和活力,以高度发达、成熟的基层自治共治,实现基层社区乃至整个社会的精细化治理;针对市民高度关注的民生问题、与城市居民密切联系的微观城市空间、社会高度关注的微观环境,全面开展综合治理或微治理,深度改善市民群众家门口的生活环境,让超大城市人民群众生活得更方便、更舒心、更美好。

## 二、中国超大城市创新社会治理的战略选择

超大城市创新社会治理是一项系统工程,除了遵循上述基本思路外,要从新时代我国社会的主要矛盾出发,针对城市社会发展面临的重大问题和挑战,牢牢把握核心是人、重心在城乡社区、关键是体制机制创新的原则,充分发挥政府、市场和社会的共同力量,制定实施更加明确的社会治理战略,从根本上推进社会治理体系和治理能力现代化,激发城市社会活力,促进社会公平公正,真正走出一条符合超大城市特点和规律的社会治理新路。笔者以为,我国超大城市创新社会治理,主要采取如下战略。

### (一) 城市公共服务供给侧结构性改革战略

有研究表明,到 2025 年,全球至少有 27 个城市的人口将超过 1 000 万,600 多个城市的人口将超过 100 万,与此同时,由于人口规模不断增加引发的各种公共服务短缺,是全球超大城市社会治理面临的一个普遍问题。就我国超大城市而言,教育、医疗、养老、就业等公共服务的供给短缺、质量不

高,是当前城市社会治理创新面临的最大瓶颈。换言之,这也是破解我国超大城市社会治理难题的突破口,即增强公共服务供给能力,形成与超大城市经济发展阶段、城镇化发展水平相适应、相匹配的公共服务配置体系,是我国超大城市创新社会治理面临的一个重大战略任务。为此,党的十九大报告提出了"幼有所育、学有所教、劳有所得、病有所医、老有所养、住有所居、弱有所扶"的全生命周期大民生服务体系,这为我国超大城市公共服务供给的改革创新指明了方向和侧重点,即以人民为中心,围绕教育、就业、卫生健康、养老、住房、优抚、食品安全、社会治安、社会保障等人民群众切身利益的民生服务,尽力而为,量力而行,不断扩大城市公共服务供给规模、创新公共服务供给方式,提升公共服务质量,满足广大人民群众多样化、多层次的服务需求,让人民群众过上有品质的美好生活,不断增加人民群众获得感、幸福感、安全感。我们把这一旨在补齐城市公共服务短板、扩大公共服务供给数量、改善公共服务供给结构、提升公共服务质量的行动策略称为"超大城市公共服务供给侧结构性改革战略"。在借鉴西方超大城市有益经验的基础上,我国超大城市公共服务供给侧结构性改革战略主要推行以下举措[①]:

1. 规划先行,为公共服务供给侧改革提供有力的制度保障

根据城市人口总量和结构的变动趋势,将扩大住房、教育、医疗等公共服务的供给全面纳入城市的战略规划体系之中,是推动公共服务供给改革的首要保证。为此,我国超大城市在公共服务供给改革中,首要的应该是在城市经济社会发展的中长期战略规划(2035、2050)中,合理预测经济增长、人口规模变动、人口结构变化、人口空间布局变化等综合因素,针对公共教育、公共卫生、就业服务、养老服务、社会保障、社会福利、社会救助、公共文化、公共体育、公共安全、环境保护等公共服务,制定扩大公共服务供给的目标体系、路线图、时间表和行动计划,增强总体规划的引导性和约束性,依法

---

① 陶希东:《英国大伦敦地区公共服务供给侧改革的经验与启示》,《国家行政学院学报》2018 年第 6 期。

得到贯彻和落实。在此基础上,分类制定公共服务专项规划或行动方案,确保各类服务目标转变为具体的实施项目落地。通过规划的有效落实,为居民提供适量化、有质量、均等化的公共服务,促使公共服务供给的数量和质量与城市人口规模、人口结构变动的需求相匹配,提升所有市民的公平感、获得感、幸福感。

2. 加大投入,增强政府对软硬公共服务的公共供给能力

国内外超大城市的发展实践表明,城市公共服务与政府的重视程度和投入水平具有非常直接的关系,可以说,政府对公共服务的财政投入水平决定着城市公共服务的数量和质量。尽管近年来我国超大城市不断加大对公共服务的投入,尤其是结合北京奥运会、上海世博会等重大赛事活动,城市公共服务投入显著增加,服务环境显著改善,但相比较而言,我国超大城市与民生相关的公共服务支出占 GDP 的比重大概在 13% 左右,与西方发达国家 30% 的水平相比,还具有明显的差距。为此,超大城市政府要根据国家《基本公共服务领域中央与地方共同财政事权和支出责任划分改革方案》,加快推进市以下各级政府支出责任划分改革,依法明确市、区、街镇的公共服务职责,明晰各级政府的事权、财权和责任,稳步加大公共服务的公共财政投入力度,建立健全公共服务投入的财政稳增长机制,确保公共财政投入不降低或随着经济规模的增加而增加,为全面改善公共服务能力和水平,提供有效的政府职责体系和财政投入保障。这是超大城市推行公共服务供给侧结构性改革的首要基础。

3. 公私合作,健全更加开放多元的公共服务供给新机制

在充分体现公益性的前提下,合理划分政府与市场、社会之间的职责边界,吸引更多的社会资本、社会组织等有效参与公共服务的生产,构筑公私合作的供给格局,是创新公共服务供给机制的必然要求。当前,尽管我国超大城市都普遍实施了政府购买服务的相关制度,也取得了一定的成效,但社会资本参与公共服务供给的规模化、开放化、规范化、透明化、效率化等方面

仍存在诸多问题和不足,亟待做出统一策划和规范完善。为此,一要树立更加开放的理念,深化政府职能转变,鼓励和吸引国内外资本充分参与基本公共服务和高端公共服务的生产,满足民众多层次、多样化的服务需求。二要创新公私合作的方式方法,积极采用公建民营、购买服务、合同外包等形式,加大社会力量在居家养老、人类健康服务、技能培训、就业、食品安全、公共安全等领域的参与广度和深度,特别要进一步完善政府购买公共服务的相关机制、制度和政策。三要在现有社会福利企业的基础上,借鉴发达国家社会企业发展经验,大力促进中国特色的社会企业规模化发展,利用社会企业家精神推动城市社会的和谐与进步。

4. 共建共享,着力提升城乡和群体间公共服务均等化水平

一个真正的全球城市,只有实现了不同群体、城乡之间公共服务的均等化,才能真正实现包容性发展。目前,中国公共服务城乡之间、城市内部土客居民之间形成的双重二元结构,已经成为超大城市社会治理创新的一个重要瓶颈,影响着新型城镇化发展的质量和水平。为此要加大三个方面的改革创新:一要统筹城乡一体化发展,制定城乡公共服务一体化发展规划,尤其要加大城乡接合部、特大镇、大型居住区和农村地区公共设施和服务的投入力度,彻底解决郊区居民公共服务的"最后一千米"问题。二要构筑全市公共服务的财政转移支付和再平衡机制,引导中心城区的优质公共服务资源向郊区转移,逐渐缩减城乡公共服务差距。三要按照国家严格控制特大城市人口规模的基本精神,结合城市创新发展的需要,不断完善外来人口的居住证积分制度,实施梯度化、有条件的公共服务开放政策,让对城市发展真正做出贡献的外来人口与本地居民平等地享有所有公共服务,促进城市的包容发展、公平发展。

5. 注重评估,全面提升服务质量及公众的服务满意度

建立常态化、社会化的公共服务质量评估体系,是公共服务质量、提升民众满意度的重要抓手和途径。总体上,我国各地方政府对公共服务质量

的评价,还不是十分重视,也没有建立常态化的评价机制,从而难以保证应有的服务质量。我国超大城市在公共服务供给侧改革中,政府部门亟须强化公共服务的质量意识,一方面要建立健全科学、权威的公共服务质量评价标准体系,为全方位评价服务质量提供科学依据;另一方面要建立健全常态化、第三方为主的公共服务质量独立评价运行机制,最大程度地吸收服务享用者参与评价过程,客观评价公共服务质量是否达到规定标准或承诺标准,找出存在的问题,有针对性地加以改进,从而全面提高民众对政府公共服务的认可度和满意度。

## (二) 社会治理主体结构及体制机制再造战略

全球治理委员会早在 1995 年就指出,所谓治理就是指:“各种公共的或私人的个人和机构管理其共同事务的诸多方式的总和⋯⋯它既包括有权迫使人们服从的正式制度和规则,也包括各种人们同意或以为符合其利益的非正式的制度安排。”[①]这表明,社会治理的本质就是多元主体协同共治社会公共事务、共同解决社会问题的制度安排和结构设计。也就是说,针对任何空间范围的社会治理来说,具有相对完善、权力均衡、关系和谐的多元治理主体结构体系,是真正实施社会化治理、实现社会治理现代化的前提和基础。对此,西方学术界一般将治理主体划分为政府、市场、社会三大领域,“小政府、大社会”是西方社会治理主体结构关系的主要特点。中国政府不断探索适合中国国情的社会治理方略,党的十八大和党的十九大提出“党委领导、政府负责、社会协同、公众参与、法制保障”的社会治理体制、打造共建共治共享的社会治理格局等战略议题,充分表明党委、政府、社会组织和居民是中国社会治理的四大主体,各自发挥功能,保持政府治理和社会调节、居民自治的良性互动,成为创新社会治理和实现社会治理现代化的基本条

---

① Commission on Global Governance, *Our Global Neighbourhood: The Report of The Commission on Global Governance*, Oxford: Oxford University Press,1995.

件。笔者以为,超大城市作为多种经济社会要素高度集聚的特殊空间载体,社会的复杂性、差异性、不稳定性、不确定性异常明显,各种新思想、新技术、新经济、新服务、新模式层出不穷,唯有充分涵盖和吸纳分布在政府、市场、社会领域的所有相关利益主体,率先打造由"党、政、企、社、民、媒"组成的六位一体、相对完善、力量均衡、互动合作的现代社会治理主体结构体系,塑造边界清晰、分工合作、协调互动的现代社会治理体制机制(强政党、强政府、强市场、强社会、强市民),搭建多主体共建共治共享的新格局,是提高超大城市社会治理社会化、法治化、智能化、专业化水平,实现超大城市社会治理现代化的重要制度保障。具体而言,超大城市的多主体治理结构及其现代体制机制再造战略,需要采取如下相关措施。

1. 全面加强城市党建工作,开创超大城市党建引领社会治理新格局

中国的经验告诉我们,"党政军民学,东西南北中,党是领导一切的",唯有充分发挥党组织在一切公共事务治理中的核心领导作用,特别是将党的组织和能力建设、加强党的执政基础工作作为一条红线始终贯穿于超大城市社会治理体系之中,是城市和国家治理现代化建设的重要前提和保证。正因为如此,习近平总书记在庆祝改革开放 40 周年大会上的讲话中,将"必须坚持党对一切工作的领导,不断加强和改善党的领导"作为 40 年改革开放积累的第一条经验被提出来,这对我国超大城市深化社会治理体制改革、推进社会治理现代化具有重大的理论和实践指导意义。为此,超大城市的社会治理创新,就得坚定不移地走中国特色社会主义社会治理的道路,依靠强大、正确、坚强的党组织这一核心治理主体,始终坚持党对社会治理的集中统一领导,并积极构建"党组织 + 社会治理"的有效机制,不断提高党在社会治理中把方向、谋大局、定政策、促改革的能力和水平,将党员全心全意为人民服务的宗旨,贯穿于社会治理、社会管理的整个过程中,提升社会的整合力、凝聚力和向心力。为此,在全面从严治党的前提下,超大城市应采取如下主要举措:一是狠抓"两新组织"党建、楼宇党建等工作,进一步扩大城

市新兴领域党建工作覆盖面。二是构建市委、区委、街镇党委、居民区党组织为主,职责明确、互补联动的城市基层党建四级联动体系。三是在区、街镇层面,创建形式多样的区域化党建联建机制,最大程度地互通有无、整合资源,并依托党建服务中心、党员服务站、市民驿站等服务载体,为广大民众提供高品质的社会生活服务。

2. 打造简约高效、开放透明的超大城市公共服务型政府及运行体系

社会治理的本质,就是正确处理政府与社会的关系,通过政府与社会的合作,化解社会发展面临的疑难杂症,但在此过程中,高度集权、事必躬亲的政府,抑或政府的"错位、越位或缺位",都是不可取的。唯有一个权力有限、高效负责的公共服务型政府体系,才会从制度政策上为社会发展创造更多的空间、赋予社会更多的权力,从根本上激发社会参与和社会自治的活力,为社会秩序的内在有序运转提供基础。根据中国的政治发展现实,超大城市的社会治理创新中,持续关注政府的职能转变和功能定位,重塑政府与社会的均衡、良性互动关系,始终是一个无法绕开的重大任务和议题。这既要求政府根据网络化新时代出现的新要求、新趋势,深度转变和优化政府职能,属于社会、企业的权力划归社会与市场,将自身打造成一个简约高效、公开透明的公共服务型政府,同时要积极有为、主动出击、高度负责,把该管的社会事务管理好、服务好、管到位。为此,需要采取如下几项关键措施:一是制定实施政府负面清单管理制度,明晰政府在社会治理中的职责和权限,赋予公民活动以广阔的自主性和能动性,激发社会的活力。二是超大城市的街道全面取消招商引资职能,让其回归公共服务、公共管理、公共安全等社会职能,推动资源、权力、人力下沉,打造条融于块、以块为主的社区服务、共治自治新机制。三是根据全面改善超大城市营商环境的内在要求,持续推动放管服改革,在依法履行监督监管责任的同时,当好服务企业、服务群众的"店小二",全面提高政府的服务能力和水平。四是全面落实国家机构改革方案,借助互联网,全面构筑整体性、平台型政府(一网通办、行政服务

中心、网上政务大厅、政务 App 等),打造让企业、群众在"任何时间、任何地点"都能享受服务的"无缝隙政府",全面克服权力运行、服务管理中的碎片化,全面提高政府服务的效能。

3. 健全市场中介组织,增强企业社会责任,构筑与超大城市社会相适应的社会企业群落

超大城市不仅是人类社会文化要素的集聚地,更是众多企业集聚的经济财富高地,拥有着大量多元的市场经济组织。在创造物质财富的同时,如何充分激发市场组织的社会责任意识,推动形成联合组织和行规行约,让其也充分参与到社会共治体系之中发挥功能作用,尤其是大力培育和发展以市场运行逻辑努力解决社会问题为己任的社会企业,构筑强大的"市场组织体系(企业)",无疑也是超大城市创新社会治理的重要一环和力量依托。为此,建议超大城市在全面依法推动经济高质量发展的基础上,针对创新社会治理,采取如下相关措施:一是坚决实施行业协会商会与政府的脱钩,全面清理"僵尸协会",从根本上切断行业协会商会与行政机关之间的利益链条,理顺双方关系,让行业协会商会独立运作并发挥应有的市场规范功能。同时,构建行业协会的竞争机制,改革"一业一会"以及地域分支、联盟等的注册限制,协同推动政府职能转型和市场行业的规范有序发展。二是全面倡导和大力推进企业社会责任、企业社区责任制度建设,树立并宣传社会责任企业的典型,引导企业在依法经营、创造利润的同时,全面履行社会责任,充分融入当地社区场所的营造,回馈社会,协助政府解决诸多社会问题。三是顺应超大城市现代互联网经济和数字经济发展的趋势,加大各类互联网新型平台企业的监控,加大政府、行业组织、用户等多元主体对互联网平台企业的协同治理,让其依法承担应有的社会责任,同时积极引导其参与社会捐赠、慈善帮扶、生态保护等社会公益事业,为超大城市社会的包容和谐发展提供正能量。四是积极借鉴英国、我国香港等地社会企业发展的经验,制定出台有助于社会企业发展的专门法律法规和政策措施,营造良好的社会氛

围,努力构筑与超大城市经济地位相适应的社会企业群落,努力解决社会转型过程中凸显的弱势群体问题。

**4. 深化社会组织管理体制改革,全方位打造有规模、有质量、有品牌的社会组织体系**

与西方发达国家超大城市"大城市、大社会、强社会"的格局相比较,我国超大城市普遍面临着社会组织数量少、质量不高、发展不平衡等问题,社会组织参与社会治理的能力也有限,整个城市社会依然呈现"大城市、弱社会"的形态,这与我国创新社会治理背后的强势政府具有直接的关系。因此,从长远发展来看,面对复杂多元的超大城市社会,政府资源毕竟有限,不可能包揽所有社会公共服务和事务的处置,唯有不断转变政府职能,不断向社会组织、社会公民赋权,以政府的放权换取社会更大的生存空间,让社会力量持续成长,并积极引导多元社会力量自发自觉地参与社会公共事务治理,最终形成"大城市、大社会、强社会"的社会发展形态,才是真正实现超大城市社会有序、和谐、包容发展的坚实基础和保障。从这个意义上说,继续深化改革,健全政社合作机制,创建各类孵化器,为社会组织创造更加宽松的成长环境,稳步扩大社会组织数量、提高社会组织发展质量,培育社会组织服务品牌,积极打造枢纽型社会组织,切实提升社会组织参与社会公共服务供给和社会公共事务治理的能力和水平,构筑规范化、常态化、制度化的公私合作伙伴机制,是超大城市完善社会治理主体结构、实现社会治理现代化的必然路径和重要依托。

**5. 坚持以人民为中心的治理观,构筑有效的公众参与机制,发挥人民群众的聪明才智,让人民真正成为创新社会治理的主体**

人类社会历史的发展经验表明,任何一个政党或国家,当国家经济发展起来以后,要想维护政治安全、社会安定、人民安宁,就得始终站在人民的立场上,从人民群众关心的切身利益出发,吸收和听取人民群众的智慧,为民谋利、为民办事、为民解忧,不断提高人民群众的获得感、安全感、幸福感;与此同时,人民群众会不断提升国家治理方略的认同度、参与度和支持度,积极主动地参与社会公共事务或社会公益,人民群众在社会治理中的主体性不断增强,呈现人人参与、人人尽责、人人共享的社会善治格局。这启示我们,不论技术如何进步和发达,真正所谓现代化的社会治理的根基依然是广大的人民群众,缺少实质性公众参与的社会治理,只能是空中楼阁、昙花一现。令人可喜的是,习近平新时代中国特色社会主义社会治理思想特别强调了以人民为中心的治理理念,这是超大城市创新社会治理的根本行动指南。为此,超大城市要树立和践行人民至上的观念,一方面,要加大社会管理制度和政策的深化改革与创新,在公共服务、行政执法、政务服务等领域,为民众提供最大程度的便民服务,维护最广大人民群众的基本合法权益,维护社会公平正义,创造一切条件满足人民群众对美好生活的向往和需求,让人民群众过上与超大城市经济实力相适应的高品质生活;另一方面,要以各类社区社会组织、社群活动、志愿服务等为抓手,积极搭建公众参与的渠道、平台和载体,最大程度地激发人民群众参与社会治理的热情,形成人人参与、人人尽责、人人共享的良性社会互动与合作治理格局。

6. 加大融媒体中心建设力度,全方位拓展和强化多元媒体的社会功能,开创符合互联网时代特征的媒体参与型社会治理新格局

城市社会治理的中外实践表明,作为传播、引导和控制社会舆论的媒体力量(包括传统媒体和新媒体),既是社会治理的主体和客体,也是重要的治理工具之一,尤其是当今各类新媒体、自媒体蓬勃发展的互联网时代,舆论生态、媒体格局、传播方式发生深刻变化,致使社会关系更加开放、人际互动更加畅通、社会发展更充满不确定性,这对政府治理、社会治理而言,既面临着改革创新的机遇,更带来前所未有的压力和挑战。超大城市作为连接国内外的重要枢纽城市,城市政府能否采取有力措施,依法有效地实施媒体监管,既能够引导各类媒体积极主动地参与社会治理,让媒体发挥正确的舆论引导、保障人民权利(知情权、参与权、表达权、监督权)、维护社会公平正义、为社会注入正能量等作用,又在某种程度上决定着城市社会治理的成败。

因此,在互联网新时代,超大城市创新社会治理必须高度重视现代媒体的作用,一方面,要按照习近平总书记关于加快推动媒体融合发展的总体要求,全面推动传统媒体和新媒体深度融合发展,打造一批形态多样、手段多样、具有竞争力的新型主流媒体,建设若干有实力、有影响力、有公信力的传播集团,以内容为王,创新党的理论政策和主流声音的传播方式,抢占舆论传播制高点,牢牢掌握舆论场主动权和主导权;另一方面,跟踪大数据、人工智能等先进技术的发展与实践应用,主动加强研究,依照国家《移动互联网应用程序信息服务管理规定》《互联网直播服务管理规定》《互联网群组信息服务管理规定》等,强化互联网空间和各类自媒体运行的监控监管,对一些违规违法、涉黄涉赌、恶意扣费、窃取隐私、诱骗诈骗、低俗不良等类型的移动App 和相关自媒体,重拳出击、严厉整治,全力维护更加清朗的网络空间环境,维护广大网民的合法权益。与此同时,要制定出台相关规范,充分保障新闻机构对涉及国家利益、公共利益的事件依法享有的知情权、采访权、发表权、批评权、监督权,时刻捍卫新闻媒体对社会公平正义的监督功能,促进整个城市社会不断走向公平、正义、和谐与文明。

## (三) 社会服务管理资源的空间配置均衡化战略

在社会治理领域,不管采取何种供给机制,但始终强调科学合理地配置资源,为广大市民群体提供足够、均等的公共服务,满足人民群众基本生存和发展所需要的多样化服务需求,是社会治理必须解决的一个核心议题。但现实告诉我们,对拥有一个上千万人口规模,尤其是拥有近 1/3 甚至更多外来流动人口的超大城市而言,交通、教育、医疗、住房、养老、环保、治安等公共服务的短缺,往往成为影响超大城市社会安全稳定、和谐有序发展的首要难题,也是社会治理碰到的最直接的外在问题,即所谓的"大城市病"。

笔者以为,造成这一问题的实质性原因主要有两个方面,一是资源的不均衡配置问题,二是政府的管理能力问题,其中社会服务资源的不合理配置是问题的核心所在。这主要是因为长期以来,我们始终坚持"控制大城市"的城市方针,但在国家权限、资源配置、制度安排的实践当中,奉行的是行政等级偏向的资源配置模式,致使一些行政等级较高的超大城市(一般为直辖市、省会城市)承担了更多的城市功能(政治经济、经济中心、文化中心、科技创新中心、金融中心、制造业中心、商贸中心、物流中心等),集中了过多的优质公共资源,也创造了全国更多的经济份额(如 2014 年中国 6 个超大城市地区生产总值之和占全国国内生产总值的 16.9%,约占全国的 1/6;6 个超大城市公共财政预算收入之和占全国地方财政总收入的 21.4%,约占全国的 1/5①),进而吸引更多的外来人口到超大城市求谋生、求发展,造成超大城市经常面临人口失控的局面,也与周边省市之间的不平衡程度进一步加深。此外,在超大城市辖区范围内中心城区与周边郊区之间服务和管理资源存在的非均衡配置,与城市人口的实际空间分布格局不相一致。因此,从这个视角来看,超大城市要想真正创新社会治理进而构筑良好的社会秩序,一个重要思路就是除了不断创新和完善超大城市人口调控政策外,更要跳出超大城市狭隘的行政区格局,站在跨越行政区边界的大都市圈抑或全国功能经济区等更大的空间尺度上,借助政策创新,改革传统的资源配置方式,推动社会公共服务和社会管理资源在区域之间、市域之间的均衡化配置,实现人口分布与资源配置相互适应和区域的公平发展,从根本上缓解超大城市面临的人口膨胀与服务短缺之间的矛盾。而实现超大城市资源的合理化配置,是一个涉及国家行政体制改革、城市区域一体化的系统工程,重点要实施好以下具体策略:

1.深化改革行政等级偏向的资源配置模式,明确城市功能定位,疏解超大城市非核心功能

理论研究和实践均表明,政府资源配置的行政中心偏向、行政等级偏向

---

① 尹德挺:《超大城市人口调控困境的再思考》,《中国人口科学》2016 年第 4 期。

模式,直接造成了我国北京、上海、天津、重庆等行政等级较高的超大城市规模迅速膨胀,再加上缺乏足够的精细化管理能力,导致城市运行不堪重负带来很多社会问题,又造成城市区域发展的不公平、不平等格局。① 迄今为止,在行政和市场共同作用下,城市功能的富集化和规模的超级化是超大城市经济高质量发展、社会治理现代化的最大挑战。对此,一方面,中央政府要从国家层面出发,尽快改革以行政中心、行政等级为偏向的传统资源配置方式,针对超大城市实施以承载力为依据的资源配置新方式,实施更加公平、更加均衡协调的国土空间开发战略,缩小其他省份与超大城市之间的资源差距、服务差距、机会差距和收入差距等,依靠公平、均衡、协调的区际关系,减弱超大城市规模膨胀带来的社会问题。另一方面,北京、上海、深圳等超大城市政府,要以全面实施京津冀协同发展、长三角高质量一体化、粤港澳大湾区建设等国家战略为契机,主动联合周边省市政府,认真组织贯彻落实大都市圈发展战略,继续向周边省市疏解与自身功能定位不相符合的非核心功能,引导人口和产业向周边省市分流转移,最终在分工合作、共建共治、利益共享中不断化解超大城市自身难以解决的区域性社会问题。在这一方面,在京津冀协同发展、雄安新区建设、北京城市副中心等国家战略的指引下,北京的功能疏解取得了长足的进步,其有效做法值得其他超大城市学习和借鉴。

2. 实施以常住人口为主的资源配置新模式,加大统筹力度,推动服务和管理资源配置与常住人口实际空间分布相匹配

超大城市的社会问题除了全市性、整体性表现外(老龄化、住房拥挤、环境污染等),在不同区位空间上可能面临的问题程度会存在显著差异,如人口集中分布的城郊接合部或城中村、郊区特大镇等地方,往往会比中心城区面临更为突出的公共服务短缺(教育、医疗、文化等)以及更严峻的社会治安

---

① 魏后凯:《中国城市行政等级与规模增长》,《城市与环境研究》2014 年第 1 期。

挑战,相应地社会矛盾也会更加突出。实际上,这一问题的背后,依然是超大城市本身在市域范围内采取以户籍人口为主的传统资源配置方式,难以适应近年来超大城市人口呈现"户籍人口向心化、流动人口向中心城边缘的城乡接合部聚集、老年人向中心城聚集"①的动态、不平衡分布变化态势的表现,即中心城区人口规模小、服务资源集中,城郊接合部人口多而服务资源偏偏又少,尤其是一些近郊的特大型城镇或大型居住区,流动人口甚至超过了当地户籍人口,但教育、医疗、文化、城管、市场监管、环保等公共服务和管理资源依然采取镇级、户籍人口配置,极易造成城郊接合部公共服务剧烈的供需矛盾和社会管理的超负荷运转,也造成了中心城区与郊区之间的不公平。为此,建议超大城市在创新社会治理过程中,在全面建立实有人口信息管理系统、准确掌握城市常住人口发展演变情况的基础上,要加大全市统筹力度,将按户籍人口为依据的传统资源配置方式转变为按常住人口进行配置,即根据常住人口在城市空间上的实际分布格局进行教育、医疗、文化等公共服务资源和市政设施的配置,满足城乡接合部、中心城区等不同地域不同类型人口对相关服务的刚性需求,竭尽全力推进公共服务均等化。同时,要在城市管理、行政执法、环境保护等领域,要探索配备与常住人口管理需求相适应的城市管理机构和人员,通过人力、财力、物力的支持,帮助城郊一些人口大镇因社会管理资源不足而面临的社会持续混乱问题。但需要指出的是,超大城市要想真正实现所有公共服务资源向外来人口的全覆盖、均等化,除了积极发挥市场的决定性作用外,还得依靠中央政府在全国层面上制定并实施按常住人口配置公共资源的相关法律法规,确保全国各地实现相对公平的发展。

## (四) 以重建有机共同体为主的社区共治与营造战略

城乡社区是人类生活的基本单元,也是现代社会的重要组成部分。加

---

① 尹德挺:《超大城市人口调控困境的再思考》,《中国人口科学》2016 年第 4 期。

大基层治理创新,构建服务齐全、人际和谐、文明祥和的城乡社区,是实现国家或城市治理现代化的重要环节和根本基础。正如习近平总书记所言:基础不牢、地动山摇。经过改革开放40多年的发展,我国超大城市的社区建设取得了显著的成效,也开创了诸多富有特色的基层治理模式,但需要指出的是,随着单位制的解体以及社会深度转型和市场化发展,社区开始成为各种利益关系的交会点、各种社会矛盾的集聚点、社会建设的着力点和党在基层执政的支撑点,超大城市社区治理依然面临社区参与率低、自治共治机制不全、人际关系冷漠、社区认同感低,甚至还存在很多邻里冲突等问题,与社区居民彼此信任、相互关心、守望相助的理想生活共同体,具有很大的差距。

也许,超大城市社会特殊的复杂性、多样性、异质性特性决定了城市社区不可能建成像传统村落那样的生活共同体,但笔者以为,在现有基础上,继续发挥中国特色社会主义的制度优势,增强文化自信,不断完善基层社区治理制度体系建设,深度挖掘城市社区中蕴藏的文化力量和居民力量,主动营造社区新型生活场所,既形成社区多主体(街镇党政组织、条线职能部门、社区自治组织、社区社会组织、社工、企事业单位、居民等)合作共治、共建共享的整体性治理格局,进而满足居民对各类服务和城市环境需求的无缝隙供给和服务,全面夯实党的执政基础;又充分调动居民参与社区公共事务治理的热情和自觉性,增进彼此相互间的感情和交流,增强居民的社区归属感、认同感和凝聚力,将社区打造成一个有温情、有温度的有机生活共同体,是新时代超大城市创新社会治理的必然要求,更是人民群众对高品质美好生活的重要期许。

简言之,社区建设、社区治理、社区营造是中国超大城市社会治理创新的根基所在。重点需要从两方面入手:一是加大社区治理体制机制的创新,探索形成符合超大城市特点和规律、多主体共建共治共享的社区整体性治理新格局,为超大城市社会治理现代化和党的执政能力打下坚实的根基;二是推动从原来侧重物质设施、空间硬建设向硬软件并重、更注重居民文化理念、思想境界、精神家园等软性建设转变，着力开展社区营造，增强居民的文化自信、精神信仰、归属感、凝聚力，从而促进整个超大城市社会的包容和谐、文明进步。

1. 加大创新，探索符合超大城市特点和规律的社区整体性治理新模式

截至目前，我国几个超大城市在基层社区治理中形成了一些独特的方式和方法，如：上海街道的"6＋2"机构设置、取消街道招商引资职能；北京的"街乡吹哨、部门报到"；重庆的三社联动等，各具特色。实际上，从全国范围来说，因超大城市之间在经济社会发展程度、基础和条件等因素的差异，决定了我国超大城市的社区治理，不可能也不会存在一个统一的治理模式，尤其国内关于城市社区，在操作上存在多个层面概念（有的界定在街镇层面，有的界定在居委会层面等）。鉴于此，笔者以超大城市街居制为基本背景，侧重中心城区街道（社区）层面（镇为一级政府，治理主体更加明确），提出超大城市创新社区治理普遍遵循的一个总体性、方向性的思路——实施超大城市社区整体性治理，旨在实现基层社会治理的系统性、协同性、综合性，进而实现基层治理精细化、高效化。具体策略包括如下：

第一，加快推动基层街道职能转变，依法取消招商引资职能，强化公共服务、公共管理、公共安全职能；按大部制优化、整合设置内部机构，科学配置职能；理顺区县与街道之间的关系，赋予街道与其新职能相适应的行政事权和财权，依法保障街道以下居委会的自治本性，构筑简约高效的基层管理体制。

第二，构筑街道党委领导、多主体参与的社区双层整体性治理平台，加大建设社区共同体。即在街道层面，在街道党工委领导下，建立健全由街道辖区主要企事业单位、条线职能部门党组织参与的区域化党建平台，打破社区与辖区公共单位党组织互不隶属、行政上互不关联、管理上条块分割的局面，整合辖区党建资源，搭建"大党委""联合体""党建服务中心"等合作平台，汇集多方力量，互通有无、互相帮助，共同参与社区服务事项，形成整合

资源、联动协作、共建共治共享的整体性治理新机制。在居民区层面,充分发挥党组织的核心领导作用,成立由党支部、居委会、业主委员会、物业公司、社区民警、社区社会组织代表、居民代表等参与的居民区共商共议、共建共治平台,如协调会、听证会、评议会等,畅通居民参与渠道发表意见,推动基层协商民主走向制度化、规范化和常态化,稳步提高居民区共治、自治能力。通过双层整体性治理平台的建设,努力开创"小事不出居委会(居民区)、大事不出街道"的基层治理新局面。

第三,借助市、区层面开展的"一网通办""最多跑一次"、营商环境建设等改革,同步构筑基层综合治理、综合服务的平台或载体,打造政务服务超市,包括街镇网格化综合管理中心、社区事务受理服务中心、社会组织服务中心、为老综合服务中心、城市服务综合体等,构筑 15 分钟服务圈、家门口服务体系,为基层居民提供无缝隙的公共服务,实现家门口办理、全市通办,满足基层民众多样化、个性化的政务与生活服务需求。

第四,在实施综合治理的基础上,围绕街道范围内不同园区、居住区、工作区等单元之间存在的空隙,积极搭建多主体参与的跨越居民区、园区、工作区的跨界治理新单元,打造跨居委会的"美丽街区"或"服务区",实现基层治理全覆盖、精细化。

2. 以重振文化自信、精神信仰、社会凝聚为目的,全方位实施社区营造

笔者以为,我国超大城市的社区营造重在采取如下策略:

第一,全方位制定并实施社区居民参与行动计划,举办以邻里节为核心的社群活动,打造熟人社会,经营人际关系,提升社区民众的归属感、凝聚力,为社区营造创造良好的社会氛围。

第二,全面分析社区发展的独特优势,深度挖掘社区固有的历史文化资源,发动居民积极开拓本社区的文化创意产业,培养共同的社区意识、营造愿景,构筑居民基于社区的共同精神文化信仰。

第三,全面推行社区规划师制度,调动政府、社会、企业的多方资源,实

施社区空间微更新、微改造，全面美化并提升社区公共空间的质量，为社区产业、社区文化等软硬发展创造更干净、更整洁、更有序的环境。

## （五）以缩小社会不平等为主的城市公平包容共享发展战略

综观全球社会发展，由性别、种族、收入、财富等方面的各种不平等现象及引发的排斥性问题，成为制约人类社会公平、和谐发展的一个重大问题。研究表明，世界上 2/3 以上的人口居住在存在收入不平等问题的城市当中。超大城市作为一个极具多样性的人类住所，往往也是最不平等的地方。正因为如此，亚洲开发银行在 2007 年提出了"包容性增长"的命题；"联合国第三次住房和城市可持续发展大会"（人居三）提出应该建设包容性城市的《新城市议程》，全面打造"所有人的城市"。目前，努力打造让所有群体都能够公平地享有经济发展成果和发展机会的公平、包容性城市，让千万居民能够和谐地比邻而居，已经成为全球顶级大城市努力的新方向。从这个视角看，中国的超大城市也存在包容性不够的问题，如外来人口无法与户籍人口平等地共享城市公共服务、社会收入差距高位运行等，尤其是近年来在严格控制人口规模的政策导向下，一些城市对低端产业、低端人口实施了清理行动，致使城市发展的包容程度有所下降。笔者以为，如何按照党中央提出的"共享"发展新理念，实施公平包容共享发展战略，让每个人公平享有公共服务、参与发展的机会和权利，从法律、制度、政策上不排斥任何一个人，让城市成为多元文化共存、多群体和谐发展的公平之所、包容之所，理应成为超大城市创新社会治理的重要路径和战略任务。具体而言，超大城市要以充分保障各类弱势群体的公平发展权为核心，采取如下包容性治理举措：

1. 以缩小社会贫富差距为核心，构筑更加包容的经济治理体系

过大的贫富差距是超大城市面临的最大的排斥性问题。因此，加大收入分配制度改革、公平配置社会资源，让深陷于贫困之中的各类弱势群体共享城市经济发展的成果，让弱势贫困群体享有劳动的尊严，过上体面的生

活,增强其获得感、公平感、幸福感,是超大城市实现包容性发展的必要条件,也是促进社会包容的重要抓手。

第一,按照"提低、限高、扩中"的思路,持续加大收入分配制度改革创新,努力扩大中等收入群体比重,全方位打造橄榄型社会收入结构体系。

第二,按照超大城市高端产业必须和低端产业配套协同发展的基本规律出发,客观认识低端产业在超大城市高质量发展中的独特作用,进一步放开和规范城市非正规就业市场,依法禁止各种形式的就业歧视行为,为低收入群体依法参与劳动、创造财富提供最大的机会。

第三,进一步完善针对特殊贫困群体的农村低保、特困供养、医疗救助、临时救助、残疾人补贴、孤儿保障等制度体系,将建档立卡贫困人口纳入社会救助兜底保障,做到应保尽保、应兜尽兜,建立低保、扶贫相协调的动态管理机制,实现低保、扶贫信息共享。

第四,依照《慈善法》,大力发展形式多样的社会慈善事业,动员社会组织积极参与扶贫救助活动,通过社会资源再配置促进社会的公平。

第五,实施针对外来人口、残疾人、失业人口、妇女等群体的教育培训计划,让弱势群体掌握必要的劳动技能和综合素质,增强市场竞争力。

2. 以保障公共服务共享权利为核心,构筑更加包容的社会治理体系

第一,继续深化超大城市户籍制度改革,稳步推进已经在城市具有稳定就业、稳定居住的外来人口的积分落户工作,让外来人口按条件、按梯次地拥有合法享有城市公共服务的身份和权利,稳步扩大城市公共服务供给的覆盖面,让人人都能平等获得就业、教育、适当居所、健康服务、社会保障、水、卫生、电力和交通服务,直至全体所有居民平等共享城市的所有公共服务。

第二,深化改革与创新城市建设、规划、管理中的社会参与机制,让外来人口、老年人、妇女、儿童、残疾人等弱势群体享有民主参与和参与社会经济活动的权利,确保被忽略群体、弱势群体和受排斥群体以城市主人翁的身份

表达自己的心声,参与社区政治,影响社会进程。

第三,积极开展多种形式的跨文化对话活动,促进多元群体之间的互动、交流、了解、信任与理解,形成互利共赢的良好社会关系,促进社会包容性和社会凝聚力。

3. 以旧区改造为核心,构筑更加包容的城市空间体系

空间包容治理是城市包容发展的重要组成部分。这就要求城市政府在推动城市包容发展、包容治理的过程中,应该从弱势群体集中分布的特定空间入手,推行相关措施,以便取得最直接、最明显的成效。

第一,发挥政府、市场、社会的合力,完善城市更新政策,加大城市老旧小区、集中连片老城区、背街小巷的改造与整治,彻底改善老区居民的人居环境和生活质量,消除"一边是高楼大厦、一边是脏乱差的棚户区"的畸形城市发展格局。

第二,优化城市规划体系,加大城中村整治,推动交通、教育、医疗、文化等服务设施向外来人口集中的城乡接合部、城中村延伸、配套,提升服务的公平性、可及性,增强城市边缘地区、弱势人口集中分布区与城市中心的连接性,消除或减少居住区与工作区之间的不平衡,缩小贫民区与繁华区之间的差距。

第三,理性认识、高度重视城市历史文化、历史建筑等在城市精神培育中的独特价值和作用,建立健全历史文化遗迹、历史建筑的保护机制,加大实施城市微更新,保存城市发展机理、城市记忆,重新焕发历史保护建筑的原貌风采,打造居民幸福生活的时尚新地标、多群体互动交流的新公共空间。

## (六) 以重建社会信任为主的社会公共意识战略

早在 2014 年两会期间,习近平总书记在参加上海代表团审议时明确指出:社会治理"核心是人、重心在城乡社区、关键在体制机制创新"。其中

"核心是人"指出了社会治理的本质所在,只要人人心理健康、人人向善、人人尽本分做好自己的本职工作,社会就和谐了、安定了。从当前的诸多社会问题分析中可以发现,诸多社会秩序失序、信任缺失等问题的重要原因在于精神文明建设没有跟上物质文明的步伐,虽然经济有了巨大发展、人们的生活水平也有了巨大的提高进而实现了普遍富裕,但人们的道德水平、文化信仰、精神家园、心理健康等并没有同步提高,尤其是在人们的权利意识、竞争意识、民主意识不断提升的时候,相应的规则制度并没有健全起来,公民缺乏平和理性的心态,社会公共精神、公共意识严重不足。所以,超大城市的社会治理创新,就得紧紧把握社会转型发展的现实和规律,做好人心的工作,无疑是创新社会治理的"牛鼻子"。对此,我国古代神圣先贤在《尚书·大禹谟》中早就指出了"人心惟危,道心惟微"的道理,就是要用法律制度约束人心恶的一面,同时要用正能量激发人们内心的善心。《大学》中也指出"古之欲明德于天下者,先治其国,欲治其国者,先齐其家""身修而后家齐,家齐而后国治,国治而后天下平"。据此,建议超大城市建设将道德与法治相结合,以重建社会信任为核心,全面实施社会公共意识战略,具体措施如下:

1. 以弘扬中华民族优秀传统文化为目标,加大家庭、家风、家教建设,全面推行社会全员参与的修身行动

文化是一个民族的灵魂,更是一个国家繁荣昌盛的根本。中华民族伟大复兴最终还得依靠中国文化的振兴,当广大人民群众对中国文化充满自信并加以践行的时候,也将是中华民族伟大复兴目标实现之时。真所谓人民有信仰,国家才有希望。超大城市作为我国经济最发达、人民生活最富裕的地方,市民群体更应该率先突破"小我"的狭隘观念,树立为国家、为民族的"大我"精神,强化修身齐家治国平天下的家国情怀,是新时代超大城市现代市民应该具备的追求和信仰,也是创新社会治理的重要内容,更是中华民族伟大复兴的坚实基础。为此,超大城市政府要按照中央的战略部署,高度

重视家庭、家风、家教建设工作，制定扎实有效的市民修身行动计划和实施方案，针对党政机关工作人员、企业家、企事业单位员工、家长等群体，全方位弘扬和践行中华民族优秀传统文化，全面提升城市的家庭美德、职业道德、社会公德水平，打造礼仪之城、有温度的城市。

2. 依法加强社会诚信体系建设，夯实社会交往行动的根基

诚信体系是现代市场经济有序高效运行、社会交往行动和谐的重要基础，也是社会治理创新的根本要求。关于诚信体系建设，超大城市需要采取如下三个策略：

第一，建立健全社会诚信体系的法律法规，尤其是在诚信数据采集、数据管理使用、个人信息保护等方面加快立法进程，依法加强诚信监管，全面提高诚信社会建设法治化程度。

第二，加大社会诚信市场服务体系建设，大力培育可靠、可信、权威的诚信服务市场主体，满足多元经济利益主体的诚信服务需求，切实让每个个体、企业的诚信数据变成有价值的资源，为改善城市营商环境提供有力的支撑。

第三，建立健全诚信褒奖机制和违法失信惩戒机制，推动诚信数据在不同部门之间的联通共享，构建起失信行为的多部门联动惩戒机制，让诚信者走遍天下，失信者寸步难行。

3. 加强社会心理服务体系建设，构筑和平理性的社会心态

随着现代社会的转型与发展，社会心态问题日渐凸显，这在社会上发生的一些公共事件中可见一斑，一些鸡毛蒜皮的摩擦有时候会引发重大的伤害事件。一个健全和谐的社会，需要拥有理性、积极、和平的社会心态。习近平总书记在党的十九大报告中指出："加强社会心理服务体系建设，培育自尊自信、理性平和、积极向上的社会心态。"这就要求超大城市政府在社会治理创新中，高度重视社会心理服务体系建设，突出强调心理治理的软力量，为社会制度的设计、社会问题的化解提供强有力的社会心理依据，引导

社会心态走向积极、平和与理性。具体而言,需要做好以下工作:

第一,采取政府购买服务的方式,与第三方专业机构合作,组织开展社会心理现状和问题的专题研究,充分掌握超大城市社会转型过程中民众社会心理的基本特征及心理行为规律,为创建更加符合人性、尊重人格权的制度体系提供强有力的支持。

第二,对从事社会管理、社会治理领域的工作人员,开展社会心理的相关培训,让其了解社会心态的基本特点、趋势和规律,掌握依靠心理行为规律进行社会制度设计、社会矛盾化解的方法和技能,全面提高社会心理治理的水平。

第三,针对社会上存在的诸多社会心理问题,在市、区、社区、学校等层面,建立健全针对个体心理健康服务的专门机构,包括社区心理健康辅导中心、心理咨询室等,培养专兼职结合的社会心理服务队伍,对存在心理问题的个体提供必要的心理知识传授、心理咨询、干预、预警和指导,帮助处于心理困境的个体或家庭恢复心理健康,帮助人们不断提升安全感、幸福感和获得感。

# 三、中国超大城市创新社会治理的相关政策保障

## (一) 人口与户籍政策

对任何一个城市而言,人口是社会治理创新的基础和前提,超大城市的社会治理战略设计,都应该遵循人口结构变化的内在要求,即有效的社会治理战略,需要科学合理的人口和户籍政策加以保障。当前来看,我国超大城市人口分布的基本特点是人口总量多、流动人口多(上海有近 1 000 万流动人口、北京有 700 万—800 万流动人口)、人口结构老龄化等特点。近年来在城市育儿成本高企的背景下,即便放开了二孩政策,超大城市的结婚率、户籍人口出生率仍进入低水平通道(数据表明,2016 年上海属于全国结婚

率最低的省份,只有 5.2‰,而人均 GDP 达到 10 万元;天津、上海、北京三大直辖市出生率均低于 9.5‰。[①] 上海市妇联的数据表明,2016 年上海市常住人口中每年实际出生的人口数为 21.08 万,出生率为 9.0‰,2017 年的出生人口数为 19.70 万,出生率为 8.1‰,与每年出生 26 万的预期水平存在较大差距),并且表现出城市规模越大、户籍人口老龄化演变的速度也越快。根据人口演变规律和国际经验,我们可以判断,长远来看,一个超大城市低结婚率、低生育率必将导致少子化、老龄化的发展态势,这不仅会危及城市的经济发展,也给社会治理带来巨大的挑战。典型的像日本东京,低生育、少子化导致的超高老龄化社会,严重威胁着城市的健康与可持续发展,甚至日本学者认为日本已进入"缩退时代"。但对一个想要保持足够经济活力、综合竞争力、持续繁荣格局的超大城市而言,保持必要规模的人口数量是基础和前提,尤其是随着超大城市产业结构的升级和经济比重占全国比重的上升,其所承载的人口规模也势必会增加或上升。对此,国内一些学者根据经济—人口比值,借鉴经合组织、欧美发达都市区人口增减规律的基础上得出结论:我国广州、深圳超大城市的人口保持着持续增长的态势,北京、上海等超大城市未来人口增长仍有较大潜力。[②]

我国北京、上海等超大城市,在国家"严格控制特大城市人口规模"的政策导向下,从 2013 年开始,借助疏解非首都或非核心功能的机会,用总体规划明确常住人口规模、建设用地规模的上限,对群租房、地下空间、城乡接合部等联合执法开展综合整治,控制外来人口增长成为超大城市社会治理的一项核心任务。在政府强力管制下,从 2017 年开始,北京、上海的常住人口出现了下降趋势(表 7.1)。

---

[①] 姜超、宋潇:《二孩也拯救不了出生率? 详解出生率低迷的前因后果》,2018 年 9 月 19 日,http://finance.sina.com.cn/stock/stockzmt/2018 - 09 - 19/doc-ifxeuwwr5809855.shtml,2019 年 1 月 10 日。

[②] 任泽平、熊柴:《控不住的人口:中国超大城市人口发展趋势》,微信公众号"泽平宏观",2018 年 9 月 26 日。

表 7.1　北京常住人口变化（2014—2018 年）

| 年份 | 常住人口（万人） | 和上一年相比的人口（万人） |
|------|------------------|---------------------------|
| 2014 | 2 151.6 | + 36.8 |
| 2015 | 2 170.5 | + 18.9 |
| 2016 | 2 172.9 | + 2.4 |
| 2017 | 2 170.7 | − 2.2 |
| 2018 | 2 154.2 | − 16.5 |

数据来源：北京市统计局官网。

从眼前利益来看，这看似是城市社会更加有序、经济更加高质量发展的一个好事，但在我们仍然不清楚城市最优规模的时候，我们应该谨慎采取政府强制控制措施降低人口规模。因为根据有关西方学者的研究发现，当城市达到最优规模的时候，最优规模下的某一数量人口减少导致的成本，超过最优规模增加同样人口数量成本的 3 倍。① 因此，笔者以为，从人口转型发展的长期趋势来看，始终保持开放的姿态，充分尊重和发挥市场的力量，减少政府对人口规模的刻意行政控制，让超大城市始终保持对外部人口的吸引力，是一座城市持续繁荣发展的根基所在。实际上，当一个城市人口开始流失的时候，也预示着这座城市开始走向衰落。在我国超大城市面临诸多社会问题的当下，我们既要考虑城市的承载水平和能力这一问题，但更要关注和考虑超大城市政府的治理能力问题，不能把所有问题的原因都归结在人口太多上面，关键是要发挥政府和市场的共同力量，制定实施合理的人口、户籍等政策，对人口进行合理调控，不断优化人口结构以及空间分布格局，既要让超大城市人口按经济规模、经济规律保持合理适度的增长，又要让人口结构不断满足和适应超大城市创新发展、高品质发展、卓越发展的功能需求。为此，根据当今中国人口发展的总趋势和超大城市实际面临的人口问题，建议超大城市在全面贯彻落实新的个税专项扣除政策的基础上，进一步完善人口和户籍政

---

① 佚名：《北京上海这样的超大城市该如何控制规模》，《南方都市报》2018 年 1 月 25 日，第 6 版。

策,探寻并达成人口科学发展和社会治理现代化之间的动态平衡。

第一,从未来和长处着眼,积极借鉴西方国家的有益经验,制定实施鼓励生育的配套政策,从育儿、入托等方面,制定更加精准的惠民激励措施,降低城市育儿成本,缓解育龄人口面临的生育压力,不断提高已经很低的生育率,努力为超大城市持续繁荣发展保持必要的人口规模。

第二,结合城市功能疏解、空间重组优化,积极推动户籍政策的改革创新,促进超大城市人口结构不断优化。一方面,进一步优化积分制和居住证制度,适度放宽积分条件,推动居住证覆盖全体流动人口,让拥有高级文化程度的各类人才和对城市做出突出贡献的流动人口获得超大城市户籍,同时积极探索租赁房屋的常住人口在城市公共户口落户;另一方面,探索实施郊区、中心城区、新城等不同区域差异化的户籍政策,增强新城、周边地区户籍政策对中心城区流动人口的吸引力,引导中心城区人口向周边地区扩散集聚,减轻中心城区因人口过度集聚所产生的诸多社会压力。

第三,在由超大城市及其周边省市组成的跨省大都市圈范围内,全面实行居住证互认通用,让超大城市区域的流动人口跨地域共享均等化的公共服务和同城化的便利办事条件。

## (二) 财税金融政策

社会治理是一项综合的系统工程,也是一项需要政府加大财政投入的金融活动。实际上,优化财政经费支出结构,防范金融领域发生重大系统性风险本身,也是社会治理的重要内容。因此,社会治理创新需要金融政策的支撑和保障,形成财税金融服务与改善民生、创业就业、矛盾化解等之间的良性互动关系。具体包括如下策略:

1. 建立与经济增长保持同步增长的民生投入机制,稳步增大民生领域的投入

稳步增加民生领域的财政投入,是不断满足人民群众对美好生活需求

的重要前提和保证。近年来,从中央到地方包括超大城市在内,不断优化财政支出结构,加大了民生领域的投入,如中央政府对教育投入已经连续 5 年达到 GDP 的 4%。超大城市上海,2018 年民生投入也得到了稳步增加(表7.2),全市的民生服务水平有了明显提升。但需要指出的是,社会保障与就业方面的投入出现了明显的负增长。因此,超大城市要按照中央关于"政府过紧日子、让人民群众过上好日子"的要求,进一步压缩政府公务开支,持续加大对就业、养老、托育、教育、医疗、社区、公共安全、旧区改造等民生领域的投入,确保"民生投入只增不减",是解决民生服务短缺、打造高品质生活以及实现社会治理现代化的重要路径选择。

表 7.2　2018 年上海民生投入情况

| 支 出 项 目 | 支出额<br>(亿元) | 比上年增<br>长(%) | 占公共预算总收<br>入的比重(%) | 占 GDP 的<br>比重(%) |
|---|---|---|---|---|
| 一般公共服务支出 | 367.16 | 10.70 | 5.17 | 1.12 |
| 教育 | 917.99 | 5 | 12.91 | 2.81 |
| 社会保障和就业 | 933.39 | − 12 | 13.13 | 2.86 |
| 医疗卫生与计划生育 | 470.11 | 14.1 | 6.61 | 1.44 |
| 节能环保 | 233.39 | 3.9 | 3.28 | 0.71 |
| 公共安全 | 412.13 | 15.7 | 5.80 | 1.26 |
| 城乡社区 | 2 088.33 | 36.4 | 29.38 | 6.39 |

资料来源:上海市统计局、国家统计局上海调查总队:《2018 年上海市国民经济和社会发展统计公报》(2019 年 3 月 1 日)。

2. 合理划分市区财权和事权,强化财政统筹力度,推动公共资源在城郊之间的均衡配置

超大城市需要按照"基础公平＋变量统筹＋适当调剂"的原则,进一步理顺并明晰市、区、街镇三个层面的政府财权和事权关系,完善市级以下财政收支划分,加大财政市级统筹力度,建立健全中心城区向郊区的转移支付

力度,推动公共财政向城郊接合部、农村地区倾斜,促进教育、医疗、养老、就业、交通等公共服务的城郊公平发展,实现城乡社会的融合发展。

3. 积极制定政府购买服务的专项财政预算、绩效监督管理和特殊的经费使用制度,提高政府购买服务工作高质量运行

加大政府财政投入力度,规范政府购买服务制度,是创新社会公共服务供给方式,提高社会服务能力的重要渠道,也是社会治理创新的重要财政途径。当前国家层面出台了《财政部、民政部发〈中央财政支持社会组织参与社会服务项目资金使用管理办法〉的通知(2012)》《国务院办公厅关于政府向社会力量购买服务的指导意见(2016)》《关于推进政府购买服务第三方绩效评价工作的指导意见(2018)》等专门政策,上海、北京、深圳等超大城市,也已建立了政府购买服务的财政支持和评估与监管制度,但也存在多部门各自为政、市区街镇等不同层面缺乏统一购买平台、社会组织经费使用困难等问题,导致政府购买服务的财政数据不甚健全、总体绩效难以评估、服务质量欠佳等问题。为此,建议超大城市政府要在市、区、街镇三个层面,进一步建立政府购买服务的财政预算制度,建立统一的政府购买服务平台,稳步增加购买服务的财政投入额度。同时,加大对购买服务财政经费使用办法、项目评估标准等议题的研究,赋予社会组织更大的经费使用自主权,既要严防社会组织领域发生腐败行为,更要为真正提高服务质量、提高服务公平性创造条件。

## (三) 人才培养政策

人才是社会治理创新的第一资源。习近平总书记指出,社会治理的核心是"人"。党的十九大报告提出社会治理要走向社会化、专业化。社会治理创新需要专业的社会治理人才支撑。为此,国家专门出台《关于加强社会工作专业人才队伍建设的意见》《社会工作专业人才队伍建设中长期规划(2011—2020 年)》《关于加强社会工作专业岗位开发与人才激励保障的意

见》等文件。目前,上海、北京、深圳等超大城市从事基层社会治理工作队伍的数量庞大、结构多元、角色非常重要。近年来,各城市加大改革与培养,如:上海"1＋6"改革以后率先建立了专业化社区工作者薪酬制度;北京近10年连续5次不断提升社区工作者的工资标准,2018年年人均工资达到10万元;[1]深圳出台《关于加强社会工作人才队伍建设推进社会工作发展的意见》以及7个配套文件("1＋7"文件),建立了社工督导人才队伍等;[2]重庆市实施"万名社工专才培养计划",形成了"全科＋专科"式社会工作发展思路,全市4.4万名社会工作专业人才队伍,涵盖了社会福利、社会救助等18个社会管理服务领域。[3] 尽管如此,但根据实地调研发现,超大城市基层社区工作者依然面临着素质能力参差不齐,待遇低、流失率高、创新能力不足,专业化、职业化程度不高等问题,成为创新社会治理中面临的主要挑战之一。

因此,除了强调以广大人民群众为中心以外,更加关注从事社会治理工作的"人",采取有效政策,努力培养一批懂社会发展、社会规律、社会心理等多个领域的社会治理专业人才队伍,提高社会治理的专业技能,提高社会服务的专业化程度,是我国超大城市创新社会治理的必然选择。具体而言,建议超大城市政府采取如下政策措施,加大社会治理专业人才的培养:

1. 将社会治理领域的人才队伍建设,全面纳入城市国民经济社会规划和专业的城市人才战略规划体系之中

即从经济社会均衡发展的视角出发,超大城市政府在促进经济转型升级、创新发展的过程中,在努力吸引、集聚各类经济人才的同时,应高度重视社会治理人才队伍建设问题,要做到在城市国民经济和社会发展规划、城市人才发展战略规划等政策文件中,统筹考虑社会治理人才的建设,积极引进

---

① 骆倩雯:《北京社区工作者10年来5次提高待遇 年工资将达到10万元》,《北京日报》2018年9月19日,第7版。

② 佚名:《深圳社工有了本土高端人才》,《深圳特区报》2017年3月15日,第9版。

③ 陈波:《重庆:专业社会工作者已达4.4万人》,《重庆日报》2018年3月22日,第11版。

包括社会组织、社区基金会运作等方面的高端化、专业化、领军性社会治理人才,让其与各类经济人才同等享受相关待遇和政策,打造国内外社会治理人才成长发展的高地。

2. 发挥高校资源优势,加大专业化培养,打造社会工作专业人才的输出高地

超大城市充分发挥高校资源集中的优势,根据城市发展和全国社会治理的需要,合理规划,在大专院校增设社会工作、社会治理、社会管理、社区治理、心理服务设等相关本科专业,提升专业办学水平,努力为本地和全国各地培养更多、更专业的社会工作人才。

3. 进一步完善社区工作者制度体系,打造一支专业化、职业化的高素质队伍

建议超大城市在现有基础上,进一步完善社区工作者的相关管理办法和制度体系,建立健全规范严格的招聘考试制度、分类管理制度、考核奖励制度、薪酬待遇制度、培训教育制度等,明晰社区工作者队伍的职业资格规范,稳步提高社区工作者的薪酬标准和工资待遇,提高职业吸引力,提高为民服务的能力;将一些符合条件的优秀社区工作者,推荐为市、区各级党代表、人大代表、政协委员、劳动模范等,增强职业荣誉感和认同感;加大在社区工作者队伍中招录政府公务员和事业单位工作人员的比重,为优秀社区工作者提供更广阔的发展通道和前途。

4. 加快社会工作者立法工作,依法保障社会工作者权益和职业化发展

欧美发达国家和我国香港等地的经验表明,拥有一定规模、结构合理、能力突出的社会工作者队伍(社工),才是真正实现社会治理专业化、社会化的根本途径和条件。因此,我国超大城市政府在重视"社区工作者"这一体制内人才队伍的同时,更要关注在社工机构、社会服务机构、社会组织、慈善组织等就业的体制外"社工"队伍,在现有基础上,吸收借鉴国内外超大都市的经验,建议加快针对社工队伍的立法进程,依法明确社会工作者的职责范

围、职业规范、薪酬标准、管理方式、考核办法、职称评定等内容,依法保障各项权益,让专业化、职业化的社工队伍真正成为超大城市的社会工程师,在助人自助中不断促进社会的和谐、公平与包容。

5. 完善社会组织人才发展政策

加快建立开发领军人才、管理人才和专业人才等社会组织人才目录。在市、区政策和管理层面,制定相关措施,让市、区级层面社会组织人才,在人才引进落户、人才服务保障、档案管理、租赁住房配租等方面,可享受市级、区级人才优待政策。完善市、区县级社会组织人才信息库。同时,鼓励知识性、公益性、支持性社会组织,开展对社会组织人才的培训力度,不断完善社会组织人才队伍的知识和技能体系。

## (四) 社会组织政策

拥有规模化、专业化、社会化的一大批社会组织,是超大城市社会协同治理、共建共治共享的前提和基础。尽管我国几个超大城市在社会组织发展方面取得了显著成效,但社会组织数量规模小、专业人才缺乏、内部治理能力相对较弱等,是当前我国超大城市社会组织发展面临的普遍性问题。因此。每个超大城市制定实施旨在推动社会组织发展的专项政策,让社会组织充分参与社会治理,是客观要求和大势所趋。具体而言,建议加大以下政策创新:

1. 制定政府向社会组织购买服务的配套政策(前文已作分析,不再赘述)

2. 完善社会组织税收优惠政策体系

当前,我国《慈善法》和《企业所得税法》的规定存在着矛盾,如《慈善法》规定慈善组织及其取得的收入依法享受税收优惠,但《企业所得税法》规定,慈善组织的捐赠收入可以免税,但其财产保值、增值投资收入和其他经营性收入仍然征收 25% 的企业所得税。据研究表明,当前,能够享受税收优惠的慈善组织,占总体比重不到 1/3,获得捐赠税前扣除资格的慈善组织比例更低。在民政机关登记的 60 万家社会组织中,真正享受税前扣除的不到 1%。① 税制问题是国家层面的事宜,尽管如此,但具有立法权的超大城市可以在社会组织税收优惠政策、慈善组织税制体系等方面开展积极的尝试和探索,尤其在"慈善组织及其取得的收入依法享受税收优惠"方面,努力做出新的制度安排,对慈善组织财产保值、增值投资的资本利得和符合机构宗旨的经营性活动,制定并执行享受免征企业所得税的政策,为国家进一步创新社会组织税制体系提供可靠经验和有力支持。

3. 制定相应的政策扶持、资金匹配等政策措施,鼓励重点社会组织"走出去"

顺应全球化发展的新时代,充分借助"一带一路"倡议,通过制定专门的鼓励扶持、资金配套等措施,鼓励重点社会组织率先实施"走出去"战略,提高对外合作交流的质量,不断增强超大城市社会组织在国际社会治理中的话语权。与此同时,积极稳妥地吸收、引进世界著名的社会组织在超大城市落户,打造规范化、国际化的全球社会组织枢纽区域。

4. 制定社会组织的评估监管政策,促进社会组织健康有序发展

当社会组织达到一定规模和数量以后,如何提升政府对社会组织的监管水平,进而促进社会组织的有序健康发展,也是创新社会治理的主要内容之一。各超大城市需根据国家《社会组织评估管理办法》(民政部令第 39 号)有关规定,结合实际,适时修订完善出台新的《社会组织等级评估管理办法》,委托第三方评估机构,对全市社会组织进行等级评估,实现社会组织评估常态化,培育形成一批有创新能力、有影响力的社会组织服务品牌。

---

① 王名:《慈善税制不优化,税收优惠难"落地"》,人民政协网,2017 年 3 月 6 日。

**图书在版编目(CIP)数据**

全球超大城市社会治理模式与经验 / 陶希东著 .——
上海 : 上海社会科学院出版社,2021
ISBN 978 - 7 - 5520 - 3389 - 2

Ⅰ.①全… Ⅱ.①陶… Ⅲ.①特大城市—城市管理—
研究—世界 Ⅳ.①F293

中国版本图书馆 CIP 数据核字(2020)第 236658 号

---

**全球超大城市社会治理模式与经验**

著　　者:陶希东
出品人:佘　凌
责任编辑:熊　艳
封面设计:夏艺堂艺术设计
出版发行:上海社会科学院出版社
　　　　　上海顺昌路 622 号　邮编 200025
　　　　　电话总机 021 - 63315947　销售热线 021 - 53063735
　　　　　http://www.sassp.cn　E-mail:sassp@sassp.cn
排　　版:南京展望文化发展有限公司
印　　刷:苏州市古得堡数码印刷有限公司
开　　本:710 毫米×1010 毫米　1/16
印　　张:19
字　　数:249 千
版　　次:2021 年 1 月第 1 版　2023 年 4 月第 2 次印刷

---

ISBN 978 - 7 - 5520 - 3389 - 2/F · 643　　　　　定价:98.00 元

---

版权所有　翻印必究